GRIIS

广东国际战略研究院智库丛书
GUANGDONG RESEARCH INSTITUTE FOR INTERNATIONAL STRATEGIES THINK TANK SERIES

丛书主编-隋广军

“印度洋地区研究”系列

印美全球伙伴关系研究

A Comprehensive Study
on the India-U.S. Global Partnership

吴兆礼◎著

时事出版社

图书在版编目（CIP）数据

印美全球伙伴关系研究/吴兆礼著．—北京：时事出版社，2015.1

ISBN 978-7-80232-706-1

Ⅰ.①印… Ⅱ.①吴… Ⅲ.①印度—对外关系—美国—研究—1994~2005 Ⅳ.①D835.12

中国版本图书馆 CIP 数据核字（2014）第 062049 号

出版发行：时事出版社
地　　址：北京市海淀区万寿寺甲 2 号
邮　　编：100081
发行热线：（010）88547590　88547591
读者服务部：（010）88547595
传　　真：（010）88547592
电子邮箱：shishichubanshe@sina.com
网　　址：www.shishishe.com
印　　刷：北京百善印刷厂

开本：787×1092　1/16　印张：22.5 字数：253 千字
2015 年 1 月第 1 版　2015 年 1 月第 1 次印刷
定价：68.00 元

“印度洋地区研究”丛书总序

印度洋是世界第三大洋，在广袤的海域周围环绕着约43个国家（地区），其数量与大西洋周边的国家数量相近，远远超过环太平洋国家的数量。20世纪50年代以前，这一地区的大多数国家都直接或间接处于殖民主义统治和控制之下，印度洋地区在世界国际关系格局中处于从属的地位，一些西方政治家和学者甚至认为，谁只要控制住太平洋和大西洋，印度洋也就会自然而然地处于掌控之中。二战以后，随着越来越多印度洋周边的亚非国家的独立，这一地区的重要性也日益凸显，特别是从20世纪末以来，影响世界格局走势的区域经济发展、能源和市场洗牌、非传统安全挑战以及地区稳定与合作新格局构建等都与这一地区息息相关。有一些国际关系学者甚至断言，21世纪全球的竞争将会主要在印度洋这个舞台上展开。

对于今天的中国而言，印度洋地区具有特殊的重要性，海上能源与贸易的主要通道、经济合作的重要伙伴、国际事务的同道者等等，这些与中国崛起休戚相关的要素，广泛存在于印度洋以及周边广大地区。因此，印度洋正成为中国的决策者、学术界以及经济界所关注的一个新的热点地区。

位于中国南方临海省份的广东，自古以来就是中国内陆与世界各地海上连接的重要枢纽，与印度洋以及以远地区国家的海上交往已有数千年的历史。近年来，随着经济纽带的日益紧密，对印度洋地区的研究也呈快速升温的态势，广东国际战略研究院在2012年成立的印度研究中心就是一个进行印度洋研究的重要平台。在印度洋研究中，南亚特别是印度不能不说是一个关键，这不仅是因为印度是这一地区最大的国家，也是全球近20年来快速发展的新兴经济体国家之一，其发展前景被大多数人看好，在国际经济、政治与安全事务中发挥了越来越大的作用和影响。南亚、东南亚、西亚和非洲东部共同构成了印度洋北部和中部（也是印度洋国家和地区最为集中的地区）的四大支撑点，印度优越的地理位置又起到了印度洋各个区域之间的连接和沟通作用。

正因为这样，我们的“印度洋地区研究”丛书第一辑集中关注印度和南亚地区，在计划推出的五本书中涉及到政治、外交和军事，我们希望以后能朝更加宽广的地区和领域扩展。我们也希望能把丛书建成一个园地，使有志于印度洋研究和对这个话题感兴趣的人们能在这里找到知音，展示自己的研究成果。当然，如果这些研究成果能为中国与印度洋地区各国的合作与发展起到一点积极的作用，就更令我们欣慰了。

是为序。

广东国际战略研究院印度研究中心　赵伯乐

2014年4月28日

前　言

冷战期间，由于彼此战略目标定位差异以及对外政策取向不同，印度和美国在相当长时期处于相互疏远状态。两极格局下印度与苏联结成准盟友关系，以对抗巴基斯坦与美国结成的军事同盟。尽管价值观上的共性不时催生出印美相互接近的欲望，然而由此导致的外交努力却并没有带来疏远状态的明显改变，不过，彼此疏远也没有造成两国之间的直接冲突与激烈对抗。这一时期，巴基斯坦、中国和苏联，成为不同时期在不同程度上影响印美关系的三个重要因素。地缘政治主宰了冷战时期的国家行为。印度的对外政策取向也不例外。

冷战结束，两极格局终结，全球与地区环境变化为印美双边关系发展提供了历史机遇。冷战结束后初期，在美国成为唯一超级大国的背景下，地缘经济因素超越了地缘政治因素，成为国家对外政策的主导。在印度与美国对外战略调整的基础上，双边关系出现加速发展趋势。印美关系经历了从“一种新的伙伴关系”到“战略伙伴关系”，再到“全球伙伴关系”三个发展阶段，实现了“三级跳”式的跨越发展。

21 世纪以来，南亚地区猖獗的恐怖主义活动、印度南亚地区大国地位的确立以及作为发展中经济体无限的市场想象空间、中国的崛起、美国实力相对衰落，以及印度经济与军事实力提升及其在地区甚至全球格局塑造中的能力与作用等，成为印美关系纵深发展的推动力。可以说，包括政治、经济与安全在内的诸多因素相互交织并相互影响，由此产生的合力，成为印美关系发展的助推器。

美国将印度定位于“不可或缺”的伙伴、“天然盟友”和“关键的全球伙伴”，2009 年 7 月启动的“新战略对话”也成为双边关系发展的又一个重要节点。因为与以往美国将印度的地位和作用更多地限定于南亚地区不同，现在美国似乎更愿意在跨地区甚至全球事务中为印度发挥作用与影响留有一席之地。在地区和全球层面，两国决定就东亚、中亚、西亚和拉美地区的事务进行战略磋商与协调，在联合国维和、阿富汗问题和非洲粮食安全甚至某些国家的选举管理问题上加强沟通与合作。

美国一方面要帮助印度成为 21 世纪的全球主要国家，同时又试图通过将印度纳入相关制度化建设使其承担相应的责任。美国明确支持印度成为联合国安理会常任理事国，计划分阶段支持印度成为核供应国集团、导弹及相关技术控制机制、澳大利亚集团以及瓦森纳安排等四个多边出口管制机制的正式成员，双方签署的“终端用户监督协议”也为印度购买美国军备铺平了道路。毫无疑问，美国希望印度加入由美国领导的联盟体系，“重塑”亚洲安全格局，以维护美国在亚洲的安全利益。澳大利亚学者首先提出了地缘政治经济领域的“印太”概念，美国和印度都对此给予积极回应，这说明包括印度和美国在内的相关国家，对塑造印度洋地区和太平洋地区的安全架构有一定共识。

发展与美国关系，为印度实现大国诉求提供了机遇，尤其是在美国“重返亚太”和“战略再平衡”的背景下，印度的外部环境利好趋势明显。实现全球性大国地位始终是印度制定对外战略的基轴。然而，印度的实力现状与大国理想有一定差距，这成为印度追求大国地位的现实障碍，也在一定程度上影响了印度对美国政策。印度一方面需要借重美国“上位”，但同时又不愿成为美国的战略“棋子”，尽管印度希望成为平衡力量并在这种平衡中获取战略收益。鉴于此，印度战略精英推出了“不结盟 2.0”报告，印度官方也明确表示亚太地区需要强化多边安全框架，并希望美国“重新校准”其“再平衡战略”。

印美关系全方位发展，也面临一系列现实挑战。印度和美国彼此对双边战略伙伴关系的价值的认知出现偏差，而认知偏差在一定程度上限定了双边关系的乐观前景。21 世纪之初，印度与美国对与彼此形成战略关系的价值有很高期待，但期待与现实存在差距。十多年后，印度认为美国没有向印度提供事关印度国家安全的关键战略支撑，对美国的重商主义表示失望；美国对印度奉为对外政策圭臬的“战略自主”颇为不满，对印度苛刻的市场准入政策持批评立场。两国彼此抱怨战略伙伴关系缺乏“战略内涵”，有学者甚至认为印美在战略上走向终结是不可避免的。

然而从印美关系发展趋势看，双边政治基础比较稳固，经贸联系逐年增强，安全合作机制化稳健发展。尽管未来双边关系有可能因国家安全利益的冲突以及彼此宏观战略认知上的差异而出现停滞甚至反复的可能性，但总体上，在中国实力与影响上升并明显强于印度的大背景下，印美全球伙伴关系的战略契合大于战略分歧。“和而不同”将成为印美全球伙伴关系的常态特征。印度与美国是战略伙伴，是朋友，会相互借重，成为美国同盟体系内一员的可能性则有限，但这并不妨碍两国间的防务合作。毋庸置疑，国家利益将决定印美全球伙伴关系未来的发展方向。

目　录

第一章

印美政治关系

自 1947 年印度独立以来，印美关系冷暖交替、爱恨交织，犹如“过山车”般起伏不定。冷战期间，这两个国家尽管有相互接触的努力，但由于双方战略目标定位的不同以及对外政策取向的差异，导致彼此误解，两国关系一直处于相互疏远状态。价值观上的共性及接近的努力并没有带来疏远状态的明显改变，但由此产生的疏远也没有造成直接冲突与对抗。

冷战后，尤其是“9・11”恐怖袭击事件发生后，若即若离的印美关系出现了加速发展的趋势。从 1994 年“致力于建立一种新型伙伴关系”的提出，到 2001 年“致力于建立战略伙伴关系”，到 2004 年“战略伙伴关系后续步骤”（NSSP），再到 2005 年“全球伙伴关系”的出台，所有这一切，均是在近十年内发生的，其速度可谓“前所未有”。

第一节　早期印美关系

一、二战前的印美关系

印度与美国之间的历史联系可以追溯到1492年意大利航海家克里斯托弗·哥伦布（Christopher Columbus）的“发现美洲之旅”。然而到美国独立战争前的近三百年时间内，双方的联系仅仅限于印度和美洲殖民地士兵与水手之间的纯民间性质。18世纪末，随着双方贸易的不断发展，以1792年美国任命本杰明·乔伊（Benjamin Joy）为驻英印加尔各答领事为开端，印美之间的联系逐渐发展为“半官方性质”。但在以后的半个多世纪中，双方的领事联系始终处于“非组织的、无效率的、经常变化的”状态，并且“两国都没有从中受益”。[①]

19世纪以后，双方民间交流增多，美国传教士纷纷涌入印度，印度移民也随后来到美国。由于美国人大多“通过那些怀有特殊利益的传教士、旅行者的肤浅描述、高度想象的文学作品、19世纪早期快船贸易时期流行的陈词滥调、游走江湖的印度马戏团的夸张表演以及与印度人民观点不同的英国政府与媒体”来感知印度，[②] 因此美国人眼中的印度形象是消极的。但这并不妨碍

① M. N. Gulati, *What America Did for India's Independence*, (New Delhi: Manas Publications, 2004), p. 169.

② S. C. Tewari, *Indo-US Relations, 1947-1976*, (New Delhi: Radiant Publishers, 1977), pp. 1-2.

印度民族运动领导人争取美国支持的努力。虽然“美国人民始终同情印度人民对自由的渴望，印度政治领导人也始终能在美国找到宣传自己观点的舞台”，[①] 但美国政府的态度却令印度人沮丧。第一次世界大战期间，印度自由运动的支持者受到美国政府的严格控制，在美国成立的与印度民族独立运动有关的团体受到警察的监视。

1933 年罗斯福当选总统后，其“反殖”立场受到印度人的欢迎。印度民族主义者开始与美国政府接近，寻求美国对印度独立的支持。然而，到 1939 年第二次世界大战爆发，“印美之间官方或非官方的联系有限而短暂，并且大多局限于领事、贸易商、传教士和一些学者”，[②] 双边关系没有实质进展。

二、二战后的印美关系

第二次世界大战爆发后，印美关系逐步从半官方性质过渡到官方性质，其标志是 1941 年美国同意与印度互设外交代表。美国在印度设立了部长级外交代表，印度也在美国设立了同等级别的代办，但是隶属英国使馆。

1941 年珍珠港事件爆发后，美国开始从对日作战的角度关注印度。英美两国于 1941 年 8 月签署的《大西洋宪章》就“尊重各民族自由选择其赖以生存的政府形式和权利”达成共识。尽管丘吉尔首相随后又明确指出《大西洋宪章》并不意味着印度的自

① S. C. Tewari, *Indo-US Relations, 1947–1976*, p. 7.

② M. Srinivas Chary, *The Eagle and the Peacock: U. S. Foreign Policy toward India since Independence*, (London: Greenwood Press, 1995), p. 11.

由，然而这注定要成为美国关注印度民族主义运动的道义支撑。美国政府既要维持与英国的战时同盟关系，又要力促英国政府在印度问题上有所进展。随着美国对英国压力的增加，美英之间的关系由于印度问题而变得“微妙”起来。尽管美国是从战争的角度看待印度政治问题，并且“印度作为反击日本的军事基地的战略重要性是美国政府对印度政治问题产生兴趣的主要因素之一”是显而易见的，[①] 但英国的看法不尽相同。英国认为美国在觊觎大英帝国在南亚的利益，想把美国的“门户开放”政策指向英印。

随着战争的深入，尤其是亚洲形势的发展愈加使美国认识到，印度将会在反法西斯的战争中发挥作用。使印度参战的唯一办法就是解决印度的独立问题，让印度人为自己的国家而不是英印政府而战。1942 年，罗斯福总统先后任命路易斯·约翰逊（Louis Johnson）和威廉·菲利普斯（William Phillips）为总统私人代表来到印度，参加英印之间的谈判。但面对英国在印度问题上的顽固态度，美国不得不承认，“除非英国当局的态度有所转变，（美国）在谈判解决印度问题上提供帮助的想法看不到任何希望”。[②] 一些印度人也有同感。当英国当局表达战后还印度自由的意愿时，印度各派并不相信这样的保证。谈判未能达成一致意见。对于美国政府的积极态度，印度国大党领导人甘地（Mahatma Gandhi）和尼赫鲁（Jawaharlal Nehru）曾致信罗斯福总统表示感谢。

---

① S. C. Tewari, *Indo-US Relations*: *1947 – 1976*, p. 14.

② Naunihal Singh, *India and the United States*, (New Delhi: Anmol Publications, 2005), p. 46.

1943 年 5 月 14 日，威廉·菲利普斯在写给罗斯福总统的报告中建议“（美国）应该同情而不是漠不关心或敌视印度”，指出美国应该在印度问题上有自己的发言权。[①] 5 月底，威廉·菲利普斯与访问美国的丘吉尔首相会面，并直接提出了自己的看法。丘吉尔首相的反应非常激烈，“如果那就是你们想要的印度，拿去好了！但我要警告你，一旦打开这扇门，印度就会出现史无前例的大屠杀。记住我的话！”[②] 丘吉尔对印度态度强硬，甚至连英国国内最顽固的殖民主义者也对丘吉尔的印度政策不满，称之为“过时的帝国主义”。[③] 罗斯福总统在印度临时自治政府组建过程中发挥的积极作用得到印度各方人士的肯定与欢迎，由于美国政府的努力，印度人眼中的美国形象有所改善。

然而到 1945 年 4 月，苏联在旧金山联合国大会上公开支持亚非殖民地国家的独立，而此时美国对此却沉默不语。印度对美国大失所望，批评美国的印度政策“追随英国”。[④] 1945 年 7 月，工党在大选中获胜，克莱门特·理查德·艾德礼（Clement Richard Attlee）出任英国首相。工党和艾德礼都倾向于早日向印度移交权力。美国此时尽管继续关注印度局势的发展，但认为已没有必要继续向英国政府施加压力，并且指出是英印双方找到解决问题办法的时候了。实际上，受国内与外交问题的影响，印度的地位与作用，在美国杜鲁门政府的对外战略中下降了。尼赫鲁曾冷静地指出：“关于美国对印争取独立斗争的支持

---

① M. N. Gulati, *What America Did for India's Independence*, pp. 213 – 214.

② Naunihal Singh, *India and the United States*, p. 46.

③ Ibid., p. 14.

④ Shanti Kumar Desai, *Perspectives on Indo-US Relations*, (New Delhi: Cyber Tech Publications, 2006), p. 75.

(力度)，印度有点失望。”① 印度独立前的最后阶段，尤其是在1946年7月穆斯林联盟决定拒绝接受《内阁使团计划》后，美国的努力没有取得任何结果。美国的态度随之发生了明显的转变，不再坚持“统一的印度”立场。美国的态度让一部分印度人感到不满，认为“美国的主要利益是美英协调而不是印度的福祉”。②

1947年2月，蒙巴顿勋爵（Louis Mountbatten）接任魏威尔(Archibald P. Wavell）任印度总督，宣布英国将在1948年6月将政府权力移交给印度，并开始与印度有关方面进行谈判。1947年6月3日，蒙巴顿向外界正式公布了印巴分治的“蒙巴顿方案”，并迫使印度国大党领导人接受这一方案。1947年8月14日，巴基斯坦宣布独立。8月15日，印度宣布独立。至此，在英国的支持下，南亚次大陆最大的殖民地被分裂成两个独立的国家。丘吉尔首相和威廉·菲利普斯的预言都应验了：印度出现了史无前例的大屠杀，分治造成了两个国家彼此的敌对和各自的削弱。

总之，自第二次世界大战结束到印度独立，印度地位在美国的眼中有所降低。在印度争取民族独立的斗争中，对于美国人民给予的同情与支持，尤其是罗斯福总统所做的努力，印度人民怀有深深的感激之情。这为印度独立后双边关系的发展奠定了基础。

---

① Naunihal Singh, *India and the United States*, pp. 54 – 55.

② W. Norman Brown, *The United States and India*, *Pakistan*, *Bangledesh*, (Cambridge: Harvard University Press, 1972), p. 399.

第二节 冷战时期的印美关系

第二次世界大战后，美国发展为20世纪最强大的民主国家，而摆脱英国殖民统治的印度则成为一个新生的民主国家。但价值观上的共性并不能掩盖双方在政治、经济、文化等方面的差异，美国指责印度奉行中立不结盟的对外政策、亲苏立场以及限制外资进入的混合经济政策，印度批评美巴结盟将冷战引入南亚次大陆而恶化了印度安全环境。然而，纵观整个冷战期间印美关系发展可以看出，两国战略目标定位不同导致疏远，然而美国并不把印度看成真正的威胁，甚至将其作为与中国竞争的“民主橱窗”加以援助。因此印美关系呈现出“疏远与接近”此消彼长的动态发展特点。

一、印度独立初期的印美关系

1947年8月15日印度获得独立时，冷战的铁幕已经拉开。美国从全球战略出发，认为共产主义是世界和平的最大威胁，战后初期就制定了针对苏联共产主义的遏制政策，并建立从东北亚、东南亚、南亚到北大西洋的“新月形”包围圈。因此，在整个冷战期间，美国战略的主要目标是遏制苏联以及共产主义的扩张，并通过军事结盟与经济援助两种途径，巩固与扩展所谓的“自由世界”对“极权国家”的优势。而印度从地区和国家安全立场考量地区安全关系，认为“军事上的劣势纵然是危险的，但更大的危险却是源自贫穷、社会不公和工业落后所致的软弱”，所以，“尼赫鲁更担心内部的威胁而不是外部的共产主义威胁”，并且认为“共产主义最终传播开来，并不是因为它已经取得胜利，而是因为民主已经失败”。[①] 所以，印度从独立伊始，就制定了不结盟的对外政策。

印度独立初期，由于冷战的中心在欧洲，南亚并不是美国战略重点，印度独立后采取的“不卷入大国政治集团”的不结盟外交政策并没有成为印美关系中矛盾的焦点。1947 年 8 月 14 日，杜鲁门总统在给蒙巴顿的电报中指出，“这个伟大的新国家的人民将会发现，美国是一个永远的朋友”，并希望美印“在国际事务上保持紧密而富有成果的合作的基础上继续发展友好而真诚的双边关系”。[②] 此时，印美对彼此的期望很明显：美国希望印度至少从道义上理解并支持对苏联共产主义的遏制战略；而印度则希望美国提供帮助以克服独立后所面临的一系列困难。

到 1947 年年底，美国的南亚政策仍然模糊不清，除了一些友好意愿的表述外，独立的印度还不是美国战略棋盘上的重要棋子。当印度与巴基斯坦由于克什米尔问题兵戎相见时，相对于印美关系或美巴关系，美国更关注印巴局势的发展。1948 年 1 月 1 日，印度政府将克什米尔问题提交联合国安全理事会，并援引《联合国宪章》第 35 款的规定，指控巴基斯坦“侵略”。由于英、美等六国提出的关于克什米尔问题的决议未能就巴基

① “India's Two-pronged Policy”, *Economist*, Sept. 21, 1957, p. 949.

② Rajendra K. Jain ed., *US-South Asian Relations: 1947 – 1982*, Vol. 1, (New Delhi: Radiant Publishers, 1983), p. 109.

斯坦是否为“侵略者”的问题进行说明与界定，并且将冲突双方置于平等的地位，印度反应激烈。尼赫鲁总理认为“美国和英国在克什米尔问题上的态度是完全错误的”，并且指出“这种立场将会对印美、印英的关系产生深远的影响”。[①] 当1949年8月杜鲁门总统和艾德礼首相建议由联合国委派公平的仲裁人调解克什米尔冲突时，印度称美英的建议是“公然的干涉”。[②] 随着联合国印巴委员会工作的展开，以及印巴双方在冲突解决过程中各自立场的微妙变化，巴基斯坦开始逐渐接受联合国印巴委员会的建议变成合作者，而印度却逐渐演化为不合作的抗议者。印度对美国向印施压要求其支持联合国印巴问题委员会的做法深为不满，尼赫鲁总理曾向美国驻印大使格拉迪（Henry Grady）抱怨其已经“厌倦了美国的道德忠告”。[③] 在克什米尔问题上，印美之间的分歧越来越成为印美关系中最为敏感的因素。尤其是美巴结盟后，巴基斯坦在美国的支持下多次将克什米尔问题诉诸联合国安理会。美国倾向巴基斯坦的立场使印度极为不满。

20世纪50年代，印度奉行的不结盟政策与美国遏制政策之间的矛盾逐渐成为印美关系发展的主要障碍，两国在一系列国际问题上的分歧开始显现，并且成为彼此疏远的重要因素。

1949年10月，印度总理尼赫鲁访美。在美国期间，尼赫鲁总理利用一切机会解释印度的不结盟政策。尽管尼赫鲁总理指出

---

① Naunihal Singh, *India and the United States*, pp. 66 – 67.

② Taraknath Das, “The Kashmir Issue and the United Nations,” *Political Science Quarterly*, Vol. 65, No. 2., 1950, p. 277.

③ Naunihal Singh, *India and the United States*, p. 68.

“印美两国的友谊与合作是天然的”,[①] 阐述印度的不结盟外交政策是“积极并充满生机的”，并且解释当人类的和平与自由受到威胁时保持中立就是“背叛”,[②] 但是尼赫鲁总理的美国之行并未消除印美之间的分歧，两国在所谓的“共产主义威胁”的认知以及对待新中国的立场上都存在明显的差异。1950 年 4 月 1 日，印度与中国正式建交，成为第一个与新中国建交的非社会主义国家。美国对此非常不满。1950 年 6 月朝鲜战争爆发后，印度作为安理会非常任理事国投票赞同美国代表提出的“朝鲜北方进攻南方”提案，但是对于美国随后发起的将中国界定为“侵略者”以及对中、朝实行禁运等提案，印度要么反对，要么弃权。尼赫鲁总理积极主张以和平手段解决朝鲜问题，并提议恢复中国在联合国的席位，这些都与美国的立场相悖。

印度奉行的独立不结盟外交政策与美国冷战政策的矛盾表面化于克什米尔问题、对新中国的立场、朝鲜战争以及对日和约，但冷战期间印美关系疏远的主要根源却在于美国对巴基斯坦的军事援助。尽管美国早期倾向于与印度建立战略关系，并且国家安全委员会也对“印度陷入共产主义将失去整个亚洲”具有清醒的认识,[③] 但美国在说服印度加入自己阵营方面并不成功。然而印度的对手巴基斯坦却有强烈的愿望站在美国一边。1954 年，美巴双方签订了共同防御援助协定，巴基斯坦又先后加入了东南亚条

---

① Rajendra K. Jain ed. , *US-South Asian Relations*: *1947 – 1982*, Vol. 1, p. 124.

② Ibid. , p. 125.

③ Jyotika Saksena and Suzette Grillot, “The Emergence of Indo-US Defense Cooperation: From Specific to Diffuse Reciprocity,” in Gary K. Bertsch et al. eds. , *Engaging India*: *US Strategic Relations with the World's Largest Democracy*, (New York: Routledge, 1999), p. 151.

约组织和巴格达条约组织（后中央条约组织）。美国与巴基斯坦结盟的主要目的是为了遏制苏联的扩张，但显而易见，巴基斯坦与美国结盟的主要动机则是为了弥补对抗印度的劣势。印度将美巴结盟视为对印度的遏制，向美国提出强烈抗议。1954 年 3 月 1 日，尼赫鲁总理针对美国援助巴基斯坦的所谓的“强化巴防御侵略、确保安全与和平”的目的，在国会下院发表讲话指出，“我不知道它害怕何种侵略，这种侵略又是来自何方”，“美国援助巴基斯坦恶化了印度与亚洲的局势，加重了印巴之间的紧张态势”，“美国军援巴基斯坦是一种干涉，这种干涉与以前的干涉相比，会对印巴所面临的问题产生深远影响”。[①] 正如尼赫鲁总理所说，美巴结盟后，印美关系受到的影响是显而易见的。

1955 年的果阿风波，又使印美关系进一步疏远。美国与葡萄牙发表联合公报，将葡萄牙在远东的殖民地称为“葡萄牙在远东的省份”；美国务卿杜勒斯在随后的新闻发布会上又说，“全世界都认为果阿是葡萄牙的一个省”。[②] 印度对美国在果阿上的态度表示强烈不满。同年 12 月 13 日，尼赫鲁总理在给美国的照会中指出，这是“美国标榜的对殖民地政策的倒退”，如果美国不立即纠正其立场，将会对印美关系产生“严重而深远的影响”。[③]

随着印美分歧不断表面化，两国政治关系不断疏远。然而到 1956 年，美国总统艾森豪威尔对“中立主义”的态度有所转变。在一次新闻发布会上，艾森豪威尔总统说：“我认为‘中立’对

① Rajendra K. Jain ed., *US-South Asian Relations: 1947 – 1982*, Vol. 1, pp. 204 – 205.

② Ibid., pp. 210 – 211.

③ Ibid., p. 212.

于像我们这样的国家并非总是不利的”。[1] 1956 年 12 月，正是在美国对印不结盟政策的批评减弱的情况下，印度总理尼赫鲁第二次访美。虽然两国对许多国际问题的看法不同，但与 1949 年第一次访美相比，这次访问是相当成功的。两国领导人都确信，“此次访问所达成的对彼此政策的深入理解，将有助于实现国家间和平与友好的交往”。[2] 尼赫鲁总理在机场的告别演说中指出，两国关系变得比印度独立以来任何时候都要好。1959 年 12 月，美国总统艾森豪威尔访印，又将印美关系推向一个新的高度。1961 年 11 月，印度总理尼赫鲁第三次访美，将印美关系又向前推进一步。1962 年，印度外交部的年度报告对印美关系作出评价，认为“印度与美国的政治关系继续保持着极其友好与诚挚的态势”。[3]

对国际形势的判断以及各自采取的外交政策的不同，导致印美双方在一些国际问题上产生分歧，但在利益一致的前提下，也不排除双方在某些国际问题上的合作，例如 1956 年的苏伊士运河危机、1961 年联合国在刚果的维和行动以及 1962 年日内瓦会议通过的关于老挝中立的宣言等。

美国与印度在经济、文化与教育上的联系始终是彼此接近的主要动力。美国认为印度作为世界上最大的民主国家，与自己在意识形态上具有共性，尤其是新中国成立后，美国迫切需要将印度建设成“民主橱窗”以抵御共产主义在亚洲的影响。1951 年印度发生饥荒并向美国提出小麦贷款要求后，美国国务院认为满足印度的要求不仅会“巩固印度非共产主义政府的地位”，“消除共

---

① Rajendra K. Jain ed. , *US-South Asian Relations*: *1947 – 1982*, Vol. 1, p. 220.

② Ibid. , p. 223.

③ Ibid. , p. 259.

产主义对印度的影响”，“显示美国的人道精神”，而且还会“提升与印度的关系”，否则将会“失去一个相互理解的机会”[①]。而且，美国援助印度“并不是鼓励美国不喜欢的政策，只是防止印度滑向共产主义”。[②] 诚然，美国援助印度有拉拢印度加入“自由世界”对抗“极权国家”的目的，美国内有些人甚至认为印美关系取决于美国提供多少援助，但尼赫鲁总理对这种认识给予了完全否定。

20 世纪五六十年代，美国依据 1951 年签订的《技术合作协议》向印度提供了大量的经济援助。在 1950 年至 1965 年的 15 年里，美国向印度提供的经济援助达到印度接受援助总额的一半。1957 年，美国设立发展贷款基金向印度提供贷款。1958 年，美国通过发展贷款基金、进出口银行和出售剩余农产品等向印提供 6.25 亿美元援助。在美国的倡议下，世界银行成立了“援印俱乐部”，向印度的第三个五年计划提供援助。

总之，在 20 世纪 50 年代，由于美国战略的重点是遏制苏联共产主义扩张，并且把欧洲作为其遏制战略的主战场，因此，南亚只是美国冷战的边缘地带。虽然美国的南亚政策具有消极性和反应性特点，但在艾森豪威尔政府时期，美国却积极发展与巴基斯坦的军事同盟关系。美巴结盟以及向巴提供军经援助，成为这一时期印美关系的主要障碍。有的学者认为，美巴结盟是一个“重大的战略失误”，[③] 其结果只能是使印度接近苏联。艾森豪威

---

① Rajendra K. Jain ed., *US-South Asian Relations*: *1947 - 1982*, Vol. 1, pp. 160 - 161.

② Naunihal Singh, *India and the United States*, p. 113.

③ Robert J. McMahon, *The Cold War on the Periphery*: *The United States*, *India*, *and Pakistan*, (New York: Columbia University Press, 1994), p. 338.

尔总统本人后来也承认，美巴结盟是一个“可怕的错误”。[1] 然而美国从冷战政策出发，始终没有放弃争取印度的努力，经济上力挺印度这个“民主橱窗”在亚洲的示范作用。但不结盟政策与冷战政策之间的矛盾加深了彼此误解，尤其是在一些重大国际问题上的分歧强化了彼此间的不信任。

二、中印边境冲突后的印美关系

1962 年中印边境冲突爆发后，在共同对抗中国方面，印美找到了利益汇合点。美国不仅立即表态支持印度，而且在印度的要求下向印度提供军事援助。虽然印度的要求与美国的实际援助有相当的差距，但是美国对印度的道义与物质支持不仅使双方“建立起丰富的好感”，同时也使印度第一次认识到，原来两国“在实质问题上具有共同点”。[2]

美国军援印度的主要目的是加强印度防御中国的能力，并不想因此引起巴基斯坦的忧虑。而且美国认为印度并不能取代巴基斯坦在冷战中的重要战略地位，美国也承受不起因军援巴的敌人而失去一个长期盟友。因此，美国对印的紧急援助有意回避了重型装备，严格限于空中运输设备、山地师轻型武器通讯设备、工程与医疗装备等。虽然美国对印的紧急军事援助附加了许多限制条件，但巴基斯坦的反应还是相当强烈，导致美国处于一种两难困境之中：既想援助印度以击退所谓的“中国进攻”，又怕由此

---

① Robert J. McMahon, *The Cold War on the Periphery: The United States, India, and Pakistan*, p. 207.

② Rajendra K. Jain ed. , *US-South Asian Relations: 1947 - 1982*, Vol. 1, p. 271.

导致巴基斯坦脱离军事同盟而影响美国的遏制战略和南亚地区的均势。因此，虽然1962年后印美双方人员互访频繁，但印度要求的长期军援协议并没有达成。

由于印度的需求不能得到满足，加之古巴导弹危机过后苏联对中印边境冲突的态度变得更加中立，印度便转向苏联获得援助。苏联不仅答应为印度出口先进的“米格—21”战机，还对印度向西方求助表示理解。美国为了防止印度与苏联过度接近，也做过一些努力，如帮助印度生产转型武器、援印建设塔拉普尔核电站并提供核燃料、向印提供雷达和通讯设备、举行联合演习以及援建波卡罗钢铁厂等。但印度认为肯尼迪总统对“中国侵略”的反应有限，许诺的军事援助没有实现，并且许多武器装备禁止出口印度，这多少使印度感到不满，认为美国对印度采取“双重标准”。

中苏关系恶化后，印、美、中、巴四边关系出现了微妙的变化。与印美关系相比，印苏双方的利益有了某种一致性。美国军援印度受美巴关系的制约，但印度向苏联要求援助却不再受中苏关系的掣肘了。从1964年开始，美国减少了对印援助，尤其是1965年第二次印巴战争爆发后，一方面由于美国深陷越南战争而无暇他顾，另一方面也为防止地区冲突扩大对美国全球战略的实施产生不利影响，决定在印巴冲突中采取“严格中立”的政策，并停止了对印巴两国的军事援助。从表面上看，美国对印巴的武器禁运是各打五十大板，但由于巴在获得美军援的数量与质量上都高于印，并且巴的武器渠道又仅限于西方国家，因此美国的武器禁运实质上是“帮助了印度，削弱了巴基斯坦”。[①]

① Ranju Bezbaruah, *America and India in Global and South Asian Settings*, (Calcutta: Punthi Pustak, 1999), p. 204.

美国希望通过暂停军事援助向印巴施压以解决克什米尔问题，所以尽管美国在印巴冲突中保持中立，但在克什米尔问题上的立场并没有改变，仍然倾向于巴基斯坦。印度对美国用“中国威胁”来衡量印度重要性的做法以及“重巴轻印”的政策极为不满。因此，印美关系自中印边境冲突迅速升温后，于1965年印巴冲突后有所冷却。在苏联的斡旋下，印巴双方于1966年1月10日签署《塔什干宣言》。印度外交部1965—1966年的年度报告在回顾过去一年的印美关系时承认，“印美之间进一步理解与亲密关系的前景开始明朗”。[①] 这表明，美国在第二次印巴战争中对双方各打五十大板的做法使印美关系受到了影响，这也在一定程度上导致印度对随后举行的《核不扩散条约》（NPT）谈判持怀疑态度。

1966年1月英迪拉·甘地上台执政后基本延续了尼赫鲁时期的对外政策，但国内经济状况恶化，出现了严重的粮食短缺。迫于国内形势，英·甘地总理于1966年3月访美期间减少了对美国越南政策的批评，而是强调“如果印度失败将是民主体制的失败”，指出双方尽管有误解，但“两国之间在很多领域一致大于分歧”，并且期望“获得美国的友谊与合作”以应对“中国侵略政策”的挑战。[②] 同年3月，针对美国的越南政策，英·甘地总理在一次新闻发布会上指出，“考虑到（越南的）现实就会发现，撤军说来容易，实际做起来却很难。”[③] 正如有的学者指出的，这

---

① Rajendra K. Jain ed., *US-South Asian Relations: 1947–1982*, Vol. 1, p. 309.

② Ibid., pp. 312–314.

③ Prime Minister's Press Conference of 15 June 1966, *Foreign Affairs Record*, Vol. 12, No. 6. 1966, p. 155.

个“现实”就是印度在出现粮荒的情况下太需要美国的援助，以至于印度不得不理解美国的“困境”。[①]

1966年，美苏两国就《核不扩散条约》（NPT）举行谈判。尽管参加了NPT的谈判，但印度从国家安全利益出发，认为NPT解除未武装者武装并且使核武器国家拥有核武器合法化，是一种责任与义务不平等的歧视性条约，要求美苏等国对印度的安全提供特别保证。但是鉴于1965年印巴冲突后印度对西方国家的失望记忆犹新，加之联合国255号决议提供的保证需要安理会表决并与签署协议挂钩，因此印度拒绝签署NPT。印度的行为再一次让美国感到，印度与美国在一些国际问题上的立场分歧并没有实质改变。

虽然印美双方在NPT上存在分歧，然而这并没有妨碍双方的核合作。在美国的帮助下，塔拉普尔核电站于1969年建成并开始运转。印、美与国际原子能机构（IAEA）三方也于1971年签订一个三边条约，对核电站实施监督。

1967年，美国决定恢复对巴基斯坦的武器供应。对美国这种完全清楚这种行为将导致巴基斯坦在对抗印度中立场强硬却仍采取的行为，印度表示并不理解。与此同时，美国也对印度批评其东南亚政策感到失望。可以说，在印巴1965年冲突中保持中立，美国既开罪了巴基斯坦，也没有从印方获得相应的支持与理解。尽管印度对美国越南政策的批评力度加大，并且美国国内对援助印度产生分歧，但在印度第三个五年计划（1961—1966年）和1967年期间，美国的对印援助仍然占援印财团60亿美元份额中

① Ranju Bezbaruah, *America and India in Global and South Asian Settings*, p. 377.

的42%。[1] 印度在实施经济计划的过程中高度依赖外部援助，以至于在美国援助未能及时到位的情况下实施第四个五年计划受到影响。据统计，从1951年到1970年，美国对印度的经济援助达到88亿美元，仅1970财年就达5.2亿美元。[2]

纵览20世纪60年代的印美关系可以看出，中印1962年边界冲突后，印美关系得到一定发展。但肯尼迪政府仍然从冷战的角度看待印度与南亚，美巴同盟关系以及印巴敌对限制了印美关系的进一步发展。军事失败导致印度对外交政策中的理想主义进行反思，尽管印度从长远利益出发，形式上继续奉行不结盟政策，但在美国军援数量与质量未达预期目标而且带有苛刻条件的情况下，实际上印度已经渐渐地走近苏联来发展自身的军事实力。60年代中期，美国约翰逊政府在对外援助上要求国会进行严格审查（a hard new look），而苏联在经济上向印度提供了必要的援助，这也在一定程度上使印度走向苏联。而更为重要的是，自60年代中后期开始，美国决策层认为自负的印度不可能成为苏联的附庸，因而对印度实行"善意的忽视"。这也导致印美关系趋冷。尤其是印巴第二次冲突后，美国正式中止了对印援助，极大地影响了印美关系。

三、孟加拉战争后的印美关系

1971年东巴危机期间，国际形势最显著的变化就是中美和解的开始。1971年7月，在巴基斯坦的帮助下，以美国国务卿基辛

---

① Rajendra K. Jain ed., *US-South Asian Relations*: *1947 – 1982*, Vol. 1, p. 329.

② Ibid., p. 331.

格秘密访华为开端，美中关系正常化进程开始。在美国看来，由于中苏关系恶化，利用中国来遏制苏联在亚洲的影响成为可能；而对印度来说，美中和解则意味着自60年代初期形成的美国通过强化与印度关系来对抗共产党中国的政策不再具有现实意义，从而导致印度在美国战略天平上的重要性降低。印度尤其担心“美中巴轴心”的形成对自身安全环境的影响。[①] 新的地缘政治环境变化导致“印度与苏联在亚洲的孤立”，[②] 也让印苏找到了利益的汇合点。在美国务卿基辛格访华一个月后，1971年8月9日，印度与苏联签订了《印苏和平友好合作条约》。尽管印度宣称条约不针对任何第三方，但印外长斯瓦兰·辛格（Swaran Singh）还是承认，印度的不结盟政策要适应“各种世界力量组合的变化”。[③] 因此，在美国看来，印度的“不结盟政策已经丧失了可信性”。[④]

正是在东巴危机愈演愈烈的背景下，印度总理英迪拉·甘地于1971年11月访美。后来双边关系发展的实践证明，英·甘地的美国之行并没有推动两国关系发展。正如基辛格所说，尼克松总统与英·甘地总理之间的“‘聋人式对话’，不是由于双方互不理解，而是因为双方彼此的了解太深了”。[⑤] 印度发展需要美国，

---

① 从严格的意义上说，美国、中国与巴基斯坦战略上的互动并不是印度战略家所认知的“轴心”。“轴心”与同盟关系比较相近，而从同盟的层次上分析，当时的美国和中国只是对抗后和解的开始，两国关系并不具有同盟性质。

② Ranju Bezbaruah, *America and India in Global and South Asian Settings*, p. 293.

③ Lok Sabha Debates, Fifth Series, Vol. 7, No. 56, 9 August 1971, in Ranju Bezbaruah, *America and India in Global and South Asian Settings*, p. 293.

④ *Hindustan Times*, 11 August 1971, in Ranju Bezbaruah, *America and India in Global and South Asian Settings*, p. 294.

⑤ Henry Kissinger, *White House Years*, (Boston: Little Brown, 1979), pp. 879 – 881.

但对美国倾向巴基斯坦政策、美中和解以及将要形成的“美中巴轴心”深感不安。

1971 年 12 月，印度出兵东孟加拉，肢解了巴基斯坦。由于美国采取了倾向巴基斯坦的立场并派出“企业”号航母驶入孟加拉湾震慑印度，使本来已经非常紧张的印美关系受到严重影响。尽管美国曾试图阻止危机发展与战争发生，但是并不成功。尤其是美国的努力总是让印度感到，“美国要求双方克制的建议仅仅是针对印度而不是巴基斯坦”，并且“实际上是纵容巴基斯坦以武力对抗印度”。[①] 战争爆发后，美国谴责印度挑起危机；而印度批评美国在危机期间保持沉默的政策实质上是放任危机发展，并直接导致了对印度国家安全的挑战。1972 年 10 月，英·甘地总理在《外交》杂志上发表文章指出，“美国政策严重侵犯了印度的核心利益”，“美国公开支持巴基斯坦进一步损害了印美关系”，“我们很难理解为什么美国对这些国家（中国等）的政策可以转变而对印度的怨恨却在增加”。[②]

随着 1972 年美国对北越轰炸的升级，印度对美国越南政策的批评“既尖锐又明确”，印度甚至要“动员全世界舆论来谴责美国威胁对越南使用原子弹的传闻”，并且要对“美国施加必要的压力迫使美国放弃现在的对越政策”。[③] 面对印度的批评，美国极

---

① Ranju Bezbaruah, *America and India in Global and South Asian Settings*, p. 297.

② Indira Gandhi, “India and the World”, *Foreign Affairs*, October 1972, in Rajendra K. Jain ed., *US-South Asian Relations: 1947 – 1982*, Vol. 1, (New Delhi: Radiant Publishers, 1983), p. 359.

③ Ranju Bezbaruah, *America and India in Global and South Asian Settings*, pp. 394 – 395.

为生气，认为印度对美国越南政策的指责是“不友好的行为”，指出印度对印支形势的理解是“错乱的”。[①] 从某种意义上说，除了地缘政治因素外，印美在越南问题上的分歧主要是印度对美国南亚政策的反应，尤其是美国倾向巴基斯坦的政策使印度极为不满。英·甘地总理在 1972 年历时三周的选举巡游中，“几乎每天都在批评美国”，宣称“一些国家阴谋反对印度并且支持巴基斯坦以维持对抗，目的就是使印巴相互削弱……美国必须为巴基斯坦带给次大陆的苦难负责……印美关系的改善取决于美国对印度态度的转变”。[②] 因此从总体上说，从 1965 年到 1972 年末，印美之间“对彼此利益的误解”不断上升，其最主要的原因是美国对南亚兴趣的下降，结果是印美关系受到了严重影响。因此，美国众议院近东与南亚小组委员会在 1973 年的报告中认为，“美印关系之间的问题与 1971 年的印巴战争完全无关，战争只是加深了分歧并且将之表面化”。[③]

1973 年初，印度通过各种渠道“表达了要改善印美关系的愿望”。美国也认识到自 1971 年印巴战争后南亚地区力量的变化，决定尊重“印度作为一个主要国家”的事实，“准备在互利的基础上按照新地位和新责任看待印度”，并且指望印度在塑造南亚地区和平方面“扮演主要角色（leading role）”。[④] 1974 年 1 月 17 日，美国驻印大使丹尼尔·帕特里克·莫伊尼汉（Daniel

① Ranju Bezbaruah, *America and India in Global and South Asian Settings*, pp. 395 – 396.

② FRUS, Volume E – 7, South Asia, 1969 – 1972, from http://www.state.gov/r/pa/ho/frus/nixon/e7txt/46682.htm.

③ Rajendra K. Jain ed., *US-South Asian Relations: 1947 – 1982*, Vol. 1, p. 370.

④ Ibid., pp. 378 – 379.

P. Moynihan）阐述了改善印美关系的五项原则，不仅强调美印关系是一个伟大民主国家与另一个伟大民主国家之间的关系，还第一次指出两国的关系是平等的，没有明显的利益冲突。[①] 1974 年 10 月，美国务卿亨利·基辛格（Henry Kissinger）在访印期间承认，“印度在南亚和世界事务中具有特殊的领导作用”。[②] 基辛格与印度外长恰范（Y. B. Chavan）签署协议，拟定成立印美联合委员会（Indo-US Joint Commission），以促进双边经济、商业、科技、教育和文化方面的合作。也是在这一时期，印度对美国在印度洋上军事存在的目的与动机表示严重关切。对于美国以苏联在印度洋的军事存在来证明自身存在的必要性的做法，印度并不认同。印度认为美国建设迭戈加西亚（Diego Garcia）海军基地是对印度的“潜在海上威胁”，[③] 严重影响了印度的地区利益。这一时期，尽管印美关系走出了第三次印巴冲突后的低谷，并且达到一个“新的高度”，但大多印度分析家对两国关系的现状并不乐观，认为双边关系仍然是“脆弱的”。[④] 后来的事态发展证明了这种观点的正确性。

1974 年 5 月印度的“和平核爆炸”引起美国的反感和恼怒。尽管美国认为印度的核试验“由于资源相对有限并没有打破（地区）均势”，但对这种“不幸的事态发展”还是做出反应。[⑤] 美众议院外委会削减了 1974—1975 年度的对印援助，国会还通过

---

① Rajendra K. Jain ed.，*US-South Asian Relations*：*1947 – 1982*，Vol. 1，p. 390.

② Ibid.，p. 402.

③ M. Srinivas Chary，*The Eagle and the Peacock*：*U. S. Foreign Policy toward India since Independence*，p. 139.

④ Naunihal Singh，*India and the United States*，p. 209.

⑤ Rajendra K. Jain ed.，*US-South Asian Relations*：*1947 – 1982*，Vol. 1，p. 396.

了一项反印议案，要求世界银行不向印度提供低息贷款等。在整个70年代后期，美国没有放弃对印度施加压力。1978年3月12日，美国颁布《核不扩散法案》（Nuclear Nonproliferation Act，NNPA），要求印度就1963年的印美合作协定进行谈判。印度以国内立法不具有国际条约地位为由拒绝接受，导致1978年4月美国核管理委员会（Nuclear Regulation Commission）拒绝了国务院颁发的对塔拉普尔出口燃料的许可证。而印度则以不再履行IAEA对其核设施监督的职责相威胁。两国在核问题上的矛盾开始激化，印度的核问题逐渐成为印美关系中最敏感的因素。

1975年2月，美国认为“对一个结盟的友好国家实施禁运，而其邻国（印度）每年却获得近10亿美元的武器，从道德、政治和象征意义上都是不合适的”，[①] 于是在巴总统访美后决定恢复对巴基斯坦的军事援助。印度对美国的决定表示强烈失望和深深遗憾。印度认为美国的决定是一种“倒退”，是将“印度与巴基斯坦等同看待这一谬论的继续”。[②] 1975年6月，印度宣布实行紧急状态。尽管美国对此反应谨慎，但美国内舆论还是强烈批评印度的“不民主行为”。然而这并没有对印美关系造成太大影响。同年10月，印外长恰范（Chavan）访美并参加印美联合委员会年会。总之，由于美国恢复对巴的援助以及印度实行紧急状态而导致的彼此批评与指责，虽然没有使印美关系倒退到1971年印巴冲突后的历史低点，也在一定程度上妨碍了双方进一步接近，尽管双方都有相互接近的愿望。

---

① Rajendra K. Jain ed., *US-South Asian Relations*: *1947－1982*, Vol. 1, p. 409.

② Ibid..

1977 年，印、美政局变化为两国接近提供了新的契机。在印度，人民党（Janata Party）获得政权，总理德赛（Morarji Desai）强调执行“真正的不结盟”政策，指出印度与共产党国家（苏联）的关系并不妨碍印度与美国和西欧国家发展关系。印外长阿·比·瓦杰帕伊（Atal Bihari Vajpayee）也在多个场合强调“新政府”与美国可以在许多领域展开合作，指出“两国关系过去有过下降时期，但现在毫无疑问处于上升阶段”。[①] 在美国，民主党人吉米·卡特（Jimmy Carter）赢得总统选举成为美国第 39 任总统。与尼克松和福特不同，卡特总统并不认为共产主义是美国的主要威胁，决定改变其前任过度恐惧共产主义并在世界范围内支持右翼独裁政府的做法，重拾现实主义者所忽视的民主、自由与人权作为外交工具。尤其是越南战争的失败，让卡特总统认识到实力政治的有限性，指出苏联也是一个能力有限的国家，美国和苏联都不能掌控世界的未来。卡特宣称，“这是一个新的世界，美国应该积极塑造这个新世界而不是恐惧，这个新世界呼唤美国新的对外政策。”[②] 卡特政府的对外政策开始降低对冷战中“东西问题”（East-West）的关注并过渡到强调南北问题（North-South），通过加强与“在 20 世纪末可能具有突出地位的潜力国家”的关系来强化美国在民主、自由与人权上的影响。[③] 因此，与尼克松和福特政府相比，印度作为一个“地区影响力”国家而受到卡特政府的重视也就不足为奇了。人权问题成为卡特政府对

① Rajendra K. Jain ed. , *US-South Asian Relations*: *1947 – 1982*, Vol. 1, p. 452.

② Department of State Bulletin, 13 June 1977, in M. Srinivas Chary, *The Eagle and the Peacock*: *U. S. Foreign Policy toward India since Independence*, (London: Greenwood Press, 1995), p. 139.

③ Naunihal Singh, *India and the United States*, p. 218.

外政策的主要原则，但卡特对核扩散问题的强硬立场似乎也注定，面对印度解除紧急状态、恢复民主，但在核问题上毫不让步的德赛政府，印美关系的前景并不乐观。

卡特政府对具有亲美倾向的人民党政府做出积极反应，表示希望与德赛政府就广泛的问题（包括核问题）进行对话。1978 年 1 月，美国总统卡特访问印度。在访印前举行的新闻见面会上，卡特总统就印度新政府的外交发表评论指出，“印度是世界上最大的民主国家，近年来转向苏联，但在德赛总理的领导下，现在正转向我们。”[①] 在访印期间，卡特总统与德赛总理就双边共同关心的一系列问题进行了探讨，强调要发展成熟的印美关系，并且签署了《德里宣言》。宣言只是高调地阐述了双方在民主价值观上的共性以及对人权的尊重，完全没有涉及双边关系问题。卡特重申了美国承认印度在南亚的支配地位，但这并不足以改变印度在核问题上的既有立场。印度认为，在美苏等国家核武库不断膨胀的情况下，要求和平发展核能的印度接受全面监督是荒谬的。卡特总统自己也承认，在美国自身不限制核武发展的情况下与德赛讨论核问题，确实“有一点儿困难”。[②] 因此，虽然印美都有改善双边关系的意愿，但核问题已经成为两国关系发展的主要障碍之一。同年 6 月，德赛总理访美，并与卡特总统就经贸问题、印中关系问题、阿富汗问题、非洲问题等进行了广泛交流，但印度的核问题仍是双方的焦点。尽管在卡特总统的努力下，美国会同意向印度的特拉普尔核反应堆提供 9 吨浓缩铀燃料，但

① Rajendra K. Jain ed., *US-South Asian Relations: 1947 – 1982*, Vol. 1, p. 456.

② Naunihal Singh, *India and the United States*, p. 225.

燃料后续供应的前景并不乐观。[1] 1978 年美国会通过 NNPA 后，印美之间的核矛盾开始激化。美国威胁停止向印度供应核燃料，而印度则以核大国停止制造核武器并采取削减核武措施作为谈判的先决条件。

四、苏联入侵阿富汗后的印美关系

1979 年，随着伊朗伊斯兰革命以及苏联入侵阿富汗，美国认为必须采取措施消除苏联对和平的威胁。国际环境的变化导致卡特政府提升美印关系的努力，以希望开始却以失望告终。尽管卡特总统努力使印美关系走出 70 年代初期的低谷，但双边在不扩散问题上的分歧、对苏联入侵阿富汗的反应、印度政府的更迭、美国视巴基斯坦为“前线国家”并提供军援等一系列事件，都使卡特政府改善美印关系的努力大打折扣。

苏联入侵阿富汗为印美关系的改善提供了契机。在尼赫鲁总理时期，在所谓的“共产主义威胁”上，印美存在严重的分歧。苏联的入侵行为不仅使印度所宣称的“苏联没有威胁和领土野心”失去基础，而且也威胁了“英迪拉主义”所界定的“印度后院”的主权。虽然印度没有对苏联的行为提出公开批评，但英·甘地总理对苏联行为的后果表示极大的忧虑。印度认为苏联入侵阿富汗恶化了印度安全环境，而且最让印度担心的是休眠 15 年之久的美巴安全关系复苏。印度在中印 1962 年边界冲突中失败后，就走上了强军之路。虽然苏联的装备价廉易用，但并不能满足印度的需要。武器来源多渠道化，尤其是获得西方先进的技术与装

---

① Naunihal Singh, *India and the United States*, p. 221.

备，一直是印度追求的目标。而且英·甘地同时也认识到，过度依赖苏联并不符合印度的长远利益。获得西方先进的科学技术尤其是国防领域的先进技术与装备，不仅有利于印度国防建设，还会对其他方面产生积极影响。因此，印度在继续维持和发展与苏联关系的同时，开始“转向西方”（look West）。[①] 里根政府虽然重视巴基斯坦在遏制苏联扩张方面的重要作用，但认识到印度在第三世界的地位与影响，也同时认识到改善与印度关系的重要性，因此，美国一面继续向巴提供军经援助，另一方面也对印度做出积极回应。正是在这种背景下，印美关系于20世纪80年代不断转暖。

1981年进入白宫的里根总统决心扭转“卡特政府时期美国军事经济力量的削弱”，[②] 将美巴安全关系作为美国南亚政策的重中之重，并且立即出台了向巴基斯坦提供32亿美元的五年援助计划。美国对巴基斯坦的军事援助引起印度的不安与批评；而印度对苏联入侵阿富汗行为的沉默被美国理解为印度亲苏立场的延续。从某种意义上说，印度对苏联侵阿行为的关注与忧虑，更多的是出于苏联行为导致的美巴同盟加强对印度安全环境的影响。印度强烈不满美向巴出售先进的F-16战机，就是印度这种担心的最好体现。除此以外，美国在印度洋上的军事存在、美国对印度向国际货币基金组织（IMF）申请58亿美元贷款持反对态度以及印度在不扩散问题上的立场等，仍是印美双边关系的主要障

---

① Sunanda K. Datta-Ray, *Waiting for America: India and the US in the New Millennium*, (New Delhi: Harper Collins Publishers, 2002), p. 50.

② M. Srinivas Chary, *The Eagle and the Peacock: U. S. Foreign Policy toward India since Independence*, p. 159.

碍。因此，有的学者认为，里根总统对印度的态度与尼克松总统相比虽说并不消极，但也不积极。[①]

20世纪80年代初期，印美对彼此的态度和认知发生了有利于双边关系发展的变化。1981年10月，印度总理英·甘地与美国总统里根在坎昆会晤后，美国在IMF对印贷款的立场上趋于软化，双边关系出现了积极的变化。1982年7月印度总理访美期间，两国同意由法国取代美国向印度塔拉普尔提供燃料，困扰双边关系的核燃料问题基本得到解决。英·甘地总理许诺“为了友谊（印度）可以做任何事”，但还是强调“印度不会放弃基本政策”。[②]

虽然印美决定启动科技合作，但在英·甘地总理执政的最后时期，两国在不结盟、阿富汗问题、印度洋、阿以冲突、核裁军以及自由市场经济等方面的分歧，并没有因为英·甘地总理的许诺而停止影响双边关系。与此同时，考虑到苏联在政治、经济、军事上的帮助，印度也不愿由于印美关系改善而损害印苏关系。但当英·甘地总理利用1982年参加苏共总书记勃列日涅夫（Brezhnev）葬礼的时机提出购买米格—29战机被拒后，英·甘地已经明显地感到苏联对印美关系的担心。当然，英·甘地对美中关系的发展也存有疑虑，认为美国军援巴基斯坦并与中国关系正常化是在围堵印度。以1982年英·甘地总理访美为契机，印美关系有所提升，“但双边关系似乎总是在热情与指责（ardour and acrimony）之间摆动”。[③] 虽然印美的政治关系发生了积极变化，

---

① J. N. Dixit, *Across Borders: Fifty Years of India's Foreign Policy*, (New Delhi: Thomson Press, 1998), p. 151.

② Sunanda K. Datta-Ray, *Waiting for America: India and the US in the New Millennium*, p. 64.

③ Ibid., *p.* 91.

但两国在战略与安全层面及地区问题上的分歧依然难有突破。1983 年的联合国表决统计显示，在所有问题中，印度在20%的问题上是支持美国的，而在80%的问题上是同苏联站在一起的。因此，“尽管英·甘地总理与里根总统之间关系出现积极变化，但印美关系在英·甘地第二任期内并没有明显的改善。”①

然而里根政府在 80 年代中期决定走出“飘忽于热情与指责之间”的怪圈，同意与印度在科学与技术上进行合作。获得西方尤其是美国的先进技术一直是印度的目标，但由于印度与苏联的关系，美国担心技术流入苏联，同时考虑到印美合作的深度与广度会引起巴基斯坦的疑虑，因此双方在高技术领域的合作一直处于限制状态。这也成为双边关系发展的主要障碍之一。1984 年，里根总统指示政府相关机构，寻求改善与印度的关系，并且满足印度对双用途技术（dual-use technology）的需求。里根政府决定向印度“开放”，② 在科学与技术领域展开合作，成为印美关系发展的新动力。

1985 年，拉吉夫·甘地当选为印度总理。拉·甘地对国际形势评估后认为：美苏冷战的气氛已经有所缓和；苏联驻留阿富汗的政治意图松动，撤军的可能性在增加；中苏关系解冻趋势明显；中国致力于经济建设，对印立场更加务实。因此，拉·甘地上台伊始，就将调整印度与美、苏关系作为对外政策的重点。1984—1985 年，印美达成关于技术转让的谅解备忘录（MOU），为印度获得美国先进技术打开了通道。备忘录签署后，美国立即

① J. N. Dixit, *Across Borders*: *Fifty Years of India's Foreign Policy*, p. 154.

② M. Srinivas Chary, *The Eagle and the Peacock*: *U. S. Foreign Policy toward India since Independence*, p. 167.

决定向印度转让价值12亿美元的双用途技术。[1] 为了协调技术转让，印度专门在驻美国使馆设立了防卫研究与发展机构（DRDO）。1985年7月，美国务卿访印期间宣布，里根政府准备为印度提供先进的核反应堆部件。美国商务部长马尔科姆·巴尔里奇（Malcolm Balridge）认为MOU的签署"将改变印度"。[2] 毫无疑问，技术是印度最直接的需求，而技术也为美国创造了与印度改善关系的机会。正如《华盛顿邮报》指出，印美技术合作不仅具有商业意义，更重要的是其地缘政治意义。[3] 随着80年代中后期印美两国国防部长的互访，双边在国防领域的合作有了实质进展。虽然美国对印度购买CRAY XMP-24超级计算机的用途心存疑虑，但还是同意向印度提供XMP-14超级计算机以及通用电气F-404发动机。

拉·甘地总理的"个人因素"以及他与里根总统之间逐渐培养的"亲密关系"，在多大程度上影响着印美关系的发展并不重要，将印美经贸与科技关系的发展归因于个人的感情因素也是片面的，然而双方在一些重大问题上的分歧，则完全是出于国家利益的考量。美国虽然对印度主动调整与美关系反应积极，但对印度在阿富汗问题上的立场、支持尼加拉瓜桑地诺（Sandinista）政府、与亲越的柬埔寨韩桑林（Heng Samrin）政府关系密切以及对印贸易逆差等问题反应强烈。结果，在1985—1989年，美国会削减了对印发展援助。

---

① Sunanda K. Datta-Ray, *Waiting for America: India and the US in the New Millennium*, p. 97.

② Ibid. .

③ *Washington Post*, 31 May 1985.

到20世纪80年代末期，国际形势已经发生了变化。美国、苏联、巴基斯坦和阿富汗四方达成关于阿富汗问题的日内瓦协议后，阿富汗局势日渐明朗，苏联撤军指日可待。60年代美国侵略越南导致美国国力下降，阿富汗现在也成为“苏联的越南”。美苏实力变化导致国际环境的嬗变与大国关系的调整。1989年，苏联通过外交渠道向印度表示，印度不能像以前一样继续希望在一些问题上获得苏联绝对的无条件的支持。与此同时，美苏都从自身的利益出发，对印中关系的改善持积极态度。

1989年布什总统入主白宫后，由于苏联对外政策的变化以及阿富汗局势的发展，尤其是巴基斯坦作为“前线国家”的条件不复存在以后，南亚地区的核扩散问题成为美国南亚政策的重点。布什总统援引《普雷斯勒修正案》停止了对巴的军经援助，同时也对印美间的双用途技术转让实施了严格的审查。为此，美国会在对印出口先进的火箭试验装置（CAVTS）和超级计算机（Cray XMP－22）上设置障碍，并且于1989年将印度列入超级301条款观察名单。其实，这些只是印美关系的表象，深层次的原因则在于：苏联处于内政外交的动荡与转型之中，美国再也没有必要担心印苏接近对美国造成的影响。可以说，在美国的南亚政策中，苏联因素的权重已经下降。第二届里根政府时期印美高层互访频繁，而布什政府任期的最初两年，两国高层互访几乎中断。这也从一个侧面反映出美国对印政策的变化。

当然，1989年以后印度政局的变化，尤其是V. P. 辛格（V. P. Singh）总理组成的以人民党为主的全国阵线少数派政府和其后的钱德拉·谢卡尔（Chandra Shekhar）政府延续的时间较短，也是双边高层互访减少的因素之一。

第三节　冷战后初期的印美关系

1991 年，随着苏联的解体，持续了 40 多年的冷战结束。美国昔日的敌人不复存在，新生的俄罗斯奉行亲西方的外交政策。而敌人的朋友——印度，并没有顺其自然地成为美国的敌人。相反，对于走出冷战阴影的南亚次大陆，除了印巴之间的核对抗能吸引美国的注意力外，美国还不能完全适应国际环境的新变化带来的新挑战。而失去了苏联这个盟友的印度，面对转型中的国际环境，尤其是美国单极世界的形成，一时也找不到自己的立足点。然而，沉浸在单极世界快感中的美国和面对美国霸权迷茫的印度，又很快重新找到了发展双边关系的基础。

冷战结束导致真正意义上的超级大国的形成，美国内乐观情绪上升。在美国战略天平上，南亚的地位与作用下降了，此时吸引美国注意力的主要是南亚地区的核问题。然而与冷战期间不同，美国认为印巴之间的军备竞赛有导致核冲突的可能。在南亚，美国认为这一地区的安全威胁并不是来自外部，而是印巴之间的对抗。出于这种判断，美国南亚政策的目标是使印巴关系处于可控状态，维持地区的稳定并力争掌控南亚事务。美国要达到上述目标，离不开南亚最大国家印度的合作，因此，美国南亚政策向印度倾斜也就成为必然。

冷战结束也带来南亚及其周边战略环境的显著变化：一个正在崛起的中国，一个正在走向一体化的东南亚，一个动荡的中东和难以预测的阿拉伯世界，一个没有安全体系的印度洋以及非传统安全威胁不断上升。国际环境的演变为印美关系发展提供了新的契机。冷战结束后，制约印美关系的两极格局不复存在。尽管印度与俄罗斯仍然保持密切关系，但华盛顿已经没有必要从冷战的视角审视此时的印俄关系；同时，新德里也对美巴关系的削弱以及1990年美国援引《普雷斯勒修正案》中止援助巴基斯坦感到宽慰。这些变化意味着印度和美国都能按照自己的意愿发展以共同利益为基础的双边关系。这似乎预示着双边关系将会出现积极发展的趋势。

然而，冷战后初期印美关系的发展并非一帆风顺。由于印美彼此还缺乏足够的信任，“美国对印度采取的是有拉有打、拉打结合的策略，而印度为了实现自己的国家战略，称雄南亚，树立大国形象，对美国采取的是有让有顶、顶让兼备的办法。”[①] 同时，拉奥总理上台伊始就遭遇苏联解体的冲击，内政外交困难重重。在整个90年代，印度掣肘于印巴对抗以及国内动荡，不能全力以赴致力于经济与社会的发展。面对新的国际环境，新德里致力于全方位外交。印度一方面努力恢复受损的印俄关系并改善印中关系，另一方面积极发展印美关系。但华盛顿认为印度既非敌人也非朋友，所以印度不是布什政府外交的重点。

冷战期间困扰双边关系的印巴对抗、核扩散等因素不仅没有成为历史，反而重新成为影响印美关系的主要因素。在布什政府和克林顿政府初期，美国的对印政策并无多大变化，印美关系没有实质突破。在克林顿总统强调人权、不扩散预防性外交以及在高度关注克什米尔问题的背景下，印度对美国的目的和动机表示

---

① 马加力：《关注印度：崛起中的大国》，天津人民出版社2000年版，第133—134页。

忧虑，由此导致的分歧影响了双边关系的发展。尤其是在 1994 年 3 月，美国助理国务卿关于“美国政府认为整个克什米尔地区都是有争议的领土”的演讲遭到新德里的强烈反对。新德里认为华盛顿在查谟和克什米尔问题上“既没有兴趣帮助印度，也没有兴趣帮助巴基斯坦，而是摄取自己的既得利益”。[①] 印度对美国批评自己的人权状况不满，而更让新德里不能接受的是，美国要“封顶、退回并最后消除”（cap，roll back and eventually eliminate）印度的核能力。[②] 因此，在 20 世纪 90 年代初期，新德里发展印美关系的热情并没有得到美国的积极回应。而且，新德里认为华盛顿在执行一种“遏制印度”的政策。[③] 克林顿总统入主白宫后竟然 16 个月没有派出驻印大使，似乎印证了新德里的判断。

尽管印美政治关系停滞不前，但双边的经贸却持续发展。印度在拉·甘地时期就实行了一系列经济改革措施，1991 年拉奥总理上台后重点解决印度的经济问题，宣布要脱离长期指导印度经济发展的苏联模式，鼓励私营发展。美国欢迎拉奥政府的“亲西方、亲投资、亲开放市场”的改革措施，并且认为印度是一个新兴市场，鼓励美国商人对印投资。这也成为克林顿政府改变对印政策的重要因素之一。因此，克林顿政府对印政策一方面在政治上遏制，另一方面在经济上接触。有的学者称之为“分立”（carve out）。

1994 年，美国助理国务卿拉斐尔和副国务卿塔尔博特相继访

---

① V. P. Dutt，*India's Foreign Policy in a Changing World*，（New Delhi：Vikas Publishing House，1999），p. 45.

② Baldev Raj Nayar and T. V. Paul，*India in the World Order*：*Searching for Major-Power Status*，（Cambridge：Cambridge University Press，2003），p. 212.

③ Ibid.，p. 213.

印。塔尔博特称印度是美国天然的朋友和伙伴，表示将全力挖掘美印友谊的潜力。同年5月，印度总理拉奥（Narasimha Rao）访美。虽然双边在核不扩散问题、人权问题和克什米尔问题上仍然存在分歧，但印美发表的《联合声明》表明两国要致力于“建立一种新型的伙伴关系”。拉奥总理访美不仅带来双边经贸关系的提升，双边的军事合作也有了实质突破。

1996年5月印度第十一届大选后，联合阵线政府执政仅仅18个月，在外交上除了强调睦邻外，基本延续了拉奥政府时期的政策。面对国际社会在全面禁止核试验条约（CTBT）上施加的压力，新德里的立场依旧，表示印度现在不会、以后也不会签署这项不平等的条约。而此时，美国对印度的态度却发生了微妙的变化。美国内要求应抛弃相对来说忽视印、巴的态度，指出承认印度的力量和重要性能帮助促进整个亚洲的稳定，建议探索同印度建立真正的战略伙伴关系，同时把两国关系建立在以经济利益和民主为基础的共同点上。

1997年古杰拉尔总理访美期间，表示印度并没有进行核试验的计划。但1998年印度人民党（BJP）上台后不久就进行了五次地下核试验。印度的核试验震惊了国际社会。美国率先谴责印度，并出台了对印制裁措施，希望通过政治上孤立和经济上制裁达到迫使印度签署NPT和CTBT的目的。

“核试改变了印度的地位，也将印度与其他国家的关系置于新的平台。”[①] 核试导致印美关系紧张，但双边关系并没有倒退，而是得到一定改善。战略性接触很快就取代了政治孤立与经济制

---

① Giraud in “France N-Sub Here”. inferred from Baldev Raj Nayar and T. V. Paul, *India in the World Order*: *Searching for Major-Power Status*, p. 243.

裁的政策。印度核试后的两年内，美副国务卿塔尔博特（Strobe Talbott）和印外长贾斯万特·辛格（Jaswant Singh）共举行了12轮会谈。虽然会谈没有解决双方在核问题上的分歧，却为两国相互理解提供了机会。印度核试与印美间高级别的“战略对话”（strategic dialogue）在一定程度上改变了美国对印态度，美国关于1999年印巴卡吉尔冲突（Kargil crisis）的立场清楚地表明了这一点。

自1994年拉奥总理时期开始，印度就一直希望与美国建立一种新型关系。古杰拉尔总理1997年访美期间也重申了这种愿望，并在美外委会作了题为《印美关系——新的友好关系的开端》的演讲。2000年是印美关系中最具代表意义的一年。美国总统时隔22年后第一次访印，并且在一年内实现了双边高层互访。印美政治和解标志着印美关系真正进入一个新的时代。克林顿总统在印议会发表演讲，承认印美是“天然的盟友”（natural allies）。双方会谈结束后发表了题为《印美关系：21世纪展望》的联合声明，指出“克林顿总统和瓦杰帕伊总理致力于在美国和印度之间建立一种更为密切的新型关系”（closer and qualitatively new relationship）。然而双方在核问题上的分歧依然存在。“美国认为印度应该放弃核武器；印度认为自己需要保留与自己评估的安全需要相一致的可信赖的最低限度核威慑能力。”①

克林顿总统访印后，印美双边对话机制建设发展迅速。这主要包括：两国领导人的经常性会晤；美国务卿与印外长在对外政

① Joint India-U. S. Statement, *India-U. S. Relations: A Vision for the 21st Century*, http://www.indianembassy.org/indusrel/clinton_india/joint_india_us_statement_mar_21_2000.htm.

策以及安全与不扩散领域的对话；反恐联合工作组的定期会谈；印美联合国维和行动联合工作组；双边经济对话机制化；成立印美科技论坛，组建清洁能源与环境咨询小组等。从此以后，华盛顿在克什米尔问题上的立场也出现了微妙变化。克林顿总统强调克什米尔问题应由印巴双方自己解决，并且指出巴基斯坦政府内有些人在支持克什米尔的暴力活动。实际上，华盛顿已经在克什米尔问题上采取了偏向印度的立场。

2000 年 9 月，印度总理瓦杰帕伊访美。在美国参众两院发表演讲时，瓦杰帕伊总理再次强调印美是“天然的伙伴关系”，“具有许多共同之处而没有利益上的冲突”，并且希望华盛顿理解印度“对安全的关注”。随后发布的联合声明中，印美两国重申致力于建立“更加密切的新型关系”，指出“印美间密切的合作和牢固的伙伴关系（closer cooperation and stronger partnership）是塑造和平、繁荣、民主、多元与自由的世界的重要因素”，[①] 强调双边要在武器控制、反恐及艾滋病防治等方面加强合作。联合声明还第一次对印裔美国社团在印美关系中起到的桥梁作用以及在深化双边经贸合作方面的贡献作出评价。随着双边对话机制的建立，印美在各个领域的合作得到了迅速发展。

2000 年后，印度迫切希望美国解除在双用途高技术转让上对印的限制，展开民用核能和空间领域的合作。新德里甚至将这三个领域的合作作为衡量印美关系显著改善的“三件套”标准（trinity）。2001 年，共和党人乔治·W·布什（George W. Bush）

① Joint India-U. S. Statement on the occasion of the official visit of Prime Minister Atal Bihari Vajpayee, http: //www. indianembassy. org/indusrel/pm_ us_ 2000/joint_ statement_ september_ 15_ 2000. html.

赢得大选入主白宫后，继续并深化克林顿时期“对印开放”(open to India) 政策。在一份题为《2025 年的亚洲》的评估报告中，美国防部将中国列为美国在亚太地区利益的最大潜在威胁，并且指出印度的战略潜力正在逐渐增加。这与共和党 2000 年 7 月出台的竞选纲领中界定中国为战略对手而非战略伙伴基本上一脉相承。

乔治·W·布什上台不久就任命核扩散高级战略家罗伯特·布莱克威尔为驻印大使，与克林顿时期驻印大使长期缺位形成鲜明对比。2001 年 4 月 6 日，印度外交兼国防部长贾斯万特·辛格 (Jaswant Singh) 访美，与总统布什、国务卿科林·鲍威尔 (Colin Powell)、国家安全顾问赖斯 (Condoleezza Rice) 以及国防部长唐纳德·拉姆斯菲尔德 (Donald Rumsfeld) 举行了会谈，双方就双边的经贸、核扩散以及地区问题进行了广泛交流。虽然印美都承认双方的会谈与讨论“成果显著，意义重大”,[①] 美国也表示将尽快解除对印的经济制裁并恢复双边军事交流，但随后将印度列入“超级 301 条款”的行为还是让新德里不满。2001 年 6 月 20 日，布什总统在给印度驻美大使的回信中坦承，“我们两国不可能始终意见一致，然而，在开诚布公地面对分歧并共同寻找相互认可的解决办法的重要性认识方面，我们始终是一致的。”[②]

2001 年 5 月 1 日，布什总统宣布美国将退出 1972 年与苏联签订的反导条约并建立国家导弹防御系统 (NMD)。印度第二天就

---

① Remarks by U. S. Secretary of State Colin Powell and External Affairs Minister Jaswant Singh during External Affairs Minister's visit to Washington, http: //www. indianembassy. org/indusrel/2001/eam_ april_ 06. htm.

② President Bush reply to Ambassador Mansingh's text of remarks-June 20, 2001, http: //www. indianembassy. org/indusrel/2001/bush_ singh_ june_ 20_ 01. htm.

发表声明，成为极少数立即表示支持美国 NMD 计划的国家之一。印度的表态受到布什的欢迎。但是迫于国内与国际社会的压力，辛格总理在接受记者采访时宣称，“印度完全支持多极世界的主张”，并且认为“不应该出现一个超级大国独霸世界的局面”，指出国际社会“对印立场有所误解”。[①] 2001 年 6 月至 12 月，印美双边对话机制进展顺利，联合国维和行动联合工作组、防务政策小组以及经济对话相继进行。

综上所述，从冷战后印美关系的发展不难看出，印美关系在冷战结束初期并没有得到预期的改善，印美还没有完全走出历史的阴影。自克林顿总统第二任期开始，美国开始转变对印政策。尤其是印度核试后，美国一方面在经济上制裁，另一方面保持高密度接触。也正是从这一时期开始，印美间的对话机制得到了迅速发展，对话范围包括政治、经贸、军事、科技、文化、教育、卫生等多个领域和各个层次。可以说，美印关系已经摆脱了冷战期间结构性矛盾的限制，甚至双方在防扩散领域的分歧也不再成为彼此发展双边关系的鸿沟和障碍，不再成为阻止双方定义与认识新型伙伴关系的因素。而所有这一切，都是建立在美国对印认知转变的基础之上的。

第四节　“9·11”后的印美关系

“9·11”恐怖袭击发生后，美国对南亚政策进行了调整，不

① 《华盛顿邮报》，2001 年 8 月 12 日。转引自赵蔚文：《印美关系爱恨录——半个多世纪的回顾与展望》，时事出版社 2003 年版，第 193 页。

仅顾及到巴基斯坦在当前反恐战争中的作用，同时也对印度在美国的南亚战略和全球战略中的地位予以充分重视。美国在印巴都有重要利益。为了实现促进民主与人权、扩展经济合作、共同应对地区和全球挑战等目标，美国认为疏远印度和巴基斯坦的政策将毫无意义。[①]

对于美国的反恐战争，印度迅速站在美国一边，声明提供军事基地和后勤支持。印度支持美国的反恐战争，主要是基于以下考虑。第一，冷战期间美巴结盟对印度的安全构成了威胁。冷战结束后，虽说美对巴的兴趣大减，但印巴关系并没有实质突破，美巴接近将再次对自己的安全形成挑战；第二，印度长期抱怨巴基斯坦支持恐怖主义活动，支持美国的反恐战争有助于在克什米尔问题上争取国际社会的同情，从而借反恐向巴施压；第三，为发展与美关系提供了一个新的契机，有助于进一步减轻美国在核试后施加的压力。

“9·11”事件出乎意料地将巴基斯坦带入全球政治舞台的中心，成为巴基斯坦历史的分水岭。[②] 结果，在反恐战争开始后，美巴双方的互需导致了美恢复向巴提供经济、军事援助。美给予巴“非北约主要盟国”地位，美巴关系迅速恢复。但美国并没有采取“厚此薄彼”的传统做法，而是努力抚慰印度对美巴回归冷战时期军事同盟的担心，加强了同印度的关系。

2001 年 11 月，印度总理辛格访美。辛格总理与布什总统重

---

① Richard N. Haass, “U. S. Needs to Soothe India, Pakistan”, http: //www.brookings. edu/scholars/rhaass. htm.

② Samina Yasmeen, “Unexpectedly at Center Stage: Pakistan” in Mary Buckley, Rick Fawn eds. *Global Responses to Terrorism - 9/11, Afghanistan and Beyond*, (Routledge, 2003), pp. 188 - 197.

中，要继续致力于完成印美关系的实质转变，并且宣布双边在防务、新战略框架和导弹防御、高技术贸易、反恐、核能以及阿富汗等问题上开展新的对话与合作。在随后发表的《联合声明》中，瓦杰帕伊总理和布什总统在以下方面达成一致:[①]

（1）重申对2000年3月达成的双边对话框架的支持；

（2）认为最近取消对印经济、军事与技术上的限制为双边关系发展提供了动力；

（3）防务政策小组恢复运作以作为双边防务与安全领域合作的第一步，并且讨论印度向美购买武器问题；

（4）扩展双边经济对话，展开双边在能源、环境、卫生、空间项目、出口控制、科学与技术等领域的合作；

（5）开始政府间对话以加速双用途和军事项目技术的合作进程；

（6）提议在民用空间合作领域方面进行探讨。

两国元首还特别强调，印美有许多共同利益，双边的伙伴关系有利于亚太地区的和平与稳定，反恐是双边进程中最重要的部分，双方合作成为打击恐怖主义和极端主义的决定因素。辛格总理在美参议院外委会的演讲中，一方面强调印美双方着眼于建立以优势互补为基础的长期关系，另一方面也不失时机地向华盛顿表示，印度也是恐怖主义的受害者，长期面临着越境恐怖主义的困扰。辛格总理表示，“印度并不想让国际联合反恐进程不堪重负，但也不能顺从地接受针对印度的越境恐怖行为。”[②]

---

① Text of the India-U. S. Joint Statement on the occasion of the official working visit of the Prime Minister Atal Bihari Vajpayee to Washington D. C. , November 9, 2001, http: //www. indianembassy. org/indusrel/2001/ind_ us_ js_ nov_ 9_ 01. htm.

② Prime Minister Vajpayee's opening remarks at the U. S. Senate Foreign Relations Committee, http: //www. indianembassy. org/indusrel/2001/pm_ senate_ nov_ 8. htm.

然而印度总理美国之行的最大亮点，则是双边战略对话机制的建立。实际上 2001 年 5 月美副国务卿阿米蒂奇访印的主要目的，就是与印就美国新战略框架（New Strategic Framework）进行磋商。11 月 9 日两国元首会晤后，决定通过新战略框架对话（New Strategic Framework Dialogue）将印美战略对话制度化。辛格总理回国后也宣布，“印美关系已经得到显著增强，扩展与深化的前景极其美好。”①

除了反恐合作，印美经贸领域的合作也有所进展。2002 年 9 月，美国取消了所有针对印度的制裁措施。美商务部也于同年 10 月将实体名单（Entity List）中的印度组织从 150 个减少为 16 个，并且对仍列于名单中的组织减少限制。2002 年，印美双方除了继续金融与经济论坛、商业对话和贸易政策工作组等三个部长级对话外，还开展了能源与环境领域的高级别对话。2002 年 9 月美国发表《国家安全战略报告》，称印度有潜力成为 21 世纪最伟大的民主国家之一，并且美国将尽一切可能与印度建立强有力的双边关系。

2003 年，印美保持高度接触，双边在反恐、联合国维和、防务、战略问题、科技、卫生、空间项目、能源与环境等领域的合作不断深化。双边高层互访频繁，布什总统与瓦杰帕伊总理分别于 2003 年 5 月（圣彼得堡）和 9 月（纽约）进行了两次会晤，印度副总理也于 9 月与布什总统会晤。其他高级别的会晤还包括印度国家安全顾问、外长、外秘、工商部长、电力部长访问美国。到 2003 年，双边对话框架（Bilateral Dialogue Architecture）已涵盖 15 个制度化对话项目，双边在民用空间项目、民用核能项

① Prime Minister Vajpayee's statement after arriving from a three-nation-tour to Russia, USA and UK, http: //www. indianembassy. org/indusrel/2001/pm_ nov_ 13. htm.

目、双用途高技术贸易以及导弹防御领域的战略对话取得一定进展。2003 年 9 月 5 日，美国务卿鲍威尔在一次讲话中指出，印度是世界上的主要国家，美国必须与之发展关系。并且于同年 10 月声称，关于“三件套”问题的对话进展顺利，最终协议已经进入“滑行跑道”（glide path）。2003 年 9 月 22 日，瓦杰帕伊总理在美亚洲学会（Asian Society）发表演讲时指出，印美对话范围广泛，“但最重要的是对话氛围已经改变”，“我们彼此开诚布公”，“建立在尊重与平等基础上的对话之所以成功，完全是因为我们之间没有实质的利益冲突”。①

2004 年 1 月，印美两国分别发表声明，宣布两国开始实施“战略伙伴关系后续步骤”（NSSP）。印美一致同意双边在民用核活动、民用空间项目、高技术贸易等三个领域展开合作，并且在导弹防御领域加强对话。美国工商部长肯·朱斯特（Ken Juster）称 NSSP 是印美关系中重要的里程碑。② 瓦杰帕伊总理也指出，2001 年 11 月达成的印美致力于建立战略伙伴关系的愿望现在正在变成现实。2004 年 9 月 17 日，印美在联合新闻声明中宣布，两国已经圆满完成 NSSP 第一阶段计划。美国修改出口许可政策以保证双边商业空间项目的实施，并且将印度空间研究组织（ISRO）从美商务部实体名单中删除。2004 年 9 月 21 日，印度新任总理曼莫汉·辛格（Manmohan Singh）在美国与布什总统会晤后发表题为《印美伙伴关系：合作与信任》的声明，双方对完成

① Prime Minister's Speech at the Asia Society，http：//www.indianembassy.org/pic/pm/vajpayee/pm_ sept_ 22_ 03.htm.

② K. Alan Kronstadt，“India-U. S. Relations”，CRS Issue Brief for Congress，IB93097，November 4，2004，p. 15. http：//www.fas.org/man/crs/IB93097.pdf.

NSSP 第一阶段目标感到满意，并且表达了双方在国际经济问题上展开合作的愿望，特别是在 WTO 多哈谈判以及印美经济对话和高技术合作上进行合作。

"9·11"恐怖袭击事件以来，印美双边的政治关系得到迅速发展。印度支持布什总统的新战略框架；为美国在阿富汗的反恐战争提供支持，包括使用印度的军事基地和海上护航；支持美国在环境保护和全球气候变化上的立场，不反对美国退出《京都议定书》；印度没有反对美国退出反导条约的决定；尽管印度国会强烈谴责美国发动伊拉克战争，但印政府却尽量避开加入或附和国际社会对美国发动伊拉克战争的指责；赞同美国关于将伊朗核问题提交联合国安理会的提议。这些问题表明，印度在政治上越来越与美国步调一致，但这并不是说双方在政治关系上没有分歧。印度对美国向巴出售先进的军备表示担心与不满，尤其是美国在阿富汗的反恐战争结束后，印度对美国不能向巴施加必要的压力以解决印度面临的越境恐怖活动颇有微词，认为美国在反恐上执行双重标准。同时，印度团结进步联盟政府（UPA）上台后继续前任政府的核立场，拒不签署 NPT，美国也对此有所忧虑，但这也成为美国加大对印接触力度的重要因素。因此，在拥有核能力的印度将 NPT 与 CTBT 作为与大国打交道筹码的情况下，美国如何平衡不扩散目标与印度战略需求，成为双边关系发展的一个不确定因素。

第五节　印美关系新发展

2005 年 7 月 18 日，布什总统与到访的辛格总理发表联合声明，宣布两国已经完成了起始于2004年1月的《战略伙伴关系后续步骤》（NSSP）所规定的步骤，决定深化双边关系，建立全球伙伴关系。从战略伙伴到全球伙伴的转变，印美关系实现了重大突破。双方致力于在经济、能源与环境、民主与发展、不扩散与安全、高技术与空间等五个领域展开全面合作。尤其是自布什总统第二任期以来，印美关系得到迅速发展，双方在经贸、政治、安全等领域合作的深度与广度得到不断拓展。

在经济领域：继续深化双边经济对话，设立CEO论坛协调、利用私营领域以深化双边经济关系；通过加大双边贸易、投资与技术合作来支撑两国经济增长；促进印度基础设施的现代化以加速印度经济增长，改善印度的投资环境以吸引外资。

在能源与环境领域：通过印美能源对话，强化能源安全，促进印度能源市场的稳定与高效，保证印度可持续发展对能源的需求；开发清洁、高效、廉价以及多样化的能源技术，以促进发展与保持环境。2006年3月美国总统布什访问印度，两国达成了在民用核能领域合作的协议。2006年7月和12月，美国众议院和参议院分别投票批准了《亨利·海德2006年美印和平原子能合作法案》。尽管核协议遭到印度国内左翼政党的反对，导致协议的执行出现曲折，但美国突破NPT及国内法律的束缚给予印度“超级待遇”，表明了美国对印度认知的改变以及对印政策调整的不断深入。

在民主与发展领域：通过美印全球民主新倡议，为寻求帮助的国家提供支持以巩固民主基础。印美将一道致力于加强民主实践与能力，并且在联合国民主基金上贡献彼此的力量。通过动员政府与私有领域的资源、知识和专家，在全球范围内展开艾滋病预防领域的合作。

在不扩散与安全领域：以《印美防务关系新框架》为基础，进一步深化双边包括防务技术在内的安全领域合作。承诺在防止大规模杀伤性武器扩散上发挥领导作用。提出印美减灾新倡议，以强化双边减灾合作。

在高技术与空间领域：双边签署了《科学与技术框架协议》，以提供联合研究和培训。通过印美民用空间合作工作组机制，在空间探索、卫星导航与发射、商业空间领域建立紧密关系。以NSSP中承诺的不扩散义务为基础，将某些印度机构（或组织）从美商务部的实体名单（Entity List）中删除。

然而，印美联合声明较以前最大的突破，在于美国许诺在民用核能上与印度展开全方位合作（full civil nuclear energy cooperation）。布什总统认为，作为一个拥有先进核技术的负责任国家，印度应该像其他这样的国家那样获得同样的好处与利益。为此，布什总统不仅要说服国会调整法律与政策，还要与其他国家就国际不扩散机制进行协调以实现与印度的核能合作。

自2005年7月，美国通过八国峰会（G-8）、核供应国集团（NSG）、联合国大会以及国际原子能机构会议等渠道进行了积极的协调。印度也通过了关于大规模杀伤性武器的立法，以加强在核、生化、化学等材料或物质上出口的控制。双方在经贸、防务等领域的合作处于继续深化过程中。然而更重要的是，联合声明指出，印美全球伙伴关系将提高印美“一起努力在共同关心和感兴趣的领域发挥领导作用的能力”。可以说，发挥领导作用正是印度自独立以来始终追求的目标。

自2009年以来，两国高层互访频繁。2009年至2012年，印度总理访问美国3次，美国总统访问印度2次；而两国外长级的正式访问更是频繁。尤其是在政治领域，奥巴马总统称印度是美国“不可或缺的伙伴”，将美国与印度的关系定义为“21世纪的决定性伙伴关系”，同时，“天然盟友”和“关键全球伙伴”也时常成为美国政要对印度的定位。印度在奥巴马总统上台后的一段时间内明显地感受到“被冷落”，一些分析家认为印度在美国战略考量中的优先地位下降、印美关系可能受挫。但这些只是表象，实际上双方在许多领域的合作都有所深化。

2009年7月，印度和美国决定启动新的战略对话机制。新战略对话定位于部长级，由印度外长和美国国务卿共同主持，轮流在两国举行。新战略对话重点关注双边关系的五个支柱性领域：第一是战略合作；第二是能源、气候变化、教育和发展；第三是经济、贸易和农业；第四是科学与技术；第五是健康和创新。首轮战略对话于2010年6月在华盛顿举行。至2013年6月，两国共举行了四轮战略对话。[①] 从以上四轮战略对话可以看出，印美战略对话的议题有两个层面：首先是在地区和全球层面，双方决定加强关于东亚、中亚、西亚和拉美地区事务的战略磋商与协调；在联合国维和、阿富汗问题、非洲粮食安全，以及对感兴趣国家的选举管理等问题上加强沟通与合作；其次是双边层面，双方决定在防务、安全、反恐、民用核能合作、核安全、教育、科技、空间、妇女权益、医疗、创新、能源和气候变化等一系列议题上展开讨论与合作。

2009年11月24日，值印度总理辛格访问美国之际，印美两

---

① MEA, “India - U. S. Relations”, http: //www. mea. gov. in/Portal/Foreign-Relation/India-U. S. _ Relations. pdf.

国发表了名为《印度与美国：为了更加美好世界的伙伴关系》的联合声明。两国领导人重申了印度和美国的全球战略合作伙伴关系，并决定将这种关系推向一个新的阶段。印度总理曼莫汉·辛格和美国总统奥巴马认为，印美两国的共同理想和互补优势为解决21世纪面临的全球性挑战奠定了基础，强调民主、多元、宽容、开放、尊重基本自由和人权等共同价值观对世界安全和可持续发展的重要性，决定利用共享的优势扩展美印全球伙伴关系，致力于发挥2009年启动的新战略对话机制的作用。同时，两国决定在促进全球安全与反恐、确保全球的可持续发展和清洁能源的未来、刺激全球经济复苏以及更有效的全球合作上加强合作。而且，美国期待印度的稳定和繁荣，并希望其在世界事务中发挥越来越重要的作用。[①]

2010年11月6—9日，美国总统奥巴马访问印度，两国发表了题为《面向21世纪的全球战略伙伴关系》的联合声明。奥巴马总统欢迎印度崛起为地区和全球的主要力量，重申美国对印度崛起、经济繁荣和安全有极大兴趣。[②] 2011年9月28日，美国负责南亚与中亚事务的助理国务卿罗伯特·布莱克（Robert O. Blake）在国务院亚洲研究局的演讲中指出，美国和印度双边合作的重点包括四个关键领域：安全与防务问题；为经济与民用核合作注入新的活力；印度在“新丝绸之路”计划中发挥中心作

---

① MEA, “Joint Statement between Prime Minister Dr. Manmohan Singh and President Barack Obama”, November 24, 2009. http://www.mea.gov.in/bilateral-documents.htm?dtl/5042/Joint+Statement+between+Prime+Minister+Dr+Manmohan+Singh+and+President+Barack+Obama.

② Avtar Singh Bhasin ed., *India's Foreign Relations - 2010: Documents*, (New Delhi: Geetika Publishers, 2011), p. 1938.

用（central role）；深化与印度从亚丁湾到马六甲海峡整个亚太地区的合作。[1]

在民用核能、民用空间项目、高技术贸易等领域的合作，促使印度更加积极地调整对美政策。在防务领域，两国强化反恐合作，启动“印美反恐合作倡议”。双方签署的《终端用户监督协议》为印度购买美国军备铺平了道路，两国间的军事交流空前发展；印度不仅先于美国的欧洲盟友第一时间支持美国建立国家导弹防御系统，全力支持美国的反恐战略，“而且将印度对美政策在对外政策中的地位提升到了十分重要的高度，成为印度维护国家安全和实现大国谋略的首要考虑”。[2] 而且更为重要的是，美国明确表示要帮助印度成为21世纪主要国家。

① Remarks by Robert O. Blake Jr.，“Looking Ahead：U. S. -India Strategic Relations and the Transpacific Century”，http：//www. state. gov/p/sca/rls/rmks/2011/174139. htm.

② 吴永年、赵干城、马孆：《21世纪印度外交新论》，上海译文出版社2004年版，第159页。

第二章

印美政治关系基础

冷战结束后，印美逐渐摆脱相互疏远的状态。20 世纪 90 年代中期，两国致力于建立一种新型伙伴关系。在克林顿政府人权与不扩散政策压力下，虽然双边经贸关系有所发展，但印度的热情并没有得到美国的积极回应。1998 年印度核试后，克林顿政府开始转变经济上接触政治上孤立的分立政策，加大双边接触。困扰双边关系的核问题成为美国接触印度的重要因素之一，双边对话机制逐步发展。2001 年底，印美两国元首承诺，要致力于建立战略伙伴关系。2004 年 1 月，印美开始实施《战略伙伴关系后续步骤》（NSSP）。仅仅过了 9 个月，印美宣布完成 NSSP 第一阶段目标并启动第二阶段对话。2005 年 7 月，印美发表联合声明，将双边关系提升为全球伙伴关系。2009 年奥巴马当选美国总统后，决意扩展印美全球战略伙伴关系。可以说，印美关系从“一种新型伙伴关系”发展为“战略伙伴关系”，再提升为“全球伙伴关系”，在 15 年里经历了“三级跳式”发展。印美关系的跨越式发展反映出两国政治合作的意愿在逐步上升。

冷战结束后，尤其是“9·11”恐怖袭击事件发生后，印美关系得到了迅速发展。冷战期间相互疏远的民主国家（estranged democracies）已经发展为相互亲近的民主国家（engaged democracies）。尽管印美都强调民主这个共同价值观是双边关系的基础，但“冷战期间这种认同感为更实际的利益所掩盖”，① 双方对国际问题的立场大多是分歧大于一致，由此采取的行动也基本上是对立多于合作。两极格局瓦解后，“历史的终结”导致美国成为真正意义上的超级大国，并且还是唯一的大国，无论是硬实力还是软实力，都是其他国家不可企及的。“一超多强”成为冷战后国际体系的基本特征。美国将自由民主作为“普世价值”向世界推广，并且当克林顿政府以人权、防扩散和自由市场作为其对外政策的支柱时，既非盟友也非潜在威胁的印度在核立场、人权状况以及市场开放程度等方面自然成为美国抱怨、指责的对象。倍感失落的印度在全方位外交理念下积极调整对美关系，但美国战略的棋盘并没有印度的位置。印度的积极与努力得到的，只是美国“善意忽视”的继续。然而印度的核试改变了美国对印政策，成为双边关系的分水岭。“9·11”事件加速了印美双边关系向纵深发展。美国不仅取消了对印度的单方面制裁，而且与印度展开了各个领域的合作，建立起全球伙伴关系。毫无疑问，印美全球伙伴关系的建立与发展，是各种因素综合作用的结果，其中政治上的相互需求是

① 吴永年等：《21世纪印度外交新论》，上海译文出版社2004年版，第158页。

重要的推动。

第一节　民主价值观：共性？

美国是世界上最强大的民主国家，印度则是世界上人口最多的民主国家。在美国越来越强调价值观外交的大背景下，共同的价值观基础似乎注定要成为印美双边关系的纽带。冷战期间，价值观上的共性并没有自然而然地带来双边关系的和谐发展。在长达近半个世纪的时间里，国家利益与战略目标的差异导致印美彼此疏远，价值观上的认同被更为实际的利益所掩盖。后冷战时期，虽然意识形态因素在美国对外关系中的作用有所下降，但冷战思维并没有完全退出历史舞台，尤其在美国政坛，保守主义对美国内政外交的影响是不容忽视的。可以说，与冷战时期相比，在保守主义的影响与鼓动下，美国对其价值观、价值体系和政治体制的优越性的鼓吹和推行是有过之而无不及。民主，或民主价值观，无论是在冷战时期，还是在后冷战时代，几乎始终是美国对外政策的便利工具，成为美国推行全球战略的一柄利剑。

纵观印度独立后与美国关系的发展过程，尤其是自美国总统乔治·W·布什的第二任期以来，共同的价值观基础成为印美双边关系的纽带，两国的政治和战略精英出于各自的国家利益，都极力渲染这条纽带的“重要性”。那么，为什么共同的价值观会成为双边关系的基础呢？

一、意识形态：美国国家利益的重要因素

对于意识形态和国家利益的界定，各国学者的定义不尽相同。并且在过去的半个世纪中，意识形态也成为最复杂和最具争议的政治概念之一。然而关于意识形态与国家利益关系的认识，大多数学者的认识都是肯定的。尽管一些学者常常将意识形态与国家利益完全割裂开来，认为国家外交政策的出发点应当是国家利益而非意识形态，① 但这种将意识形态与国家利益完全分离的做法有失偏颇，并且“很难解释当今国际关系特别是美国对外政策中的许多现象”。②

实际上，从意识形态的地位上看，意识形态从属于国家利益，是国家利益的重要组成部分。美国政治学家弗雷德·桑德曼在其著作《国家利益》中指出，“当我们谈到国家利益的时候，我们是在谈价值观念：是某一社会的一部分人，许多人，或者所有人所拥有的价值观念。”③ 美国政治学家杰里尔·A·罗赛蒂也认为，“国家利益显然是一个主观的概念，不同的人对国家利益有不同的界定。因此，国家利益是随着时间的推移而有所变化的，其特性在任何一点上都取决于社会和政府中普遍持有的意识

① 著名政治学家汉斯·摩根索就认为意识形态只不过是国家利益合法性的伪装。摩根索在其《国家间政治》中反复表达了意识形态只是“为外交政策披上合法的外衣”、意识形态是为了“掩饰”政治行动的直接目的等看法，并且称之为“意识形态伪装”。

② 刘建飞：《意识形态在美国外交政策中的地位》，《美国研究》，2001 年第 2 期，第 76 页。

③ 转引自朱炳元主编：《全球化与中国国家利益》，人民出版社 2004 年版，第 110 页。

形态和对外政策观点。换言之，国家利益和美国对外政策的制定受到思想力量——即精英群体和大众群体的意识形态和对外政策观点的力量——的极大影响。”① 美国学者厄尔·H. 弗赖伊在谈到价值观与国家利益的关系时也说：“政治领袖必须在符合国家价值观念的前提下才能形成政策，国家价值观念只是个人价值观念的集合，关于美国国家利益的问题只有研究国家价值观才能找到答案。正是这些价值观才规定了国家的利益和国家安全。”② 我国学者刘建飞也指出：“任何一个政治家在制定外交政策时，都遵循着某种本民族、国家、政治集团所信奉的观念或意识形态……在国际竞争和冲突中，有时意识形态在使一个国家作出敌友判断时起着重要的甚至是决定性的作用。”③

然而，实力不同的国家，意识形态与国家利益的关系的联结程度是不同的。通常，对于那些实力较弱的国家，意识形态往往居于比较次要的地位。通常所说的弱国无外交，也从一个侧面说明了这一点。然而对于一些实力超群的强国，意识形态不仅是维护国家利益的工具和手段，意识形态本身也是重要的国家利益，而且强大的国家力量是意识形态成为国家利益的一个必要条件。美国就是这样的国家。

有的学者在研究意识形态在美国对外政策中的地位和作用时发现，美国基本国家利益受到威胁时，趋向于淡化意识形态的作

① 杰里尔·A·罗赛蒂：《美国对外政策的政治学》，世界知识出版社 2005 年版，第 355 页。

② 王晓德：《关于美国对外关系的文化思考》，《世界经济与政治》，1996 年第 12 期，第 53 页。

③ 刘建飞：《论意识形态与国家利益的关系》，《现代国际关系》，2001 年第 7 期，第 35 页。

用；美国国力强盛时，则强化意识形态的作用；美国战略对手强大并强调意识形态时，美国会采取同样的姿态以针锋相对。[①] 对此，美国学者迈克尔·亨特说过，“忽略了意识形态，想重新调整美国的外交政策可能遗漏关键性的一步……只要试图对美国如何进入国际政治的密林，或者对政策制定者的行为进行深入的探讨，意识形态都占着显著的地位。”[②] 在美国的对外政策中，意识形态成为仅次于国家安全和经济利益的重要因素。刘建飞就认为，意识形态渗透在国家利益中，甚至成为决策者判定国家利益的指导思想和依据，意识形态构成了国家利益的重要组成部分。意识形态是美国国家利益的重要组成部分，其重要性会依国际形势及美国国内政治情况而有所变化；更为重要的是，意识形态影响美国人对基本国家利益的判定，是美国外交政策指导思想的重要基础。[③]

意识形态成为美国利益的重要组成部分，是与美国独特的历史与文化密不可分的。众所周知，美国在建国前后相当长的时期内是在与欧洲大陆封建与极权国家的对立中形成和发展起来的，民主、自由以及人权成为美国立国的基础。在美国，美国人的上帝选民意识、天命意识、对自由民主的执著一直是一种不容置疑的自我评判和价值判断，是美国意识形态的主要成分。美国传统思想中的这种天生优越感，使美国人认为自己的

---

① 刘建飞：《美国与反共主义——论美国对社会主义国家的意识形态外交》，中国社会科学出版社 2001 年版，第 229—235 页。

② （美）迈克尔·亨特著，诸律元译：《意识形态与美国外交政策》，世界知识出版社 1999 版，第 5 页。

③ 刘建飞：《意识形态在美国外交政策中的地位》，《美国研究》，2001 年第 2 期，第 75 页。

信仰和制度是一种普世标准，应向全世界推行美国制度和美国价值观。因此，美国在外交活动中自然总是标榜自己的自由与民主。20世纪初，威尔逊总统就曾把在全世界推行美国的民主制度视为己任。对此，美国政治家亨利·基辛格有着深刻的认识。他说："美国的价值观使美国人自认为有义务向全世界推广这些价值观"，[①] 没有一个国家像美国那样"一厢情愿地认定美国的价值观是放诸四海皆准的"。[②] 正如有的学者所说，国家利益既是美国政治意识形态的当然内容，又成为美国意识形态衡量一切价值正确性的标尺，也是其意识形态外交政策制定、实施和修正的核心原点。

既然意识形态是国家利益的重要组成部分，那么它对美国的对外政策有哪些作用呢？美国学者艾尔登指出，在外交政策中，意识形态通过提供被广泛接受的价值观，不仅对决策起着约束作用，而且还发挥着创造性的作用。这种作用主要包括三个方面：一是提供符合选民意愿和公众舆论的价值观，即表达出外交政策目标；二是提供外交指导思想，用以制定符合价值观的政策；三是行政部门在贯彻政策的过程中，可借之形成领导能力以统一思想。[③] 刘建飞认为，作为推行外交政策的手段，意识形态具有以下五个作用：第一，打击对手的武器，使对手陷于非道德的被动境地；第二，动员、争取国内公众支持的工具；第三，将盟友与

---

① 转引自张清敏：《美国对新中国外交研究近况》，《美国研究》，1999年第4期，第58页。

② （美）亨利·基辛格：《大外交》，海南出版社1997年版，第3页。

③ Edward H. Alden & Franz Schurmann, "Why We Need Ideologies in American Foreign Policy: Democratic Politics and World Order," Policy Papers in International Affairs, Number 37, pp. 2 - 23.

自己拴在一起的纽带；第四，使国内各种政治力量取得一致意见的黏合剂；第五，掩盖真实意图的烟幕。[①] 因此，从总体上说，“意识形态提供外交决策的氛围，指导决策者对国家利益和国家安全的理解。”[②]

意识形态是美国国家利益的重要组成部分，这也就充分解释了为什么美国历届政府在对外政策中始终将价值观作为外交政策目标了。正如美国学者所说，尽管“国家利益显然是一个主观概念，不同的人对国家利益有不同的界定”，但它随着时间的推移而变化，“其特性在任何一点上都取决于社会和政府中普遍持有的意识形态和对外决策观点。”[③] 可以说，从十月革命到冷战结束的70多年时间里，维护并推广美国的价值观、诋毁遏制非美国价值观，几乎一如既往地在美国外交政策中发挥着重要作用。特别是在冷战期间，遏制共产主义成为美国外交的重中之重。冷战结束后，虽然苏联共产主义政权不复存在，遏制共产主义不再是美国外交的重点，但意识形态仍然发挥着不可忽视的作用，并渗透在美国外交的许多方面。

民主或民主推广与输出，成为美国外交的一个基本尺度，不仅是美国外交的重要工具，也成为美国外交的目标。尤其是在美国，“民主和平论”有一定的市场与影响，认为民主国家遵奉共同的民主价值观念，遵守共同的行为准则，实行相同的社会制度，因此能够相互理解彼此的动机，并且社会制度的运行机制也

① 刘建飞：《意识形态在美国外交政策中的地位》，《美国研究》，2001年第2期，第75页。

② 周琪主编：《意识形态与美国外交》，上海人民出版社2006年版，第11页。

③ (美) 杰里尔·A·罗赛蒂：《美国对外政策的政治学》，第355页。

有利于化解彼此间的矛盾和摩擦，进而不会使矛盾走向对抗，即民主国家之间不会发生战争。正是基于这种认识，美国政府才将输出民主、扩大民主地带作为美国的基本国家战略。美国一方面以意识形态为标准打压、排斥、遏制“非美国标准”，另一方面又以此为准绳结成所谓的民主同盟。

二、冷战期间：价值观认同与现实利益

第二次世界大战导致传统大国衰落，美国崛起为全球性大国。战后美国外交的主要目标是利用其空前的实力去塑造一个美国主导的世界，实现“美国治下的和平”。然而苏联的政策和行为使美国认识到，共产主义已经“成为世界上一切邪恶的根源……共产主义……像章鱼一样身在莫斯科，触角则伸到世界最远的各个角落”。[①] 杜鲁门政府认为美国必须拥有强大的军事力量遏制苏联势力的扩张。随着“杜鲁门主义”的出台，美国开始对苏实行遏制政策，冷战开始。

美国的冷战政策针对的是苏联共产主义，因此具有强烈的意识形态导向。美国要求所有国家都必须在自由世界与共产主义这两个对立的阵营之间做出抉择，没有中间道路可走。冷战初期，南亚在美国的全球战略中处于边缘地位，南亚也只是被美国当作抵制共产主义扩张的中间地带。尽管冷战的主要角力场在欧洲，但美苏两国都从传统的地缘战略出发，急于填充英国殖民当局退出南亚形成的政治真空以注入自己的影响。1946 年 9 月出台的

① 威廉·富布赖特：《跛足巨人》，上海人民出版社 1972 年版，第 21—22 页。

《美国与苏联关系》的报告就曾明确指出，遏制战略不能忽视中间地带，而应面向全世界。[①] 美国认为，“如果印度和巴基斯坦落入共产党的控制之下，美国及其盟国在亚洲大陆就可能没有立足之地”。[②] 因此，“遏制共产主义在亚洲的扩张”，成为美国考虑南亚地区问题、制定南亚政策的出发点。

印度独立后基本上继承了英国殖民统治时期建立的议会民主制，成为世界上最大的民主国家。由于印度的民主政体与美国在价值观上具有共性，所以争取印度加入遏制苏联的阵营，便成为美国对印政策的重要内容。

虽然印度与美国具有共同的价值观基础，然而美国不久就发现，印度并不热衷于美国的冷战政策，而且更为重要的是，在对苏联共产主义威胁的判断上，印美之间存在严重的分歧。印度独立后奉行独立的不结盟政策就是最好的证明。相互疏远成为冷战期间印美关系的基本态势，但并不是说两国没有发展关系的努力。恰恰相反，印美两国都在积极发展与对方的关系，双边接触并没有完全中断过，即使在 1971 年印苏签订具有军事同盟性质的条约后也是如此。

印度独立后不久，华盛顿就邀请尼赫鲁总理访问美国，希望加强与印度的关系。1959 年，美国总统艾森豪威尔曾指出，“在地球上最大的民主国家印度和第二大的民主国家美国之间横亘着 10000 英里的海洋和陆地，然而在民主的根本理念与信仰上我们

---

① Arthur M. Schlesinger, Jr., *The Dynamics of World Power: A Documentary History of U.S. Foreign Policy, 1945－1973*, (New York: Chelsea House, 1973) Vol. 2, p. 304.

② US House, 92nd Cong., 1st sess., Committee on Armed Services, Committee Print, US-Vietnam Relations, 1945 - 1967: Study Prepared by the Department of Defense, 12 vols. (Washington, 1971), VIII, p. 239.

是紧密的邻居。我们应该成为更紧密的邻居。”[①] 诚然，民主价值观是印美关系中的一个因素，但对于美国来说，地缘政治与冷战政策才是美国发展与印度关系的主要考量。

第一，印度是南亚地区的大国，尤其是在常规军事力量上占有绝对优势，争取印度加入西方遏制苏联共产主义的阵营，将在一定程度上增强“自由世界”的力量。

第二，印度是一个民主国家，但这种移植于英国殖民统治的制度并不是印度社会自然发展的结果，基础并不稳固。因此，加强与印度的关系，向其提供必要的经济援助，防止印度民主的失败，也成为美国对印政策的重要因素。尤其是新中国成立后，树立印度这个“民主橱窗”的示范效应便成为美国援助印度的直接动因。

第三，印度在经济政策上具有亲苏倾向，20 世纪 50 年代印度提出要建设社会主义类型的社会强化了美国的这种认知，而且印度的不结盟政策也使美国认识到，“左右逢源”的特点决定了印度对外政策选择的空间与不确定性。所以，接近或拉拢印度，可以防止印度“滑向”苏联的怀抱。

第四，发展与印度的关系，通过接触可以限制甚至遏制印度不结盟运动的作用，防止第三种力量“做大做强”（相对于两个阵营）而挑战美国利益。

第五，通过接触印度，影响印度对巴基斯坦政策，以期达到保持南亚地区稳定的目标，以便将战略重点集中于欧洲。

---

① Verinder Grover, *Inernational Relations and Foreign Policy of India*, （New Delhi：Deep & Deep Publications，1992）. 转引自：吴永年：《21 世纪印度外交新论》，第 158 页。

对于印度来说，尽管意识形态不是其对外政策的主要因素，“但印度在发展中国家中有相对较成熟的议会民主政体却是印度对外政策的基石，它既是印度引以为豪的成就，也是印度在处理与西方国家特别是美国的关系中比较有自我认同感的原因。”[①] 印度开国总理尼赫鲁于 1949 年访美时认为印美是“天然的朋友”，除了出于对罗斯福总统在印度摆脱英国殖民统治的斗争中所给予帮助的感谢外，价值观上的认同也是一个主要因素。然而，印度独立后的国情以及国际环境的特点使印度决策者认识到，虽然印度的议会民主政体与美国等西方国家相近，但“把所有鸡蛋都放在一个篮子里”的做法是不明智的。[②] 因此，印度在对外政策上奉行不结盟原则。关于不结盟政策的内涵，主要可以概括为：不参加东西方军事集团；根据自己独立的判断行事，实行独立自主的外交政策；同所有国家都保持友好关系。[③]

按照美国的逻辑，冷战中只是“自由世界”和极权的共产主义两种力量，并没有第三种选择，印度的不结盟政策是“不道德的”。但印度并没有由于自己独立后的议会民主政体而与具有相似政体的西方国家（尤其是美国）结盟。可以说，实行不结盟外交政策是印度政治家对国情与国际环境综合考量的明智选择。那么尼赫鲁总理提出不结盟的主要关切在于：

第一，尽管美国是世界上最强大的民主国家，并且在这个意义上与印度具有某种共性，但民主价值观上的“紧密邻居”并不

---

① 吴永年：《21 世纪印度外交新论》，第 158 页。

② Lok Sabha Debates，2ndSeries，Vol. XXII. 转引自：孙士海：《印度的发展及其对外战略》，中国社会科学出版社 2000 年版，第 251 页。

③ 孙士海：《印度的发展及其对外战略》，第 250 页。

能掩盖两国“横亘10000英里海洋和陆地”的事实。虽然尼赫鲁总理并不喜欢苏联的政治体制，但地理上的邻近以及苏联军事上的强大与经济上的成功也是其不能忽视的客观因素。因此，印度不想冒依据民主价值观标准站在美国一边而“疏远”另一个强大的近邻的风险。

第二，如果印度与美国或苏联中的任何一方结盟，都会引起另一方的反应。结果必然是区外大国势力进入南亚地区而将冷战带入南亚，并进而挑战印度的地区优势甚至霸权地位。

第三，尼赫鲁总理认为共产主义并不可怕，对第三世界而言，贫穷才是真正的威胁。因此，与遏制共产主义的扩张相比，使印度摆脱贫穷才是印度最紧迫的任务。而不结盟，在争取援助上“左右逢源”，才能最大限度地利用外部资源，使印度尽快摆脱贫穷与落后。

第四，印度独立后民族主义高涨，在大国思想的基础上形成了大国战略。摆脱对两个阵营中任何一方的依附和依赖，走一条既不亲美也不亲苏的第三条道路，既可以维护得之不易的独立与尊严，也可以在世界上发挥自己的作用，尤其是在第三世界。

尽管不结盟政策与两极格局的结构性矛盾导致印美相互疏远与猜疑，但印度的民主政体还是成为印美关系的“一棵稻草”，维系着双边关系不至于发展到严重对抗或敌对的边缘。20世纪70年代，当印苏签订《印苏和平友好合作条约》后，美国对印度实行一种“温和的忽视”政策，从某种意义上说，价值观的纽带作用是显而易见的。

但是在整个冷战期间，由于印度与美国战略目标的差异以及由此导致的对外政策取向不同，共同的价值观这个“薄弱的基础”不足以支撑印美关系的平稳发展，两国在一系列重大国际问题上的立场并不协调，有时甚至严重对立。印度的不结盟政策以及对国际问题的道义准则限制了美国的努力。尤其是当印度在20世纪50年代决定在经济政策上通过计划手段而不是自由市场来建设社会主义类型社会以后，印度在第三世界影响力的上升在美国的眼中就更不具有积极的意义了。随着50年代中期印苏关系的改善以及70年代初期双边关系的发展与强化，美国对印度的怀疑与防范意识也随之增加。而且，印度在国际问题上与美国观点通常相悖也让美国意识到，印度虽然是一个与自己有共同价值观基础的民主国家，但印度并不亲美，而是亲苏。对此，印度学者拉贾·莫汉（C. Raja Mohan）指出，“印美共同的价值观仅仅是冷战期间掩饰双边关系缺乏实质内容的工具”。①

所以，美国一方面认为印度作为民主国家应该站在“自由世界”一边，并以意识形态标准批评指责印度的对外政策；另一方面又由于印度的不结盟政策而对印度的行为和动机疑虑重重，虽然美国为了防止印度民主失败而提供大量经济援助，但对一些敏感的高技术和双用途技术，美国实际上是在“遏制”印度。②

三、冷战后美国的民主价值观：重要战略路径

冷战结束的最显著特征就是美国民主制度对苏联共产主义制

① C. Raja Mohan, *Impossible Allies*: *Nuclear India*, *United States and the Global Order*, (New Delhi: India Research Press, 2006), p. 73.

② 一些印度学者就认为，美国与巴基斯坦结盟，目的不仅仅在于与苏联对抗，还在于遏制印度。

度的胜利。尽管这种胜利让美国人感到有点突然与不适应，但美国确实赢得了冷战。美国成为冷战的赢家，催生并强化了美国国内对美国民主制度“优越性”的认知。1989 年，美国学者福山（Francis Fukuyama）在《历史的终结?》一文中认为，西方国家实行的自由民主制度也许是“人类意识形态发展的终点”和“人类最后一种统治形式”，并因此构成了“历史的终结”。[①] 尽管“历史终结论”遭到了方方面面的批评，但福山的观点基本代表了西方尤其是美国等政治学术精英的主流认知：（其他）政体具有严重的缺陷及不合理的特征从而导致其衰落，而自由民主制度却不存在这种根本性的内在矛盾，因此找不出比自由民主理念更好的意识形态。

带着赢得冷战的强势，美国开始规划“世界新秩序”。实际上，美国总统乔治·布什建立世界新秩序的目标有两个：第一，确保美国的基本价值观不受挑战，同时抓住世界各国改革的时机鼓励和促进政治多元化和经济自由化，在全世界推行美国的民主制度；第二，建立一个稳定与安全的世界，以便使美国的民主和理想得到广泛实现，美国的全球利益得到可靠的维护。[②] 然而美国不顾客观条件，在其认为重要的地缘战略带，强行推广美国的民主制度，却遇到了新的阻力。1991 年海湾战争、1993 年干涉索马里、1993—1995 年干涉克罗地亚和波斯尼亚、1999 年轰炸塞尔维亚以及 1998—1999 年在科索沃的军事干涉、2001 年的

---

① Francis Fukuyama, “The End of History?” *The National Interest*, Summer 1989, pp. 3 – 18.

② 潘锐：《冷战后的美国外交政策——从老布什到小布什》，时事出版社 2004 年版，第 130 页。

阿富汗战争以及2003年的伊拉克战争等，使世界更加清楚地认识到，美国尽管“热心地帮助”其他国家或地区建立民主，但民主已经成为美国霸权的工具。或者说，与宗教极端主义和恐怖主义一样，美国促进民主的外交政策与行为已经成为其他国家的直接威胁，至少对于一些国家是如此，例如伊拉克、伊朗和朝鲜等。

不可否认，美国的民主制度“有着巨大的历史进步性，在资本主义世界它也被称为‘最好的民主制度’，对世界其他国家具有一定的优势和影响力”，① 但美国的民主输出，“其实就是一个强制性同一化过程……那种想把这种模式向海外推广的企图就像要把多极的世界变成单极化一样，是一种错误的神话故事”。② 因此，美国的民主输出，尤其是美国的黩武行为方式，遭到其他相关利益群体的反对是不可避免的。2001年针对美国的“9·11”恐怖袭击事件的发生，从某种意义上说，也是一种因果。

冷战期间，欧洲是美国对外战略的重点。后冷战时代，随着伊斯兰原教旨主义的兴起以及国际恐怖主义的泛滥，美国的战略重心转向了中东与西南亚地区。一些国家，尤其是美国的传统盟友如法国等，对美国的外交政策日渐不满。在此背景下，美国改善与印度的关系意义重大。正如印度学者拉贾·莫汉（C. Raja Mohan）指出的，“布什总统对民主的承诺以及在全球范围内促进

---

① 刘国平：《美国民主制度输出》，社会科学文献出版社2006年版，第298页。

② （美）奥托·纽曼等著，凯万译：《信息时代的美国梦》，社会科学文献出版社2002年版，第86页。

民主的行为将成为其第二任期内美国对印新战略的关键因素（key element）”。[①] 尽管印度的民主体制在实践中面临着这样或那样的问题，但它在历经了严峻考验和挑战后已经在印度的政治生活中得到普遍的认同。正如印度学者所指出的，“无论以何种标准衡量，它都不是最有效率的，然而它具有内在的稳定性。”[②] 美印关系的转型和全球伙伴关系的形成，“与布什政府重新突出民主（renewed focus on democracy）是分不开的”，“不管印度和世界上其他国家是否认真对待，民主观念作为第二届布什政府的政策主张（policy notion）已经牢固地树立起来”，并且对小布什来说，“‘价值观’和‘利益’之间不再有什么不同”，[③]“美国生死攸关的利益（vital interests）和信仰现在已经是同一的”。[④] 在意识形态已经成为美国国家利益的条件下，共同的价值观基础成为双边关系发展的“纽带”也就在情理之中了。对此，美国前驻印大使罗伯特·D·布莱克维尔（Robert D. Blackwill）一语道破，“民主印度的概念，多样的、多语言的、世俗的社会，加之充满活力的新闻体制，以及对法制的尊重，（所有这些）都特别吸引乔治·W·布什总统。”[⑤]

---

① C. Raja Mohan, *Impossible Allies: Nuclear India, United States and the Global Order*, p. 89.

② V. A. Pai Panadiker, *Fifty Years of Swarai: Highlights and Shadows*, p. 3. 转引自孙士海:《印度的发展及其对外战略》, 第 7 页。

③ C. Raja Mohan, *Impossible Allies: Nuclear India, United States and the Global Order*, pp. 89 – 92.

④ Bush's inaugural speech in Washington DC, January 20, 2005, available at http: //www. whitehouse. gov/news/releases/2005/01/20050120 – 1. html.

⑤ Robert D. Blackwill, "A New Deal for New Delhi", *Wall Street Journal* (New York), March 21, 2005.

实际上，早在1999年，时任州长的小布什就指出，“一个十亿人口的民主国家，难道是小事情么?”① 美国前驻印大使罗伯特·布莱克维尔针对布什政府对印政策的转变也指出，“国务院中‘挑剔唠叨的大妈们’对于提升印美关系的努力总是百般阻挠。克林顿政府时期，印度的核武计划成为他们主要关注的问题，并且把重点放在改善美中关系上。现在，这种日子一去不复返了。”② 布莱克维尔进而指出，在民主价值基础上促进亚洲的稳定方面，美国和印度所面临挑战的程度是相同的。③

确实，自冷战结束后，尽管美国在冷战结束初期沉浸于对苏冷战胜利的兴奋与得意之中，但美国民主输出的步伐并没有放缓。2001年“9·11”恐怖袭击事件进一步让美国的决策者认识到，美国的民主体制以及民主输出所面临的挑战并没有随着苏联的解体而减少。相反，美国面临着新的不确定因素。在新的国际环境下，民主同盟对于美国国家利益的作用是显而易见的。印美关系的转型正是在这样的背景下开始的。2001年，美国国会议员吉尔曼就提出，“美印关系建立在稳定的基础上，即对民主、个人权利、言论自由和自由市场的共同承诺。印度的民主管理制度是该地区的希望之光。”④ 2002年出台的《美国国家安全战略》中，对于印美关系转型的动因，将美国和印度是两个最大的民主国家放在首位。⑤

---

① *The Wall Street Journal*, July 21, 2005.

② Ibid.

③ Robert D. Blackwill, “The Quality and Durability of the US-India Relationship,” Remarks Delivered in Calcutta, 27 November 2002.

④ Gilman Calls for Close Ties with India, Press Release, 6 April 2001.

⑤ See White House, *The National Security Strategy of the United States of America*, (Washington D. C.: White House, 2002), available at http://www.whitehouse.gov/nsc/nssall.html.

2006年3月的《美国国家安全战略》指出，印度是伟大的民主国家，共同的价值观是印美良好关系的基础。美国已经摒弃了几十年的不信任，将美印关系推向新的充满成果的路径。[①] 2004年，美国时任国务卿鲍威尔也指出，美印关系转型根源于作为民主社会承诺政治自由、宽容、代议政府和打击恐怖主义的共同价值和利益。[②] 2004年底印度洋海啸发生后，印度海军展开了大规模的救援行动。正是印度海军的救援行动使美国对印度海军力量有了重新的认识，在面对国内对救援行动迟缓的批评的情况下，美国决定与日本、澳大利亚和印度展开联合救援行动。印度政府迅速的正面回应，使美国看到了与印度在联合国框架外展开多边合作的可能性，而且也强化了某些印度学者于2002年提出的印度参与形成所谓的“亚洲版北约”的观点。[③]

实际上，20世纪80年代中期以后，印度开始调整对外政策。冷战结束后，美国成为世界上的唯一超级大国，在政治、经济、安全与文化等领域中的话语权举足轻重，自然成为印度对外政策的重点。虽然印度发展与美国的关系具有多重目的，包括政治、经济、安全等多个因素，但共同的价值观基础，却是印度政治精英无论如何也不愿弃之不用的最便利外交工具。因为美国已经将

① See White House, *The National Security Strategy of the United States of America*, (Washington D. C.: White House, 2006), available at http://www.whitehouse.gov/nsc/nss/2006/.

② US Embassy in India, “People, Progress and Partnership: The Transformation of US-India Relations,” September 2004, http://newdelhi.usembassy.gov/.

③ “亚洲版北约”(Asia NATO)，即一个包括印度、日本、新加坡、美国、越南以及澳大利亚，但不包括中国在内的军事联盟，其首倡者是印度学者马达夫·D·那拉帕特（M. D. Nalapat）。

意识形态作为一种国家利益，并且在世界范围内寻找可以将这种利益最大化的国家，即所谓的民主同盟。因此，印度政治家在对美关系中突出价值观基础的重要性，也就成为印美关系的一道亮丽风景。尽管印度在对美外交中与美国一样突出民主纽带的作用，但与美国不同，“印度既没有愿望也没有能力将其民主框架强加于其他国家”，[①] 对印度来说，在对美外交中凸显民主的价值，有利于与美国形成良好的政治氛围，以建立基本的政治信任。

1997年9月23日，印度总理I. K. 古杰拉尔（I. K. Gujral）在美国众议院外委会的早餐会上指出，“在过去的50年里，在整个印度，民主已经牢固地树立起来”，“印度现在是世界上最具有参与性的民主国家之一”，“（印美）作为世界上最大的和最古老的民主国家，我们具有共同的信仰”，“印美关系在未来的日子里将进入一个实质性的新阶段，这种‘新生的’、‘复兴的’和‘巩固的’双边关系因三个不同的现实而塑造形成，其中第一个现实就是我们具有的共性——民主”。“印度和美国是被同一的政治制度分隔开来的两个国家，超越弗洛伊德所说的‘小毛病自恋症’的时机已经到来。”[②] 印度前外长亚施旺特·辛哈（Yashwant Sinha）于“9·11”事件发生一年后的2002年9月10日在美国布鲁金斯学会发表演讲指出，反恐需要国际合作，尤其是信仰民主、世俗和普遍人权的国家之间的合作；印度与美国必须合力在

---

① C. Raja Mohan, *Impossible Allies: Nuclear India, United States and the Global Order*, p. 94.

② “Indo-US Relations: Start of a New Friendship”, Opening Remarks by Prime Minister I. K. Gujral at Breakfast Meeting with the Council on Foreign Relations, New York, September 23, 1997.

国家与国际层面上促进民主；共同的价值观基础、利益的汇合以及作为相互接触的民主国家，印美的努力将会促进地区和全球的安全与繁荣。[①] 对于演讲时印外长提出的印美“民主双塔”（twin towers of democracy）的概念，美国南亚问题专家斯蒂芬·P·科恩（Stephen P. Cohen）也不得不承认，“‘民主双塔’是个非凡的比喻，一年前基本上不具有什么意义，但现在它却引起了广泛的共鸣”。[②]

2005 年 7 月，印美签订核协议的同时，也共同发起了全球民主倡议（the Global Democracy Initiative）。倡议明确指出，印度和美国在民主方面负有基本的义务……同意协助其他社会转型为更加开放与民主，并且认为民主作为普遍的愿望超越社会、文化和宗教界线。为此，双方一致同意：共同致力于实现“圣地亚哥承诺”（the Santiago commitment），与其他国家和组织一道，共同促进民主和发展；在印度、美国或其他需要的第三方国家一起组织培训项目，提高能力以加强民主体制；建立协调与信息中心以分享最佳民主实践以及参与联合国大会制定的千年发展目标等。[③] 同年 9 月，在第 60 届联合国大会期间，印美领导人再次会晤，并为联合国民主基金成立揭幕。这是印度独立以来第一次以民主国家的定位而不是不结盟运动领袖来参加联合国大会，尽管印度国

① “India and the United States: Meeting the Challenge of the 21st Century Together”, Remarks by Yashwant Sinha, Indian Minister for External Affairs, Brookings Institution, Washington, D. C., September 10, 2002, http://www.brookings.edu/events/2002/0910south-asia.aspx.

② Stephen P. Cohen's remark on “India and the United States: Meeting the Challenge of the 21st Century Together”, http://www.brookings.edu/events/2002/0910south-asia.aspx.

③ “India-U. S. Global Democracy Initiative”, available at http://mea.gov.in.

内左派政党对印度跳上美国的民主大篷车持不同观点，“但印美民主列车已经驶离站台，并已开始渗入印度对外政策的主流思想之中”，① 因为印度的政治精英开始认识到，“促进民主也有利于印度自身的安全”。②

因此，自乔治·W. 布什总统上任以来，尤其是“9·11”恐怖袭击事件后，印美关系迅速提升的一个重要因素就是美国已经将民主提升到国家战略的高度，并成为美国战略的有机组成。正如在冷战时期一样，美国在遏制苏联共产主义的过程中极力扩大“自由世界”阵营而拉拢印度，面对冷战后国际形势的新变化，尤其是在国际恐怖主义已经使美国面临越来越复杂和难以预测的威胁的背景下，重构民主同盟并在战略动荡地带如中东和西亚地区推进民主进程，成为美国战略的重要目标之一。印度作为民主国家，尽管在实力上与美国具有不对称性，并且与西方发达国家相比，其民主的基础也显薄弱，但印度毕竟是一个与美国有着共同价值观的处于重要战略地带的国家。美国将民主作为其对印政策的外衣，既可以实现对外战略的短期目标，又可以兼顾长远的战略考量，例如对中国崛起的长期影响。而对印度来说，在对美外交中力挺民主价值观的大旗，正是看到了美国外交突出价值观的现实，并且抓住了“9·11”后美国欲建立民主同盟的机会，迅速改善与美国的关系，突破了20世纪90年代外交上的孤立与困扰。所以，价值观的共性或基础，成为印美关系的纽带，也就自然而然了。

---

① C. Raja Mohan, *Impossible Allies: Nuclear India, United States and the Global Order*, p. 95.

② Ibid., p. 96.

第二节　印度大国战略的理想、现实与挑战

印度正在崛起，这是一个毋庸置疑的事实。尽管斯蒂芬·科恩认为印度的崛起方式“出乎世人所料”，并且“一直在掩盖其将会成为强国的渴望”，但印度独立后所奉行的对外政策始终具有一种大国情结。① 进入21世纪，特别是“9·11”事件以后，印度大国战略的实践更加明晰。印度政治家对印度大国地位的诉求，既是其制定国家安全战略的基本出发点，也是其安全战略的最终目标。印度的大国思想是印度对外战略思想的核心，“实现大国地位已经成为印度越来越坚定的国家意志”。② 但是印度大国地位的诉求却受到种种限制，其中既有国内因素，也有地区和国际因素。可以说，相对于其他限制因素，得到其他大国的认同是印度大国实践必须跨越的门槛。美国，一个冷战后国际政治舞台上的重量级角色，对于印度大国理想的实现举足轻重。因此，印度的大国地位诉求与发展对美关系有着必然的逻辑关系。

一、印度大国思想：基础与实践

印度北倚喜马拉雅山，南瞰印度洋，东邻孟加拉湾，西濒阿

① See Stephen Philip Cohen, *India*: *Emerging Power*, (Washington, D.C.: Brookings Institution Press, 2001).

② 孙士海：《印度的发展及其对外战略》，第2页。

拉伯海，其独特的地缘优势奠定了印度政治家大国地位诉求的基础，长达近190年的殖民统治坚定了印度政治家大国地位诉求的理念，位居世界第七位的国土面积拓展了印度政治家大国地位诉求空间，丰富的自然资源和人口规模赋予印度政治家大国地位诉求底蕴，经济总量的增长与军事实力的增强提供印度政治家大国地位诉求支撑。尽管印度独立后的“硬实力”相对于其他西方大国处于不平等地位，但印度的国土面积、人口规模、资源储量以及地缘战略位置还是成为印度政治精英大国思想的最基本支撑。印度战略家就认为，印度作为一个大国出现，将主要依靠其本身资源、人口和广袤的地域。[①] 而且，印度的地缘位置的战略重要性又坚定了印度政治精英的认识与希望。尼赫鲁总理曾指出，因为环境与地理的因素，谈到亚洲就会想起印度，印度在亚洲将不可避免地发挥重要作用。[②] 然而，历史与文化的优越感才是印度大国思想的重要源泉。印度文明对世界产生了深远影响，对印度人来说，他们自己的国家、国王、宗教和科学在世界上都是无与伦比的。[③]“印度文明的自豪感以及英国殖民统治前在经济和政治上的影响，又强化了印度人对印度重要性的认识。”[④] 尼赫鲁就认为，印度虽然没有西方灿烂的外在景象，却拥有更加宝贵和更有

---

① K. 苏布拉马尼亚姆：《印度的安全前景》，新德里，1982年英文版，第216页。转引自陈平生主编：《印度军事思想研究》，军事科学出版社1992年版，第24页。

② A. Appadorai and M. S. Rajan, *Select Documents on India's Foreign Policy and Relations*, *1947－1972*, Vol. 1, (New Delhi: Oxford University Press, 1982), p. 21.

③ Stephen Philip Cohen, *India*: *Emerging Power*, (Washington D. C.: Brookings Institutions Press, 2001), p. 52.

④ J. N. Dixit, *Across Borders*: *Fifty Years of India's Foreign Policy*, p. 17.

价值的真正内涵。[①]

虽然印度政治精英的大国思想早在独立以前就形成了，但受到英国殖民统治的束缚，独立成为实现大国地位的前提。实际上，印度政治精英的大国思想正是在争取民族独立的斗争实践中逐渐形成的。早在独立前，尼赫鲁就明确指出："印度以它现在的地位，是不能在世界上扮演二等角色的。要么做一个有声有色的大国，要么销声匿迹，中间地位不能吸引我，我也不相信中间地位是可能的。"[②] 1942 年，正值第二次世界大战期间，尼赫鲁就已经从世界的视角看待印度的独立与和平。"在印度，你我努力实现我们自己的自由。但我们并不囿于自由印度，我们展望一个自由而强大的印度为实现世界的自由与和平而努力。"[③] 1946 年 9 月，尼赫鲁在一份备忘录中写道："无论印度现在所处的地位如何，她都是一个潜在的大国。毫无疑问，她将来必将在亚洲和印度洋特别是中东和东南亚的安全问题中发挥重要的作用。"[④]

印度独立后，以贾瓦哈拉尔·尼赫鲁总理为首的政治家们将大国思想付诸实践，决心把具有悠久历史与文明的、但却满目疮痍的印度建成一个在国际社会受到尊重并发挥重要作用的世界大国。尼赫鲁在一次讲话中表示，印度命中注定要成为世界上第三或第四位最强大的国家，印度的国际地位应与美国、苏联和中国

---

① Jawaharlal Nehru, *An Autobiography*, (New Delhi: Oxford University Press, 1982), p. 426.

② 贾瓦哈拉尔·尼赫鲁著，齐文译：《印度的发现》，世界知识出版社 1958 年版，第 57 页。

③ J. N. Dixit, *Across Borders: Fifty Years of India's Foreign Policy*, p. 16.

④ *Selected Works of Jawaharlal Nehru*, Second Series, Vol. I, pp. 439 – 440.

相提并论。[①] 他在1954年的一次讲话中指出，“除了美国、苏联和中国之外，世界上还有许多先进的、高度文明的国家。但是如果你窥测未来，假如一切正常，没有战争之类的事情发生，第四个国家显然是印度”。[②]

为了实现印度的大国理想，印度独立后在对外政策上奉行不结盟，高举反帝反殖旗帜，“呼吁世界和平、亚洲团结和亚非合作”，“希望通过道义的和政治的力量确立印度在第三世界国家中的大国形象和领导者的角色”。[③] 然而，国际格局的现实以及国际形势的发展，使印度大国战略在实践层面面临着结构性困境。

印度奉行不结盟政策以证明自己是一个独立的国家，有权在国际事务中扮演重要角色，这本身就是对美国敌友标准的挑战，因为不结盟运动的蓬勃发展也成为美国对第三世界争夺的最大障碍。美国认为，如果欧洲和亚洲一些具有巨大潜在力量的国家加入苏联集团，因为这些力量在人力、资源、地域方面占有巨大优势，那么美国作为一个自由国家生存下去的前景就会很渺茫。所以，动员和增强“非苏”世界的潜力将是阻止苏联进一步侵略的最有效办法。[④] 虽然第三世界国家领导人关于不结盟的表述不同，如阿尔及利亚领袖本·贝拉宣称的“我们不与任何人结盟，甚至

① Jawaharlal Nehru, *A Twist with Destiny*, Speech in the Constituent Assembly of India on the Eve of India's Independence Day, August 14, 1947, http://wikisource.org/wiki/A Twist with Destiny. Also see V. M. Hewitt, *The International Politics of South Asia*, (Manchester, University Press, 1992), p. 195.

② Jawaharlal Nehru, *Jawaharlal Nehru's Speeches: Vol. III: March 1953 - August 1957* (New Delhi: Publications Division, 1958), p. 264.

③ 孙士海：《印度的发展及其对外战略》，第2页。

④ 刘同舜编：《“冷战”、“遏制”和大西洋联盟——1945—1950年美国战略决策资料选编》，复旦大学出版社1993年版，第172—174页。

不与不结盟者结盟”，纳赛尔的“如果有一个中立主义集团，那么我们也必须将不结盟政策应用到全部的三个集团中”[①]，但真正的不结盟是不结盟运动最本质的要求。正是这种真正的不结盟，对美国增强“非苏”世界的战略构成了挑战。

两极格局与不结盟政策之间的结构性矛盾，使印美双方彼此抱怨、指责对方在对外政策方面的错位。印度希望以游离于相互对峙的美苏集团之外的不结盟路径来获得自身发展的政策，遭到了美国的强烈批评。杜勒斯称不结盟是“日益陈旧的、不道德的和目光短浅的概念”。[②] 尽管罗伯特·罗斯坦指责印度不结盟政策的语气比较缓和，但他还是认为，“在一个纯粹的两极世界格局下，不结盟国家不会存在；而在一个高度而非纯粹的两极格局下，不结盟国家的影响和实力也是微乎其微。如果‘不道德’是不恰当的描述，那么‘不明智’未必如此。”[③] 结果，印度宣称不结盟，却在1971年与苏联签订了印苏和平友好合作条约；宣称和平共处，却又武力解决果阿和孟加拉问题；进行核试验，却冠以“和平目的”。这一系列行为使美国认为印度致力于不切实际的争论，沉湎于对外行为的双重标准；而美国的一些行为——以自由的名义发起冷战但又在全球支持一些法西斯主义的国家，在不同地区刺激军备竞赛以保护其一己私利，在朝鲜和越南内战中进行粗暴的干涉——也使印度认识到，美国在经济上傲慢自大，在军

① Irene Brown，“Studies on Non-Alignment”，*The Journal of Modern African Studies*，*Vol.* 4，*Issue* 04，*December* 1966，p. 518.

② Jaswant Singh，*Defending India*，（Bangalore：Macmilan Press LTD，1999），p. 33.

③ Robert L. Rothstein，“Alignment，Nonalignment，and Small Powers：1945－1965”，*International Organization*，Vol. 20，Issue 03，Summer 1966，p. 398.

事上实行扩张，并且缺乏对外政策的灵活性。

不结盟政策是尼赫鲁总理为实现印度大国地位作出的具有“理想主义”色彩的选择，并且在1962年中印边界冲突后开始强调“实力对实力”的现实主义对外战略，尤其是1971年印苏结盟后不结盟政策基本上只是一个空洞的口号，这些都见证了印度战略思想的现实主义转变，但印度政治精英的大国情结始终没有改变。“可以说，在当今的印度，实现大国地位已经不仅仅是少数政治家们的理想，它已经上升为一种国家的意志。在印度的政治中心新德里，尽管政治家和战略精英们党派不同，意识形态各异，但都共同认为印度注定要成为世界上伟大的文明和国家之一。”[①] 1998年印度人民党上台后，更是主张“实力尊重实力”的现实主义政策，于当年的5月进行了5次核试验，并积极争取获得联合国安理会常任理事国的资格。

二、印度大国地位诉求困境

印度开国总理尼赫鲁将不结盟作为实现大国地位的主要手段，其中有印度传统文化影响的因素，但起决定作用的因素则是印度独立后的基本国情。贫困落后的印度在所谓的硬实力上与其他大国基本没有可比性，但民族情绪高涨的印度政治精英却普遍认为，“情况的改变只是时间问题，并且在这个过渡时期，非物质的优势可以补偿物质上的羸弱”。[②] 然而在冷战期间，尽管印度

① 孙士海：《印度的发展及其对外战略》，第2页。

② Baldev Raj Nayar and T. V. Paul, *India in the World Order: Searching for Major-Power Status*, p. 3.

在国际问题上极力倡导道义标准与正义准则，但不得不正视一个现实：印度大国地位诉求总是遭遇其他大国的孤立，尤其是美国。印度被大国体系孤立，或者说只是有限地融入所谓的大国体系，主要表现在以下三个方面。

首先，印度在联合国和其他国际组织中话语权缺失。印度人认为，印度是世界上第二人口大国，占世界人口的六分之一，但在许多国际组织中的地位与影响与其人口规模并不相符。也就是说，印度在这些国际组织中并没有与人口规模相配的话语权。尽管印度是许多国际组织的积极成员，例如在联合国、世贸组织（WTO）、世界银行（WB）和国际货币基金组织（IMF）等，但印度与许多其他的发展中国家一样，对这些组织的决策影响微乎其微。美国国际政策中心亚洲项目主任塞利格·哈里森（Selig Harrison）就承认，在20世纪50年代，美国认为印度是一个经济上“完全没有希望的废人”（basket case），由于它选择“独立的姿态”，美国就需要将印度放入一个适当的位置。因此，美国所采取的办法就是在联合国和其他国际组织中尽可能地孤立印度，削弱印度的能力或影响力以降低其对社会主义阵营的价值。① 因此，有的印度学者认为，美国与巴基斯坦结盟，其直接的目标是遏制苏联共产主义，而一个不可忽视的作用就是间接地遏制印度，对印度实行所谓的“地区遏制”（regional containment）。

印度明显地意识到自己作为世界大国所具有的潜能，但印度政治家的努力只是获得了“地区核心”地位。随着印度地区核心地位的确立，以及1991年拉奥政府推行改革后综合国力的显著提

① Baldev Raj Nayar and T. V. Paul, *India in the World Order: Searching for Major-Power Status*, p. 73.

升，说服和促使区外主要大国的认可，争取“入常”，获得与美、英、中、俄、法相等的大国地位，便成为印度政治家的努力方向。对于印度政治家而言，争取成为联合国安理会常任理事国对于实现印度大国地位是至关重要的。作为大国政治的平台，让“印度靠边站”的安理会绝不是印度政治家情愿看到和忍受的，“在联合国的中心机构和决策运作中，应当充分反映国际社会的现实情况。印度显然应该有资格具有联合国安理会常任理事国的席位。”[①] 曼莫汗·辛格总理曾指出，安理会必须反映出21世纪国际社会的现实，必须具有代表性、合法性和有效性。[②] 然而从总体上看，印度针对美国的“争常”努力并不成功，美国并不支持印度的立场。印度总理在2005年7月29日的国会发言中指出，“美国对印度争常持不同立场……我希望，时间会让美国认识到我们观点的正确性。事实上，联合声明就反映了美国这种认识在不断增强……美国总统也重申国际组织要改革以反映印度不断增长的中心作用”。[③]

其次，印度在技术领域的孤立。冷战时期，美国成为印度最大的经济援助国之一，但在一些关键技术上，尤其是核技术和导弹技术，却始终对印度实行封锁。1968年NPT出台后，印度在核技术上的孤立被制度化了。并且，“印度成为受NPT影响最大的国家”。[④]

---

① Manmohan Singh, Opening statement at the joint press conference at the White House, http://www.meaindia.nic.in/.

② 钱峰：《印度期待当常任理事国》，http://www.people.com.cn/GB/guoji/14549/2812428.html。

③ Statement by Prime Minister Dr. Manmohan Singh in Parliament on his visit to the United States, http://www.meaindia.nic.in/sshome.htm.

④ Baldev Raj Nayar and T. V. Paul, *India in the World Order: Searching for Major-Power Status*, p. 13.

印度认为 NPT 是核大国对非核国家的讹诈与歧视，是企图将现有核格局永久化，因此提出全面销毁核武器的要求并且拒绝签署 NPT。印度拒绝签署 NPT 并在 1974 年进行核试验，导致西方核国家对印度核技术的限制与封锁。1977 年卡特政府将防扩散作为对外政策的主要目标，并且将南亚作为重点对象。到 20 世纪 90 年代，美国南亚政策的主要目标就是防扩散。1998 年印度核试后，美国等一些西方国家对印度实行制裁，在核技术与空间技术领域（包括民用与军用）进一步孤立印度。

再次，印度在经济领域的自我封闭。“为了实现大国地位，国家可能实行自给自足的经济政策，因为抵御外部经济压力的能力是获得国际体系领导地位的先决条件。”[①] 从这个意义上说，印度的经济政策也是其大国战略的一个侧面和反映。在独立后的 30 多年里，印度的经济增长总体上是比较缓慢的。50 年代、60 年代和 70 年代印度的国内生产总值增长率分别只有 4.1%、3.8% 和 3.3%。虽然 80 年代的初步经济改革使增长率有所增加，但增长速度明显低于许多东亚国家。正如孙士海教授所说，印度经济长期增长缓慢与政府的经济政策密切相关，印度的许多经济政策在一定程度上窒息了经济发展的活力。[②] 与印度在国际组织中人微言轻以及在技术上的孤立相比，印度经济上的低增长在很大程度上是自己选择的结果，是印度政治精英为了维持经济独立并摆脱外部大国干预的自主选择。印度的经济政策在冷战初期确实对印

① Baldev Raj Nayar and T. V. Paul, *India in the World Order: Searching for Major-Power Status*, p. 16.

② 孙士海：《印度的发展及其对外战略》，第 9—10 页。

度经济的发展起到了积极的作用，但是在经济全球化的大环境中，这种内向型经济政策已经不能满足印度大国地位诉求的需要。然而与外部限制与孤立相比，经济上的自我封闭也是印度最容易打破的领域。自1991年实行经济自由化与市场化改革以后，印度在经济上融入全球化的步伐明显快于它在国际组织和技术等领域的融入速度，因为这两个领域主要依赖于外部主要大国的态度和行为，而印度在经济政策上的转变则基本是一种内在的自主推动。

印度在以上三个领域受到的制约与限制，基本上是现状大国（status quo power）对挑战国家的一种本能反应而导致的综合结果。美国学者乔治·里斯卡（George Liska）认为，大国要阻止企图获得大国地位的国家的崛起，采取的政策通常有三种，即“遏制（containment）、卫星化（satellization）与妥协和解（accommodation）”。[①] 国际体系中的大国，为了维护自己的大国地位，很少对一个企图获得大国地位的中等国家实行妥协和解，而是采取另两种方法。但是印度在独立后奉行独立的不结盟政策，几乎排除了卫星化的可能性。尽管美国极力想达到这样的结果，并且始终通过经济援助的方式强化自身的努力，但美国与巴基斯坦结盟后，美国拉拢印度的努力由于印巴间的深度对抗而失败。印度最终于1971年与苏联结盟，在一定程度上也可以说是被苏联卫星化了，其中美国对印的“地区遏制”政策具有一定的推动作用。

---

① George Liska, “The Third World: Regional Systems and Global Order”, in Robert E. Osgood (ed.), *Retreat from Empire*, (Baltimore, MD: The Johns Hopkins University Press, 1973), p. 326.

三、冷战后印度大国地位诉求突破

虽然印度政治领袖的大国思想由来已久——从尼赫鲁的“有声有色的大国”，印度人民党领袖宣扬的21世纪“超级大国”，到团结进步联盟政府的“印度世纪”——并且实现印度的大国地位也已经成为印度坚定的国家意志，但是印度不得不面对这样一个事实：尽管印度力图在国际政治的博弈中以大国的方式行事，但印度始终没有得到其他大国对其大国地位的认同。冷战时期，印度的不结盟政策与美国的遏制战略形成了结构性矛盾，印度的经济政策也与西方自由市场经济政策格格不入，由此导致了两个最大的民主国家长达半个世纪的相互疏远。由于美国在战后国际格局中的地位与作用处于绝对优势，印美关系的疏远成为制约印度大国地位诉求实践的最重要影响因素之一。

冷战结束消除了印美关系中的结构性矛盾，也为印度突破大国地位诉求实践的制约提供了历史性机遇。印度为了突破大国诉求实践的种种限制，一方面对内实行经济改革，奠定大国地位的基础，另一方面积极调整对外政策，展开了立足南亚、拓展周边、面向全球的全方位外交。

首先，对内实行经济改革，突出经济发展作为国力提升的重要地位。

国家制定和实施外交政策的主要依据是综合国力，正所谓弱国无外交。印度独立后，开国总理尼赫鲁希望以印度的历史和文化的影响力（即所谓的软实力）作为基础推行印度的对外政策，但硬实力的不足限制了尼赫鲁总理所希望的印度地位与影响，并且在诸多问题上不得不屈从于外部的压力。有的学者认为，尼赫鲁总理对外实行不结盟政策，只不过是“实现‘大印度联邦’构想的缓兵之计”。[①] 然而尼赫鲁总理制定的经济政策，虽然对独立初期印度经济的恢复起到积极的作用，但进口替代的内向型经济带给印度的是30年的低速增长（平均年增长率3.5%），阻隔了印度“与外部世界的商业接触”，并且导致印度“影响力的丧失”。[②] 20世纪80年代后经过小的调整与改革尝试，印度的经济有所发展，但并没有避免90年代初期财政危机的发生。

1991年6月国大党（英）的拉奥政府成立后，新政府对印度的经济发展模式与经济体制进行了改革，经济自由化与市场化成为印度新经济的最主要特征。经过15年的改革与发展，印度已经成为世界上经济增长最快的国家之一。2006—2007年度，印度的经济增长率达到9.2%，国内生产总值达9300亿美元，居世界第十位。[③] 目前，印度已成为“世界办公室”，成为“世界工厂”的梦想也有望实现。

印度经济发展不仅奠定了印度大国地位的基础，坚定了印度政治精英的大国地位诉求信心，而且最重要的是，印度的经济发展与潜力也改变了美国等西方国家对印度的传统看法。20世纪50年代，美国认为印度是一个经济上“完全没有希望的废人”；但

---

① 吴永年等：《21世纪印度外交新论》，第48页。

② C. Raja Mohan, “India and the Balance of Power”, *Foreign Affairs*, July/August 2006, pp. 17–32..

③ Ministry of Finance, Government of India, “ECONOMIC SURVEY 2006–2007”, http://indiabudget.nic.in/es2006–07/chapt2007/chap13.pdf.

现在，印度已经成为美国不能忽视也不愿忽视的商品、贸易与投资市场。美国国务院负责南亚事务的助理国务卿克里斯蒂娜·罗卡曾指出，印度必将成为世界最大的经济体之一，印度能在世界上发挥作用，美国也愿意就此与印度进行合作。[①] 因此，可以毫不夸张地说，印度的经济发展与潜力成为印度大国地位诉求最坚实的基础。

其次，在地区内塑造亲善形象，营造有利于印度发展的和平周边环境。

印度学者拉贾·莫汉（C. Raja Mohan）认为，印度的大国战略实际上将世界划分为三个同心圆：第一个是印度的近邻（immediate neighborhood）；第二个是包括亚洲、印度洋沿岸国家在内的所谓的大周边（extended neighborhood）；第三个则是全球范围（entire global stage）。[②] 在冷战期间，虽然印度以道德政治标准积极参与全球政治，但对南亚地区的基本政策就是寻求建立主导地位，并且阻止地区外势力对南亚地区的介入与影响。印度独立初期寻求在南亚地区建立主导地位的实践，最主要的表现就是与喜马拉雅山区王国之间的控制与反控制。

1950 年印度与锡金签订安全条约，规定锡金在内部事务上享有自治权，而印度则控制其国防与外交等重大事务；1949 年与不丹签订《永久和平与友好条约》，规定不丹在对外关系上接受印度的指导；1950 年与尼泊尔签订条约，规定尼泊尔在外交和国防

---

① Christina B. Rocca, Remarks to the Asia Society, New York, February 3, 2004.

② C. Raja Mohan, "India and the Balance of Power", *Foreign Affairs*, July/August 2006, p. 20.

问题上必须同印度磋商。20 世纪 70 年代，印度帮助建立孟加拉国、吞并锡金、与巴基斯坦长期对抗等行为表明，印度继续寻求建立主导地位。在第三次印巴战争后，阻止区外大国对南亚事务的介入就表现得更为明显。英·甘地总理于 1983 年提出“英迪拉主义”时就曾说过：“印度不能容忍地区外大国干涉南亚国家的内部事务。如果南亚国家需要外国提供援助来解决其国内危机的话，它应该首先在本地区内寻求帮助。”① 从某种意义上说，印度在 20 世纪七八十年代曾先后三次派兵到斯里兰卡和马尔代夫平息内乱，也是印度南亚政策的一个重要表现。

然而，综观印度独立后的南亚政策以及它与周边国家的关系可以看出，“印度在南亚外交上带有称霸一方的味道，往往引起南亚中小国家的担心害怕”。而且最为重要的是，“印度独立后一直陷于克什米尔争端的泥潭中不能自拔”，“在安全战略上，印度政府的决策者像堂吉诃德一样奋力同风车作斗争而无谓地消耗了大量的可贵财力和精力。”② 冷战结束后，印度已经意识到，如果要在国际舞台上发挥更大的作用，或者说为了实现大国地位，印度必须摆脱南亚地区的束缚，而改善与邻国的关系则成为印度南亚政策的最优选择。正是在这样的背景下，印度调整了南亚政策。“古杰拉尔主义”就是最明显的体现。1996 年，时任印度外长的古杰拉尔在英国伦敦的一次讲话中阐述了这一政策，并于 1997 年在斯里兰卡科伦坡的讲话中作出进一步的说明。“古杰拉尔主义”的主要原则包括：第一，印度对孟加拉国、不丹、马尔

---

① Sandy Gordon, *India's Rise to Power in the 20th Century and Beyond*, p. 269，转引自孙士海：《印度的发展及其对外战略》，第 264 页。

② 孙士海：《印度的发展及其对外战略》，第 268 页。

代夫、尼泊尔、斯里兰卡这些邻国不要求互惠，而是真诚地给予其所能给予的；第二，任何一个南亚国家都不应让其领土被用来反对本地区的其他国家；第三，任何国家都不应干涉他国内政；第四，所有南亚国家都必须互相尊重领土完整和主权；第五，南亚国家应通过双边的和平谈判解决所有争端。[①]“古杰拉尔主义”的核心内容就是印度单方提供帮助，不要求对等回报，从而让南亚地区处于良性互信。尽管“古杰拉尔主义”与“英迪拉主义”在防止外部势力介入南亚方面具有一致性，但它更容易博取邻国的信任。正如印度学者所说，“古杰拉尔主义”的重要性不仅在于给南亚的发展、秩序与和平带来希望，而且也使印度战略性地从这一地区“脱身”。[②]

虽然“古杰拉尔主义”为印度在地区内塑造亲善形象提供了政策性支撑，但印度与巴基斯坦的关系却因克什米尔问题始终不睦。冷战期间印巴双方敌对导致三次规模较大的战争。冷战后的双边关系有所发展，但1999年的卡吉尔冲突又导致了双边关系的严重倒退。尽管2000年底双边关系紧张的气氛有所缓和，但2001年底的印度议会大厦事件却又一次引发了印巴危机。2003年以来，印度不断向巴基斯坦做出友好的表示，愿意无条件地与巴方对话，恢复同巴基斯坦的大使级外交关系，并在对等的原则上恢复两国的民航运输。2004年底，巴基斯坦总统穆沙拉夫向媒体透露，称巴基斯坦在同印度就克什米尔问题的谈判中可以暂时搁

① 吴永年等：《21世纪印度外交新论》，第112页。

② Kanti Bajpai, “India-US Foreign Policy Concerns: Cooperation and Conflict”, In Gary K. Bertsch (et al.), *Engaging India, US Strategic Relations with the World's Largest Democracy*, (New York: Routledge, 1999), p. 198.

置全民公决问题。2005 年，双方决定开启全面对话进程，双方一致同意本着“循序渐进”的原则逐步提高谈判级别，最后举行首脑会谈，就包括克什米尔问题在内的所有问题进行讨论。尽管双边的会谈不会在短期内解决两国所面临的所有问题，但全面对话进程的开启无疑为双边关系的改善提供了历史契机，为双边对话进程的继续奠定了基础。

最后，印度积极调整与大国的关系，拓展外交空间。

20 世纪 80 年代中期以来，美苏缓和与中苏和解带来的国际环境的微妙变化使印度政治精英认识到，传统的印苏关系面临着新的变数。冷战结束初期，印度不仅失去了传统盟友的支持，而且与唯一的超级大国美国的关系也处于尴尬的境地。“传统盟友的丧失”和“新型伙伴的缺失”，使印度倍感失落。面对深刻转型中的国际格局，印度对外交政策进行了全方位的调整。印度不仅在南亚地区层面上继续贯彻“古杰拉尔主义”，而且于 1992 年提出了“东向政策”（Look East Policy），希望加强与东南亚和东北亚国家的关系。与此同时，印度积极调整与大国的关系以提升其大国地位，努力发挥印度在国际上的大国作用。其中印度对美国、俄罗斯、中国政策的调整最具代表性。

调整与美国的关系，是印度外交政策调整的重中之重。冷战结束后，“失落的印度”看到了发展与美国关系的契机，认识到印美关系对于实现印度政治家的大国梦的重要性。印美关系的改善实质上是双边共同利益驱动的结果。尽管印美双边都在强调民主政体方面的“同质性”与“认同感”，但不可否定的是，印美关系中的经济和安全因素占有极其重要的地位。印美经贸合作特别是在高科技方面的合作不仅有利于印度经济的发展，也有利于美国在印度拓展市场；“9·11”恐怖事件发生后，印美双边在安全领域的合作成为双边关系的重要内容。2005年印美全球伙伴关系建立以来，双边在各个领域的合作，尤其是在民用核能、民用空间项目、高技术贸易等领域的合作，促使印度更加积极地调整对美政策。印度不仅先于美国的欧洲盟友第一时间支持美国建立国家导弹防御系统，全力支持美国的反恐战略，“而且将印度对美政策在对外政策中的地位提升到了十分重要的高度，成为印度维护国家安全和实现大国谋略的首要考虑”。①

冷战时期，印度将对苏关系放在对外关系的首位。双方在政治、经济和军事上建立了特殊的关系。在政治上，印苏相互支持；在经济上和军事上，苏联向印度提供了大量的援助。尤其是1971年《印苏和平友好合作条约》的签订标志着印度实际上已经成为苏联的战略盟友。印度借重苏联抗衡中国和巴基斯坦以及美、中、巴的战略接近，苏联则利用印度抵御美国在南亚的扩张和影响以及中苏关系恶化导致的不确定因素。但是冷战后“印苏联盟”失去了其存在的基础，随着印度在俄罗斯对外战略中地位的下降，印度“必须在新的框架中寻求其对俄政策的定位”。② 当俄罗斯与西方（尤其是美国）的蜜月期结束后，俄罗斯开始调整其全球战略，以保持其东西方政策的相对平衡。以1993年俄罗斯总统叶利钦访问印度并签订《印俄友好条约》为转折点，印俄关系迅速恢复。印度决策者坚信，发展与俄罗斯关系符合印度的地缘政治利益。首先在全球层面上，俄罗斯可以平衡美国和中国的影响；其次在地区层次上，印度在克什米尔问题上需要俄罗斯的

① 吴永年等：《21世纪印度外交新论》，第159页。
② 同上书，第178页。

理解与支持；最后是对印度的大国理想的实现，俄罗斯将发挥不可或缺的作用。进入21世纪以后，印俄双边高层互访不断，双边关系提升为战略伙伴关系，两国在经济、政治、军事和安全领域的合作不断深化。

相对于印美关系和印苏（俄）关系，中印关系的发展可谓最富戏剧性。印度是第一个承认新中国的非社会主义国家。20世纪50年代，中印共同倡导和平共处五项原则，并且成为不同社会制度国家关系的典范；60年代，双边关系恶化并且最终导致两国兵戎相见；70年代，美中巴关系的发展导致印度对自身安全环境的忧虑，在一定程度上推动了印苏准同盟的形成。1976年，尽管中印间的对抗气氛有所缓和，双边的矛盾与分歧并没有消除。尤其是双边的边界问题，始终是两国关系发展的最大障碍。1988年拉吉夫·甘地总理访问中国后，双边关系得到迅速恢复，双边高层互访有所增加。1996年江泽民主席访问印度，宣布中印要建立面向21世纪的建设性合作伙伴关系。但1998年印度将中国作为核试借口，又导致双边关系倒退。进入21世纪以来，双边高层交流得到恢复，关于边界问题的谈判不断深入，并且建立起“面向和平与繁荣的战略合作伙伴关系”。

第三节　美国需要伙伴：霸权的尴尬

1941年2月，美国传媒巨头亨利·卢斯首次提出“美国世纪”的命题。在孤立主义思潮仍具有相当影响的国内环境下，卢斯提出的“美国世纪”受到一些指责。有的人认为他所呼唤的信念只是一时激情所至，必定是昙花一现。但也有人认为他的判断和希望与林肯相似，都指出了美国是“地球上最后的最好希望”,[①] 甚至有些国外学者也承认，虽然卢斯的社论存在着明显的漏洞，但卢斯在“一些大的方面”却是非常正确的。虽然美国与在第一次世界大战中迎来美国世纪失之交臂，但第二次世界大战爆发为“美国世纪”的到来提供了最佳时机。

日本偷袭珍珠港后，美国结束了所有理想主义者的孤立主义情绪，摆脱了孤立主义的影响与羁绊，全力投入反法西斯斗争。德国学者彼德·本德尔在《美国——新的罗马》一书中认为，“珍珠港迫使美国迈出从海岛局限到世界强国政策的步伐”，“美国不能回避世界，因为世界不再回避美国。”[②] 二战结束后，美国成为世界上实力最强大的国家。战争使美国实力大增，为美国世纪的到来奠定了基础。然而，在美国崛起的同时，苏联也从战胜法西斯中逐渐复苏。反法西斯的战争还没有结束，意识形态的对立就已经成为美苏间的又一场战争了，只不过这场战争的形势不同于传统战争而已。冷战是两种制度的对抗，是两个阵营的较量，双边都需要扩大自己阵营以削弱对方的影响。正是在这个过程中，美国决心塑造一种可以增进美国利益的世界秩序，使美国不仅能够提升自己的财富和权势，也可以将其价值观推向世界。因此，美国基本上选择以多边主义作为重建战后世界的根本原

① Tony Smith, “Making the World Safe for Democracy in the American Century”, *Diplomatic History*, Vol. 23, No. 2, Spring 1999, p. 173.

② （德）彼德·本德尔，夏静译：《美国——新的罗马》，中央编译出版社2005年版，第90页。

则，其中最主要的表现就是在世界政治、经济和安全领域构筑一整套国际制度体系。美国主导的同盟和多边制度体系是战后世界秩序的核心，并且美国的霸权加强了这种体系。“美国在战后陷入了一张同盟和承担多边义务之网，不过，通过这张网，美国可以在世界上其他地区扩大自己的影响，并营造一种相对安全的环境，维护自己的利益。”[①] 因此，美国在冷战过程中凭借强大的经济实力和军事力量以及政治影响，对苏联和其他社会主义国家进行遏制，在经济上实施马歇尔计划、在军事上拼凑北大西洋公约组织，联合西方国家共同对抗苏联。

美国谋求霸权地位，虽然借重于军事实力和文化影响，但最直接的因素是其经济实力的变化与发展。第二次世界大战后初期，美国经济上的压倒性优势使其处于巅峰状态，也是发动冷战与苏联对抗的基础最雄厚的时期；但是从 20 世纪 60 年代末到 70 年代末，美国经济滞胀导致其霸权地位受到苏联的严重挑战，“美国再也不能随心所欲地凭借实力把世界塑造成它所希望和选择的样子”，[②] 形成了美苏在缓和中争夺的局面；70 年代末到 90 年代初，美国经济在世界经济总量中所占的比重下降，并且导致其霸权地位的相对衰落。

冷战时期美国拉拢一切可以拉拢的国家共同遏制苏联等社会主义国家。印度，作为一个刚刚摆脱英国殖民统治的民主国家，自然成为美国拉拢的对象。印度开国总理尼赫鲁从印度的基本国情出发，认为依附于严重对抗的两个阵营的任何一方，都不利于

---

① （美）约翰·伊肯伯里编：《美国无敌：均势的未来》，第 21 页。

② 方连庆等主编：《战后国际关系史（1945—1995）》（上），北京大学出版社 1999 年版，第 464 页。

印度的国家利益。与美国倡导的冷战政策和遏制苏联共产主义的战略相比，改变印度的落后面貌、建设“有声有色的大国”才是印度独立后最迫切的任务。因此，“尼赫鲁总理为维护政治独立和发展民族经济的国家利益，毅然拒绝美英诱惑而提出不结盟的原则。”也即，不参加任何东、西方军事集团；根据自己独立的判断行事，实行外交行动的独立自主；同所有国家都保持友好的关系。①

印度的不结盟政策是尼赫鲁总理基于印度国情和对国际形势的判断做出的正确选择，但是在两极格局的大背景下，受到美国的强烈批评是不可避免的。尽管杜勒斯认为不结盟政策是“不道德的”和“目光短浅的”，而且印度在一些重大国内国际问题上的认识常常与美国相悖，如克什米尔问题、新中国问题、朝鲜战争问题、美巴结盟问题、果阿殖民地问题、印度的核问题等，但美国始终在争取印度，希望其加入“自由世界”的阵营。美国拉拢印度的手段是经济援助。但美国同巴基斯坦结盟并向巴提供大量的军经援助恶化了印度安全环境，加之尼赫鲁坚定地奉行不结盟政策（至少美国是这样认为的），美国的努力（接近印度）并没有产生积极的结果。虽然 1962 年中印边境冲突发生后印美关系有所改善，但由于美巴关系的限制以及美国并不希望印中冲突打乱由于古巴导弹危机所造成的微妙国际形势，所以只是部分满足了印度提出的援助请求。失望的印度在 1965 年的第二次印巴冲突中开始接近苏联，并且在 1971 年的第三次印巴冲突前与苏联签订了《印苏和平友好合作条约》。有的学者认为此时印度已经放弃了不结盟政策，走向苏联一

① 孙士海主编：《印度的发展及其对外战略》，第 250 页。

边。因此，在冷战期间，美国从冷战政策出发，通过经济援助拉拢印度，树立亚洲“民主橱窗”样板，从总体上说，美国拉拢印度的努力是失败的。但美国努力的无果而终并不能说明印度不需要美国。印度奉行不结盟政策的初衷，就是想在冷战双方之间左右逢源，而“不至于把所有鸡蛋都放在一个篮子里”。①

冷战结束后，美国成为世界上唯一的超级大国，其经济上的优势虽然受到欧盟、日本等国家的挑战，但美国仍然是经济最发达和强大的国家。经济强大为美国霸权提供了坚实的基础，而两极格局的瓦解似乎也为美国谋求霸权提供了合理的解释。美国芝加哥大学政治学教授约翰·米尔斯海默（John J. Mearsheimer）认为：“最强大的国家就是在一场争端中占上风的国家。”② 从这个意义上看，美国是当之无愧的强大国家。美苏意识形态差异导致的对抗延续40多年后，以苏联解体或苏联共产主义意识形态的失败而结束，美国成为冷战的最后胜利者。实际上，从历史的角度出发，在整个20世纪，美国始终是影响力最大的国家。保罗·肯尼迪就指出：“毋庸置疑，在过去的100年里，美国比任何其他国家对世界具有更大的影响，在这种意义上说，这个世纪可以称为‘美国世纪’。”③ 布热津斯基在1997年出版的《大棋局》一书中也写道：“美国对手的垮台使美国处于一种独一无二的地位。

① Lok Sabha Debates, 2nd Series, Vol. XXII, pp. 1 – 12, December 1958, Col. 3959. 转引自孙士海：《印度的发展及其对外战略》，第251页。

② （美）约翰·米尔斯海默著，王义桅、唐小松译：《大国政治的悲剧》，上海人民出版社2003年版，第81页。

③ Paul Kennedy, “The Next American Century?” *World Policy Journal*, Vol. 16, No. 1, Spring 1999, pp. 57 – 58.

它成为第一个也是唯一的一个真正的全球超级大国。”美国芝加哥大学政治学博士约翰·伊肯伯里（G. John Ikenberry）甚至认为，美国世纪将成为一种长期的现象。[①]

然而，美国在成为唯一超级大国的同时，也必须面对由于冷战结束而产生的两个重要的地缘政治后果。“华盛顿失去了它能用来说明为什么欧洲需要与美国在政治上绑在一起的最后一个重要根据，即需要维持反苏共同阵线。它还失去了间接遏制第三世界国家政策的最后一个重要手段，即苏联作为雅尔塔安排规则的推行者在反美的国家里所发挥的作用。”[②] 也就是说，美国在多边体系中的霸权地位既受到国内的置疑，也受到国际上的挑战（其中既包括同盟国也包括非同盟国）。

可以说，冷战结束初期，美国对于盟友重要性的认识并没有多少改变。克林顿上任伊始就提出了“坚定的多边主义”口号，认为多边伙伴关系和国际制度是分享负担与风险、获取国际支持和实现美国目标的重要途径。但克林顿政府试图重新形成多边主义共识并大力推行多边主义政策的做法却遭到国内保守主义者的批评。保守主义者认为多边主义限制了美国的行动自由，对美国的利益构成了威胁；乔治·W·布什2001年宣誓就职后，美国新保守主义势力占据了政府要职，例如副总统、国防部长和副部长等。他们承认美国衰落的事实，但否认美国的衰落是由世界体系的结构变化引起的，并将其归咎为历届美国总统的政治错误和缺乏坚强的决心。他们批评克林顿的外交政策，呼吁布什总统彻底

① （美）约翰·伊肯伯里编：《美国无敌：均势的未来》，第2页。

② 伊曼纽尔·沃勒斯坦：《美国霸权的演变轨迹和未来发展趋势》，《理论前沿》，2007年第1期，第19页。

修正美国外交政策，希望以单边主义决策方式取代软性的多边主义。新保守主义要努力使美国不陷入限制美国国内决策的国际条约的约束，认为国际组织与条约对美国国家利益的实现是一种制约，多边主义是“天真、不切实际、软弱和无能的”，[①] 有百害而无一利；而单边主义则是符合美国利益的。因此，小布什政府对诸如《京都议定书》、《国际刑事法庭公约》、《反弹道导弹条约》和《全面禁止核试验条约》等国际条约大都持反对或抵制的态度。

冷战时期，多边体制是美国谋求霸权地位的主要手段。冷战结束后初期，克林顿政府基本上依靠原来的多边体制塑造美国的实力地位，但自乔治·W·布什执政以来，美国在对外政策上已经滑向单边主义，这种倾向在美国的反恐战争、伊拉克战争中表现得最为明显。美国出于反恐、国内政治和全球战略需要，以萨达姆政权发展大规模杀伤性武器和未履行联合国第1441号决议为借口，发动伊拉克战争。法国、德国、俄罗斯和中国等绝大多数国家从一开始就反对美国发动的伊拉克战争，国际社会在联合国就伊拉克问题与美进行了反复斡旋和激烈较量。国际社会的努力并没能阻止美国的单边主义行动，但美国的单边主义行动却使国际社会认识到：霸权加单边主义所形成的美国无敌是冷战结束以来国际社会所面对的最大挑战。“在冷战时期，美国和苏联相互制约，而今天的美国几乎不受任何制约。”[②] 不受限制的过分集中的权力，即使主导国比较克制，也会

① Bruce W. Jentleson, “Tough Love Multilateralism”, *The Washington Quarterly*, Vol. 27, No. 1, Winter, 2003 - 2004, p. 7.

② （美）约翰·伊肯伯里编：《美国无敌：均势的未来》，第12页。

导致其他国家的不安全感。“面对权力的失衡，一些国家或者努力加强自己的力量，或者与其他国家联合，使国际权力分配重新达到平衡。”[①] 也就是说，当强国出现后，其他国家（弱国和中等国家）通常会结成反制联盟。即通过增强自己的权力，用权力来制约权力。

有的学者认为，美国的单边主义是出于对霸权衰落的直接反应。但布什的单边外交政策的最终结果不仅没有挽救美国霸权的衰落，而是加速了衰落过程。“世界进入了地缘政治力量结构相对失衡的多边分裂阶段，多个地区中心纵横捭阖，争夺优势，其中至少包括美国、英国、西欧、俄罗斯、中国、日本、印度、伊朗和巴西。”[②] 伊拉克战争后，传统的美欧联盟出现了裂隙。正如沃尔兹所指出的，“美国作为最强大的国家会发现其他国家正在不断地疏远它：德国越来越靠近东欧和俄罗斯，而俄罗斯正越来越靠近德国和日本”。美国对于由于自己的强大而引起的其他国家——尤其是传统盟友和新兴崛起的国家——的不安是心知肚明的，对于美国权力前所未有的集中但目前并没有引起其他国家采取联合制衡行动的原因，美国也是清楚的：那只是时间问题。

在冷战期间，至少在大多数时间里，美国的敌人或对手是明确的，那就是以苏联为主的社会主义阵营。同样，美国的盟友也是明确的，那就是加入美国“自由世界”共同遏制苏联共产主义的国家，尽管其中一些国家并不是与美国拥有共同的“价值观基

---

① （美）约翰·伊肯伯里编：《美国无敌：均势的未来》，第12页。

② 伊曼纽尔·沃勒斯坦：《美国霸权的演变轨迹和未来发展趋势》，《理论前沿》，2007年第1期，第21页。

础”。因此，冷战期间的美国主要是“寻找”盟友来遏制敌人。现在，传统的对手苏联解体了，社会主义阵营也不复存在。两极格局的瓦解没有改变国际政治权力结构，但国际形势却更加复杂化了。国际恐怖主义、传染病、能源等非传统安全威胁对国际安全、国家安全以及人的安全的影响日益增加，非传统安全所具有的跨国性和不确定性等特点决定了一个国家在面对非传统安全问题上依赖单边主义的缺陷与不足。从某种意义上说，美国的单边主义行径也在一定程度上恶化了国际形势，而非传统安全因素如恐怖主义等也为美国的单边主义行为找到了借口。甚至可以说，美国的霸权和单边主义与国际形势的恶化构成了一个恶性循环。

与冷战期间美国需要盟友一样，冷战后的国际环境也决定了美国同样需要盟友。虽然美国的小布什政府将多边主义功利化，也就是说，“同克林顿政府相比，小布什政府在处理国际事务时缺乏对多边主义理念的支持，倾向于将多边主义作为一种工具而非目的，并主要是在为了实现特定的政策目标和利益的情况下才会选择多边主义的方式”，[①] 但美国对盟友的认识已经不再局限于冷战期间的两极框架。冷战期间的敌友可谓泾渭分明，但进入21世纪以来，随着国际形势的演变以及美国战略重点的转移，敌友标准似乎也变得模糊起来。美国不仅要维系自身的霸权地位，还要防止地区大国的崛起挑战美国的霸权利益。传统盟友在美国霸权的塑造过程中发挥过积极的作用，如日本和西欧国家，但随着这些国家实力的增长，分享权力的要求与呼声也会逐渐上升。以

① 马昌乐：《冷战后美国多边主义刍议》，《国际政治研究》，2007年第1期，第177页。

欧盟为例，欧洲联合已经使美欧双方在经济上处于基本平等的地位，2004 年通过的《欧盟宪法条约》确立的共同外交与安全政策显示了欧盟国家的独立意识进一步增强。围绕美国发动的伊拉克战争的外交就已经显示，美国传统盟友已经发出了不同的声音。

伴随着传统盟友独立意识的增强，地区大国也在迅速崛起。在亚洲，中国和印度的崛起已经成为不争的事实。“9·11”事件后，美国国家利益的核心是保障美国本土安全，并且将之作为生死攸关的利益。但是对于其他利益，诸如欧亚大陆的和平、波斯湾石油通道的安全等，美国也是极其重视，并将其作为高度重要利益。[①] 美国为了实现以上界定的利益，完全凭借自己的单边力量是不现实的。尤其是反恐战争和伊拉克战争后所面临的窘境，美国对此应该是深有体会。因此，在目前的国际形势下，面对动荡的中东局势、越反越恐的反恐形势以及极端伊斯兰势力的抬头，美国对于朋友（或盟友）作用的理解应该更深刻。所以，与冷战时期相比，美国现在更需要朋友（最好是结成盟友），尤其是建立在共同的价值观基础上的那些国家。

中国在发展的过程中不断塑造自身的和平形象，并且将建构和谐社会推广到世界范围内——构建和谐世界，然而美国对中国崛起的未来前景始终怀有深深的疑虑。而这种担心的背后，则是美国冷战思维的延续。中国是社会主义国家，与美国的价值观不

① 美国国家利益按重要程度分为三类，分别为：生死攸关利益、高度重要利益、重要利益。其中本土防御是生死攸关利益；欧亚大陆大国间的深度和平、波斯湾石油通道安全以及石油价格合理是高度重要利益；国际经济开放、巩固与扩展民主并尊重人权、保持没有严重的气候变化是重要利益。具体参见（美）罗伯特·阿特著，郭树勇译：《美国大战略》，北京大学出版社 2005 年版，第 56—81 页。

同，而美国的价值观是一种“普世标准”。而与中国不同，印度则与美国拥有共同的价值观标准。在“民主和平论”有一定市场和影响的美国，在意识形态上倾向于印度，也就不足为怪了。而且更为重要的是，印度的崛起也是不可阻挡的。从霸权的角度出发，美国对任何国家的崛起都有所顾虑，即使是自己的坚定同盟国。美国对印度也是如此。但与中国相比，印度的崛起更符合美国的价值观标准。而且，阻挡印度的崛起只能将印度完全推向俄罗斯甚至中国的一边，并且加速俄中印战略三角的形成过程并使之更具针对性。这当然不是美国希望看到的结果。因此，从这个意义上说，美国现在不愿负担、将来也不能负担崛起的印度疏远美国的结果。

对于实现上述所提及的美国国家利益，印度在地缘上得天独厚，在价值观上具有制度基础，而且最重要的是，双方在相互需求上一拍即合。在传统盟友离心离德的情况下，美国需要在单边或功利的多边国际政治舞台上寻求支持，印度也需要在实现大国战略的过程中（或者说是崛起的过程中）得到西方大国的认可与支持，尤其是印度将核能力与大国地位捆绑在一起的时候更是如此。

第三章

印美经贸关系

在冷战时期，经济关系从属于政治关系，政治关系成为国际关系的主要决定因素，经济关系只是作为政治关系的工具。印度独立后，印美政治关系的冷暖交替、爱恨交织，决定了印美经贸关系发展过程的不稳定特点。20 世纪五六十年代，美国是印度的主要贸易伙伴，美国向印度出口占印度进口总额的三分之一强。美国为了拉拢印度加入遏制苏联的“自由世界”，开始在经济上援助印度。在政治关系主导国际关系的背景下，印美经济关系发展成独具特色的“捐赠与接受”（donor-recipient）模式。然而，随着 60 年代末 70 年代初印苏接近，印美政治关系逐渐疏远，双边经贸关系也开始冷却。冷战结束后，国际环境的改变带来了国际关系中政治关系与经济关系重要性认识的重新思考与定位。经济关系从属于政治关系并为政治服务的局面在一定程度上得到改变，经济关系重新成为决定国家关系的重要因素。

自 20 世纪 90 年代经济改革以来，印度开始了由进口替代型发展战略向出口导向型发展战略的根本性转变，并且加快了对外开放的步伐。经过15年的发展，印度已经成为世界上经济增长最快的国家之一。尤其是2000年美国总统克林顿访印后，在双边政治关系趋暖的背景下，双边经贸联系开始加速发展。1990年至2011年，双边贸易额从52亿美元上升到580亿美元。[①] 随着印度对外经济关系扩展，双边经贸关系出现了加速发展的良好态势，印美双边经贸逐年增加。随着印度经济市场化与全球化程度的不断提高，尤其是对外国直接投资限制的逐步放宽，印美间经济关系潜力巨大。

第一节　印美货物贸易

一、印度对外货物贸易概况

在20世纪70年代中期以前的相当长的时期内，印度的对外贸易额很小。1975—1976年度，对外贸易总额突破两位数，达到107亿美元。到1999—2000年度，贸易总额达到865亿美元。从2002—2003年度开始，印度对外贸易进入了迅速增长阶段。2010—2011年度，货物贸易总额增长到6209亿美元，较2000—2001年度增长了近7倍。[②]

---

① 印美双边贸易额根据美国统计署提供的数据加工而得。资料来源：http：//www. census. gov/foreign－trade/balance/c5330. html#2006。

② 数据来源于印度财政部各年度经济调查数据。参见 http：//indiabudget. nic. in/previouses. asp。

表1　印度对外贸易概况（1950—2012）

（单位：百万美元）

年度	进出口		出口额		进口额		贸易
	总额	增长%	总额	增长%	总额	增长%	平衡
1950—1951	2542	-	1269	24.90	1273	-1.50	-4
1951—1952	3342	31.47	1490	17.42	1852	45.48	-362
1952—1953	2684	-19.69	1212	-18.66	1472	-20.52	-260
1953—1954	2393	-10.84	1114	-8.09	1279	-13.11	-165
1954—1955	2689	12.37	1233	10.68	1456	13.84	-223
1955—1956	2895	7.66	1275	3.41	1620	11.26	-345
1956—1957	3009	3.94	1259	-1.25	1750	8.02	-491
1957—1958	3331	10.70	1171	-6.99	2160	23.43	-989
1958—1959	3120	-6.33	1219	4.10	1901	-11.99	-682
1959—1960	3359	7.66	1343	10.17	2016	6.05	-673
1960—1961	3699	10.12	1346	0.22	2353	16.72	-1007
1961—1962	3662	-1.00	1381	2.60	2281	-3.06	-900
1962—1963	3809	4.01	1437	4.06	2372	3.99	-935
1963—1964	4217	10.71	1659	15.45	2558	7.84	-899
1964—1965	4514	7.04	1701	2.53	2813	9.97	-1112
1965—1966	4637	2.72	1693	-0.47	2944	4.66	-1251
1966—1967	4551	-1.85	1628	-3.84	2923	-0.71	-1295
1967—1968	4242	-6.79	1586	-2.58	2656	-9.13	-1070
1968—1969	4301	1.39	1788	12.74	2513	-5.38	-725
1969—1970	3955	-8.04	1866	4.36	2089	-16.87	-223
1970—1971	4193	6.02	2031	8.84	2162	3.49	-131
1971—1972	4596	9.61	2153	6.01	2443	13.00	-290
1972—1973	4965	8.03	2550	18.44	2415	-1.15	135
1973—1974	6968	40.34	3209	25.84	3759	55.65	-550
1974—1975	9840	41.22	4174	30.07	5666	50.73	-1492
1975—1976	10749	9.24	4665	11.76	6084	7.38	-1419

续表

年度	进出口		出口额		进口额		贸易平衡
	总额	增长%	总额	增长%	总额	增长%	
1976—1977	11430	6.34	5753	23.32	5677	-6.69	76
1977—1978	13347	16.77	6316	9.79	7031	23.85	-715
1978—1979	15278	14.47	6978	10.48	8300	18.05	-1322
1979—1980	19268	26.12	7947	13.89	11321	36.40	-3374
1980—1981	24345	26.35	8486	6.78	15859	40.08	-7383
1981—1982	23878	-1.92	8704	2.57	15174	-4.32	-6470
1982—1983	23894	0.07	9107	4.63	14787	-2.55	-5680
1983—1984	24760	3.62	9449	3.76	15311	3.54	-5862
1984—1985	24290	-1.90	9878	4.54	14412	-5.87	-4534
1985—1986	24971	2.80	8904	-9.86	16067	11.48	-7163
1986—1987	25472	2.01	9745	9.45	15727	-2.12	-5982
1987—1988	29245	14.81	12089	24.05	17156	9.09	-5067
1988—1989	33467	14.44	13970	15.56	19497	13.65	-5527
1989—1990	37831	13.04	16612	18.91	21219	8.83	-4607
1990—1991	42218	11.60	18143	9.22	24075	13.46	-5932
1991—1992	37276	-11.71	17865	-1.53	19411	-19.37	-1546
1993—1993	40419	8.43	18537	3.76	21882	12.73	-3345
1993—1994	45544	12.68	22238	19.97	23306	6.51	-1068
1994—1995	54984	20.73	26330	18.40	28654	22.95	-2324
1995—1996	68475	24.54	31797	20.76	36678	28.00	-4881
1996—1997	72603	6.03	33470	5.26	39133	6.69	-5663
1997—1998	76490	5.35	35006	4.59	41484	6.01	-6478
1998—1999	75607	-1.15	33218	-5.11	42389	2.18	-9171
1999—2000	86493	14.40	36822	10.85	49671	17.18	-12849
2000—2001	95096	9.95	44560	21.01	50536	1.74	-5976
2001—2002	95240	0.15	43827	-1.64	51413	1.74	-7586
2002—2003	114131	19.84	52719	20.29	61412	19.45	-8693

续表

年度	进出口		出口额		进口额		贸易平衡
	总额	增长%	总额	增长%	总额	增长%	
2003—2004	141992	24.41	63843	21.10	78149	27.25	-14306
2004—2005	195053	37.37	83536	30.85	111517	42.70	-27981
2005—2006	252257	29.33	103091	23.41	149166	33.76	-46075
2006—2007	312149	23.74	126414	22.62	185735	24.52	-59321
2007—2008	414786	32.88	163132	29.05	251654	35.49	-88522
2008—2009	488991	17.89	185295	13.59	303696	20.68	-118401
2009—2010	467124	-4.47	178751	-3.53	288373	-5.05	-109622
2010—2011	620905	32.92	251136	40.49	369769	28.23	-118633
2011—2012※	568600	-	217664	-	350936	-	-133272

资料来源：Ministry of Finance，Government of India，“Economic Survey 2011 - 12”，http：//indiabudget. nic. in/budget2012 - 2013/survey. asp. 注：※2011—2012 年度进出口数据为年度前三个季度（2011 年 4—12 月）统计数据。

印度对外货物贸易的出口市场主要是阿联酋、美国、新加坡、中国内地和香港地区，这五个国家（地区）的市场份额分别占印度对外出口份额的 11.82%、11.51%、6.13%、5.35% 和 4.44%；而印度的进口贸易来源地则主要集中在中国、瑞士、阿联酋、沙特阿拉伯和美国，从这五个国家的进口占印度进口的份额分别是 12.0%、7.5%、7.21%、6.06% 和 4.78%。

表 2　印度对外贸易主要出口国家或地区（前 15 位）

排序	国家/地区	出口额（百万美元）	较上年同期增长%	占出口总额的比例%
1	阿联酋	20106.78	23.62	11.82
2	美国	19574.33	42.55	11.51
3	新加坡	10431.09	99.07	6.13

续表

排序	国家/地区	出口额（百万美元）	较上年同期增长%	占出口总额的比例%
4	中国	9107.90	33.21	5.35
5	中国香港	7560.05	43.59	4.44
6	荷兰	5653.04	43.21	3.32
7	英国	4833.22	27.68	2.84
8	德国	4536.03	38.33	2.67
9	比利时	4271.62	52.84	2.51
10	印度尼西亚	3756.04	34.68	2.21
11	沙特阿拉伯	3366.36	17.71	1.98
12	巴西	3314.86	47.89	1.95
13	日本	3021.60	6.71	1.78
14	意大利	2879.05	28.80	1.69
15	南非	2736.09	13.10	1.61

资料来源：MOF，India，“Economic Survey 2011－2012”。注：排名数据为2011—2012年度4—10月统计数据。

表3 印度对外贸易主要进口来源国家或地区（前15位）

排序	国家/地区	进口额（百万美元）	较上年同期增长%	占进口总额的比例%
1	中国	33272.02	29.26	12.00
2	阿联酋	20821.65	10.38	7.51
3	瑞士	19981.60	54.72	7.21
4	沙特阿拉伯	16796.37	45.36	6.06
5	美国	13，261.89	8.57	4.78
6	伊拉克	10684.11	157.72	3.85
7	尼日利亚	9015．28	49.01	3.25
8	德国	9009．12	32.79	3.25

续表

排序	国家	进口额（百万美元）	较上年同期增长%	占进口总额的比例%
9	印度尼西亚	8490.90	55.1	3.06
10	澳大利亚	8218.85	16.73	2.96
11	卡塔尔	7288.37	87.88	2.63
12	科威特	7246.21	40.78	2.61
13	韩国	7070.07	17.79	2.55
14	日本	6508.98	30.47	2.35
15	中国香港	6425.45	39.79	2.32

资料来源：MOF，India，“Economic Survey 2011－2012”。注：排名数据为2011—2012年度4—10月统计数据。

二、印美货物贸易现状

在过去的20多年里，印美双边货物贸易迅速增长。美国商务部经济分析局（BEA）统计数据显示，美国与印度的双边货物贸易额在1986年只有40亿美元，至2011年达到近580亿美元，几乎增长了近15倍。2011年印美双边货物贸易总额达到近580亿美元，其中印度贸易顺差达到147亿美元。[①] 而据印度商工部统计，2011—2012财年[②]，印度与美国双边货物贸易额达456美元。美国位列阿联酋和中国之后，是印度的第三大贸易伙伴，占印度货物贸易总额的7.35%。[③]

① 参见http：//www.bea.gov/.

② 印度的财政年度起于每年的4月1日，止于第二年的3月31日。这造成了与美国按自然年统计数据的不同。

③ 参见http：//commerce.nic.in/.

表4 印美货物贸易概况 （单位：百万美元）

年度	印从美进口	印对美出口	贸易总额	双边贸易平衡
1999	3695	9083	12778	5388
2000	3683	10703	14386	7020
2001	3802	9774	13576	5971
2002	4131	11836	15967	7705
2003	5040	13091	18131	8052
2004	6170	15625	21795	9455
2005	8014	18896	26910	10882
2006	9775	21969	31744	12194
2007	15048	24233	39281	9185
2008	17845	25888	43733	8043
2009	16480	21336	37816	4856
2010	19335	29682	49017	10347
2011	21616	36338	57954	14722

资料来源：根据美国商务部经济分析局（BEA）数据整理，基于普查统计标准。

美国商务部2011年统计数据显示，在印美双边货物贸易中，美国对印出口的前五类商品（Schedule B subheading）主要包括：磷酸氢二铵，12.37亿美元；烟煤，9.17亿美元；非货币性黄金，7.69亿美元；航空航天器材与备件，6.2亿美元；非工业用钻石，5.77亿美元。而印度对美国出口的商品主要包括：非工业用钻石，62.63亿美元；轻油及其制品，26.94亿美元；零售医药制剂，24.65亿美元；珠宝首饰及非银贵金属配件，11.27亿美元；

刺槐豆胶液及增稠剂，9.14 亿美元。

表 5　2009—2011 年印度出口美国货物构成表

（单位：百万美元）

SITC 代码	代码货物构成	2009 年	2010 年	2011 年	2011 年增长率%
0	食品及活动物	917	1186	1720	45.1
1	饮料及烟类	37	31	33	7.5
2	非食用原料（燃料除外）	380	562	1363	142.4
3	矿物燃料、润滑油及有关原料	435	2324	3130	34.7
4	动植物油、脂及蜡	57	97	133	37.0
5	化学成品及有关产品	3647	4954	6215	25.4
6	按原料分类的制成品	7300	10465	12342	17.9
7	机械及运输设备	2819	3738	4224	13.0
8	杂项制品	5334	5938	6425	8.2
9	未分类的商品	301	320	418	30.8
合计		21228	29614	36003	21.6

资料来源：USITC，“The Year in Trade 2011：Operation of the Trade Agreements Program”，July 2012，http：//www.usitc.gov/publications/332/pub4336.pdf.

表 6　2009—2011 年美国出口印度货物构成表

（单位：百万美元）

SITC 代码	代码货物构成	2009 年	2010 年	2011 年	2011 年增长率%
0	食品及活动物	403	475	554	16.6
1	饮料及烟类	3	5	5	10.6

续表

SITC代码	代码货物构成	2009 年	2010 年	2011 年	2011 年增长率%
2	非食用原料（燃料除外）	1045	1136	1550	36.4
3	矿物燃料、润滑油及有关原料	959	1093	1848	69.1
4	动植物油、脂及蜡	123	154	10	-93.3
5	化学成品及有关产品	3182	3737	4357	16.6
6	按原料分类的制成品	1201	1829	1785	-2.4
7	机械及运输设备	5636	5125	5074	-1.0
8	杂项制品	1117	1296	1344	3.7
9	未分类的商品	961	1544	1141	-26.1
合计		14629	16394	17670	7.8

资料来源：USITC，“The Year in Trade 2011：Operation of the Trade Agreements Program”.

从总体上看，美国是世界上货物贸易的强国。在美国对外货物贸易的主要贸易伙伴中，2011 年位列前 15 位的伙伴包括加拿大、中国、墨西哥、日本、德国、英国、韩国、巴西、中国台湾、法国、荷兰、沙特阿拉伯、印度、委内瑞拉和意大利。其中印度列第 13 位。印度还不是美国货物贸易的主要出口市场，而在美国的货物进口市场中，也仅列第 13 位。可以说，尽管双边货物贸易显现快速增长态势，贸易总额也呈逐年增长的良好态势，但两国对彼此外贸的重要性在下降，这主要体现在其所占的份额在下降。

第二节 印美服务贸易

近年来，全球服务贸易迅速发展，世界服务出口持续上升。

尤其是在21世纪初的十年中，服务出口年均增长约9.5%。2010年，全球服务贸易出口额达到36950亿美元，服务出口实现了9.0%的增长。[①] 尽管在世界服务贸易中发达国家占据主导地位，但以印度为代表的发展中经济体的表现令世界瞩目。印度与美国的服务贸易，是印美经贸关系中的重要组成部分。[②]

一、印度服务贸易概况

印度服务贸易呈逐年增长的良好态势。目前，印度是发展中国家中最具活力的服务出口国之一。据WTO国际贸易统计数据，2010年印度服务贸易出口额达到1230亿美元，较2009年增长了33%，占世界服务贸易出口的3.3%，排在美国、德国、英国、中国、法国和日本之后，列第7位；印度服务贸易进口额达到1160亿美元，较2009年增长了45%，占世界服务贸易进口的3.3%，位列美国、德国、中国、英国、日本和法国之后，排名第7位。

目前，印度服务贸易进出口额呈现逐年增长的良好态势。根据联合国贸易与发展会议的统计资料，从1990年开始的10年时间，印度服务贸易总额增长了3.34倍。1997年之前，印度的进口增长率远远快于出口增长率；1997年之后，印度服务贸易进口增长率开始低于出口增长率；1997—2003年，印度的年均出口增长率为21.50%，而年均进口增长率为6.91%。2000—2001年度至2010—2011年度，印度服务贸易的复合年均增长率（CAGR）

① WTO，"International Trade Statistics 2011"，http：//www.wto.org/english/res_e/statis_e/its2011_e/its2011_e.pdf.

② Ibid.

高达23.4%，而同期货物贸易的CAGR只有18.6%。[①]

与货物贸易常年逆差不同，从2000年开始，印度的服务贸易出现顺差，扭转了以往服务贸易一直处于逆差的不利状况，成为服务贸易的净出口国。2001—2002年度，印度服务贸易顺差只有33亿美元，至2008—2009年度，印度服务贸易顺差达到539亿美元。受全球金融危机的影响，印度2010—2011年度服务贸易顺差有所回调，降至488亿美元。[②]

表7 印度服务贸易进出口概况 （单位：亿美元,%）

年度	服务出口		服务进口		服务贸易顺差		双向服务贸易	
	出口额	年度增长	进口额	年度增长	顺差额	年度增长	总额	年度增长
2001—2002	171	4.91	138	-5.48	33	94.12	309	0.00
2002—2003	208	21.64	171	23.91	36	9.09	379	22.65
2003—2004	269	29.33	167	-2.34	101	180.56	436	15.04
2004—2005	432	60.59	278	66.47	154	52.48	710	62.84
2005—2006	577	33.56	345	24.10	232	50.65	922	29.86
2006—2007	738	27.90	443	28.41	295	27.16	1181	28.09
2007—2008	903	22.36	515	16.25	389	31.86	1418	20.07
2008—2009	1060	17.39	520	0.97	539	38.56	1580	11.42
2009—2010	960	-9.43	600	15.38	360	-33.21	1560	-1.27
2010—2011	1329	38.44	841	40.17	488	35.56	2170	39.10
2011—2012	580	-	369	-	311	-	949	-

资料来源：依据MOF，India，“Economic Survey 2011-2012”数据整理。

注：2011—2012年度数据为年度前两个季度（2011年4—9月）数据。

① UNCTAD，“Trade and Development Report，2012”，http：//www.unctad.org/en/publicationsLibrary/tdr2012_ch.pdf.

② MOF，India，“Economic Survey2011-2012”.

2004—2005 年度，印度服务贸易进口额为 278.23 亿美元，至 2011—2012 年度，服务贸易进口额预测达到 782.27 亿美元。2000—2001 年度至 2008—2009 年度，印度服务贸易进口的复合年均增长率（CAGR）达到 17.2%。同时，印度服务贸易出口也迅速增长。1997—2003 年，印度服务贸易出口平均增长率 21.50%，远远超过同期世界 5.67% 的增长率。印度服务贸易出口的国际市场占有率不断上升，从 1995—1997 年的平均 0.59% 上升到 2000—2003 年的平均 1.45%。[①] 从 2004—2005 年度至 2011—2012 年度，印度服务出口额从 432 亿美元增长到 1423 亿美元。2000—2001 年度至 2008—2009 年度的印度服务出口复合年均增长率（CAGR）高达到 26.4%。[②]

表 8　印度服务贸易进口额　　（单位：百万美元）

年度	旅行	交通运输	保险	政府服务	杂务	进口总额
2004—2005	5249	4539	722	411	16902	27823
2005—2006	6638	8337	1116	529	17869	34489
2006—2007	6684	8068	642	403	28514	44311
2007—2008	9258	11514	1044	376	29298	51490
2008—2009	9425	12820	1130	793	27879	52047
2009—2010	9343	11933	1285	525	36944	60030
2010—2011	11108	13880	1400	820	56856	84064
2011—2012	13762	16382	1497	780	45806	78227

资料来源：根据印度储备银行（RBI）各年度公告数据整理而成。

注：2011—2012 年为初步估算值，2010—2011 年度为初步修正数据。

① UNCTAD，http：//www. unctad. org/.

② 数据来源于印度储备银行（RBI）各年度公告。参见 http：//dbie. rbi. org. in/DBIE/dbie. rbi？site = statistics

表9 印度服务贸易出口额 （单位：百万美元）

年度	旅行	交通运输	保险	政府服务	杂务	出口总额
2004—2005	6666	4683	870	401	30629	43249
2005—2006	7853	6325	1062	314	42105	57659
2006—2007	9123	7974	1195	253	55235	73780
2007—2008	11349	10014	1639	331	67010	90343
2008—2009	10894	11310	1422	389	81947	105962
2009—2010	11859	11178	1591	441	70977	96046
2010—2011	15275	14271	1948	535	100851	132880
2011—2012	18462	18241	2632	478	102513	142326

资料来源：根据印度储备银行（RBI）各年度公告数据整理而成。

注：2011—2012 年为初步估算值，2010—2011 年度为初步修正数据。

二、印美服务贸易

自 21 世纪以来，印美服务贸易迅速发展。据美国经济分析局数据，2000 年，印美双边服务贸易额只有 44 亿美元。到 2005 年，双边服务贸易额突破了 102 亿美元，增加了 58 亿美元，增长了 130%，几乎是双边商品贸易额的三分之一。在美国服务业转移以及印度服务业不断完善的背景下，双边服务贸易出现了加速发展的态势。

随着印美双边服务贸易的不断增长，印度对美国服务出口增长幅度明显大于美国对印出口的增长。在美国的所有服务贸易伙伴中，印度是唯一与美国保持贸易顺差的国家。2011 年，印美双边服务贸易总额达到 280 亿美元，其中美国服务出口 111 亿美元，美国服务进口 169 亿美元，印度对美服务贸易顺差达到 58 亿美元。2012 年前三个季度（1—9 月），印美双边服务贸易总额达到 228 亿美元，其中美国服务出口 96 亿美元，美国服务进口 132 亿美元，印度对美服务贸易顺差达到 36 亿美元。[①]

表 10　印美服务贸易概况　　（单位：百万美元）

	2011 年				2012 年		
	第一季度	第二季度	第三季度	第四季度	第一季度	第二季度 R	第三季度 P
美国服务出口	2983	2813	3079	2233	3304	3039	3240
美国军队合同	2	31	4	2	31	13	9
旅游	576	1066	913	524	658	1198	983
客运	243	451	403	242	296	528	409
其他运输	92	93	82	84	97	82	72
特许使用费	159	160	180	177	175	204	195
其他私人服务	1899	1000	1484	1192	2035	1001	1559
政府服务	13	12	12	12	13	12	13

① 数据来源于美国商务部经济分析局（BEA），参见 http：//www. bea. gov/iTable/iTable. cfm？ReqID = 6&step = 1。

续表

	2011 年				2012 年		
	第一季度	第二季度	第三季度	第四季度	第一季度	第二季度 R	第三季度 P
美国服务进口	3874	3986	4411	4651	4471	4232	4523
防务	1	12	5	1	2	23	5
旅游	488	352	630	726	553	383	652
客运	70	45	49	75	80	52	47
其他运输	53	39	55	38	54	36	48
特许使用费	44	38	37	34	73	64	66
其他私人服务	3211	3494	3628	3770	3702	3668	3699
政府服务	6	6	7	6	7	6	7
双边服务贸易合计	6857	6799	7490	6884	7775	7271	7763
印度服务贸易顺差	891	1173	1332	2418	1167	1193	1283

资料来源：美国商务部经济分析局，http：//www. bea. gov/iTable/iTable. cfm？ReqID = 6&step = 1。

注：数据基于国际收支，其中，R 代表修正后数据，P 代表初步统计数据。

2011 年，印度成为美国第九大服务贸易出口市场，第四大服务进口来源地。从占美国出口市场的份额看，2011 年欧盟是美国最大的服务出口市场，美国出口 1899 亿美元，占美国出口市场 32% 份额；加拿大位列第二，美国出口 560 亿美元，占美国出口市场的 10%；日本第三，美国出口 470 亿美元，占美国出口市场的8%；第四位及以后依次为墨西哥（4%）、中国（4%）和巴西（3%）。从占美国进口市场的份额看，2011年欧盟是美国最大的服务进口市场，美国共进口1391亿美元，占美国进口市场份额的35%。其次为加拿大，占7%，第三为日本，占6%，第四为印度，占4%，第五为墨西哥，占4%，第六为中国，占3%。

表11　2011年美国主要服务贸易伙伴（单位：十亿美元）

主要贸易伙伴	美国出口	美国进口	贸易平衡	双向服务贸易合计
欧盟	189.9	139.1	50.8	329.1
加拿大	56.0	27.9	28.1	83.8
日本	47.0	24.8	22.2	71.9
墨西哥	25.6	14.0	11.6	39.7
中国	24.7	11.4	13.4	36.1
巴西	19.9	6.9	13.0	26.8
韩国	16.8	8.4	8.4	25.2
澳大利亚	15.7	6.1	9.6	21.7
印度	11.6	16.9	-5.3	28.4
中国台湾	10.7	6.8	3.9	17.5
新加坡	10.3	4.4	5.9	14.7
其他	160.6	128.6	31.9	289.2
全部国家/地区	588.8	395.3	193.5	984.1

资料来源：美国商务部经济分析局，http：//www.bea.gov/iTable/iTable.cfm？ReqID＝6&step＝1。

第三节　印美投资关系

印度与美国的投资关系起步于20世纪90年代，进入21世纪后呈现快速发展态势。从1990年到2000年，美国对印直接投资从3.72亿美元增加到24亿美元，10年内增加了20多亿美元。2000年以后，美国对印直接投资（FDI）出现了加速上涨趋势。在美国对印FDI迅速增长的同时，印度对美国的FDI也出现了快速发展的趋势。20世纪90年代初期，为了提高国内企业的竞争力、打开国外市场以及获取国外先进技术，印度政府对本国的海外投资政策进行了重大调整。从总体上说，印度对外投资政策自由化开始于1992年。1995年简化行政审批程序后，印度对外投资政策自由化程度得到进一步提高。

一、印度利用外国直接投资概况

1990—1991年度，印度的FDI流入只有不到1亿美元（0.97亿）。在此后的近15年时间，FDI流入规模有限，年增长并不稳定。从2003—2004年度开始，FDI流入规模加大。全球金融危机后，印度FDI流入呈现负增长。

表12　印度FDI年度流入与增长

年度	印度FDI流入（百万美元）	增长率（%）
1990—1991	97	
1991—1992	129	33.0
1992—1993	315	144.2
1993—1994	586	86.0
1994—1995	1314	124.2
1995—1996	2144	63.2
1996—1997	2821	31.6

续表

年度	印度 FDI 流入（百万美元）	增长率（%）
1997—1998	3557	26.1
1998—1999	2462	-30.8
1999—2000	2155	-12.5
2000—2001	4029	87.0
2001—2002	6130	52.1
2002—2003	5035	-17.9
2003—2004	4322	-14.2
2004—2005	6051	40.0
2005—2006	8961	48.1
2006—2007	22826	154.7
2007—2008	34843	52.6
2008—2009	41873	20.2
2009—2010	37745	-9.9
2010—2011	34847	-7.7
2011—2012	46553	33.6

资料来源：印度商工部产业政策与促进局。参见 http：//dipp. gov. in/。

印度 FDI 流入中，前 15 个国家/地区包括毛里求斯、新加坡、英国、日本、美国、荷兰、塞浦路斯、德国、法国、阿联酋、瑞士、西班牙、韩国、意大利和中国香港。其中，来源于毛里求斯的 FDI 累计流入 656 亿美元（2000 年 4 月至 2012 年 6 月），占印度 FDI 流入的 37.55%，位列第一；来源于美国的 FDI 有 107 亿美元，占 6.13%，位列第四。而中国对印度的直接投资不足 1.34 亿美元，仅占印度 FDI 流入额的 0.08%，在对印度投资的 136 个国家和地区中位列第 34 位。

表13　2000年4月至2012年6月印度FDI主要来源国/地区（前15位）

FDI来源国/地区	投资额（百万美元）	占印度FDI流入比例（%）
毛里求斯	65607.88	37.55
新加坡	17555.27	10.05
英国	16313.86	9.34
日本	12663.44	7.25
美国	10709.69	6.13
荷兰	7652.38	4.38
塞浦路斯	6602.72	3.78
德国	4880.06	2.79
法国	2988.4	1.71
阿联酋	2300.74	1.32
瑞士	2098.22	1.2
西班牙	1157.16	0.66
韩国	1114.1	0.64
意大利	1107.24	0.63
中国香港	983.45	0.56

资料来源：印度商工部产业政策与促进局。参见 http：//dipp.gov.in/。

印度吸引FDI前十个产业分别是服务业、建筑业、电信业、计算机软件和硬件、制药、化学工业（不包括化肥）、电力、汽车、冶金和石油天然气。其中，服务业吸收的FDI最多，累计达334亿美元，占印度FDI流入总额的19%；其次是建筑业，累计达211亿美元，占12%；第三位是电信业，达126亿美元，占7%。

表 14　印度分产业吸收 FDI 概况

产业	FDI 流入（亿美元）	占比%
服务业	334	19
建筑业	211	12
电信业	126	7
计算机软件和硬件	113	6
制药业	97	6
化学工业	81	5
电力	74	4
汽车产业	70	4
冶金产业	64	4
石油天然气	51	3

资料来源：印度商工部产业政策与促进局。参见 http：//dipp. gov. in/。

二、美国对外直接投资

美国是世界上对外投资最多的国家。从美国 FDI 流出的存量看，根据联合国贸发会议统计，截至 2011 年底，美国 FDI 流出存量为 4. 5 万亿美元，占全球总存量（21. 17 万亿美元）的 21% 以上。而据美商务部经济分析局（BEA）2012 年 11 月修正后的统计，以美元现价计，美国 FDI 流出存量达到 4. 68 万亿美元。而按历史成本基础统计，2011 年美国对外直接投资累计达到 41556 亿美元。

表 15　1990—2011 年美国 FDI 流出存量

（单位：百万美元）

	1990	2000	2011
世界	2092927	7952878	21168489
美国	731762	2694014	4499962

资料来源：UNCTAD，World Investment Report 2012.

表 16　2006—2011 年美国 FDI 流出量（单位：百万美元）

	2006	2007	2008	2009	2010	2011
世界	1415094	2198025	1969336	1175108	1451365	1694396
美国	224220	393518	308296	266955	304399	396656

资料来源：UNCTAD，World Investment Report 2012.

美国对外投资的主要国家/地区。从美国对外投资存量上看，以 2011 年历史成本统计数据，荷兰和英国成为美国 FDI 主要目的国，分别达到 5951 亿美元和 5494 亿美元。第三位及其以后分别为卢森堡 3353 亿美元、百慕大 3272 亿美元、加拿大 3190 亿美元。

表 17　2005—2011 年美国对外直接投资的流向概况

（单位：百万美元）

年份		2005	2006	2007	2008	2009	2010	2011
全部国家/地区		2241656	2477268	2993980	3232493	3518655	3790918	4155551
1	荷兰	240205	279373	412122	423059	507735	542656	595139

续表

年份		2005	2006	2007	2008	2009	2010	2011
全部国家/地区		2241656	2477268	2993980	3232493	3518655	3790918	4155551
2	英国	351513	406358	426357	448412	487604	514887	549399
3	卢森堡	79937	125146	144180	172251	222025	271518	335279
4	百慕大	113222	133480	211708	207547	282662	297096	327185
5	加拿大	231836	205134	250642	246483	265326	289535	318964
6	爱尔兰	55173	86372	117708	150131	129253	157565	188274
7	南非	73311	80477	104732	98603	115553	131355	148386
8	澳大利亚	75669	67632	84331	92668	105890	123492	136249
9	瑞士	100692	102022	94675	133222	132943	127817	124964
10	新加坡	76390	81879	93529	83169	84778	104309	116616
11	日本	81175	84428	85224	99803	93576	102597	116533
12	德国	100473	93620	100601	107833	106103	100185	106887

资料来源：美国商务部 BEA。注：历史成本数据统计，国家排名以 2011 年末存量为依据。

三、印美投资现状

据联合国贸发会议《2012 年世界投资报告》显示，截至 2011 年末，印度吸收的 FDI 存量为 2017 亿美元，其中来源于美国的 FDI 为 247 亿，占印度吸收 FDI 的 12.25%。[①] 而据美国商务部 BEA 统计，截至 2011 年末，印度对美国直接投资存量达近 49 亿美元，在美国 FDI 流入存量 3.51 万亿美元中，来源于印度的份额还很小，几乎可以忽略不计。[②]

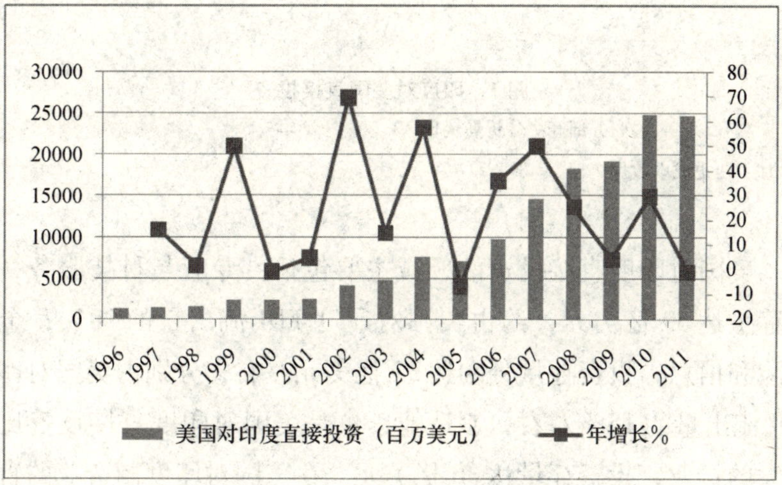

图 2　美国对印度直接投资

资料来源：美国商务部经济分析局（BEA）。

注：历史成本数据统计。

---

① UNCTAD, "World Investment Report 2012", http://unctad.org/en/PublicationsLibrary/wir2012_embargoed_en.pdf.

② 参见美国商务部经济分析局网站，http://www.bea.gov/.

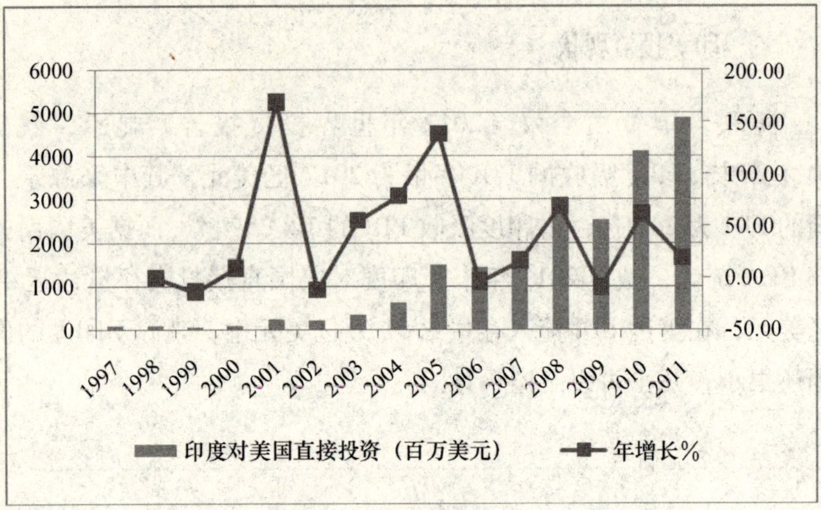

图3　印度对美国直接投资

资料来源：美国商务部经济分析局（BEA）。

注：历史成本数据统计。

美国对印度直接投资的领域主要包括：专业与科技服务，投资存量达69亿美元，约占美国对印度FDI流出量的28%；金融保险和信息，投资存量分别达37亿美元左右，分别占美国对印度FDI流出量的15%左右；制造业，也是美国对印度直接投资比重较大的行业，投资存量达36亿美元。在美国对印度制造业的直接投资中，主要涵盖机械、运输设备、化工、计算机与电子产品、电气设备和食品等行业，这些行业的投资存量分别达到9.4亿美元、6.5亿美元、6.4亿美元、5亿美元、1.8亿美元和0.5亿美元。

表 18 美国对印度直接投资行业概况（单位：百万美元）

	2007	2008	2009	2010	2011
全部产业	14622	18354	19166	24822	24663
专业与科技服务	1771	2241	4454	6203	6899
金融保险	1989	2440	3106	3872	3713
信息业	3117	5056	3032	3447	3704
制造业	3328	3595	3897	3776	3639
批发贸易	637	841	665	（D）	2681

资料来源：美国商务部经济分析局（BEA）。

注：历史成本数据统计。

印度对美国直接投资的主要领域是专业与科技服务，占印对美直接投资的50%；其次是银行保管业务，投资存量达7.75亿美元，约占16%；而制造业仅为5.12亿美元，约占10%。

表 19 印度对美国直接投资行业概况（单位：百万美元）

	2007	2008	2009	2010	2011
全部产业	1671	2820	2555	4110	4888
专业与科技服务	1058	1132	1364	1783	2457
银行保管	261	352	384	647	775
制造业	109	112	（D）	527	512
其他	220	1225	（D）	（D）	659

资料来源：美国商务部经济分析局（BEA）。

注：D 指数据不公布以保护企业信息历史成本数据统计

第四章

印美经济关系驱动要素与机制化进程

经济因素，或者说是经济利益的驱动，是冷战后印美关系提升的最重要推动力量。国际关系在内容上包括政治关系、经济关系、军事关系、文化关系、政党关系、民族关系、宗教关系、意识形态关系等诸多方面，并且从广义上看，主权国家之间的各种关系通常体现为政治关系。但是一般而言，决定这些政治现象的仍然是经济利益。“经济因素是决定和影响国际关系的最基本因素，是国际关系发展的源泉。”① 因此，“一个国家采取什么行为，并不仅仅出于追求政治权力的需要，而是由多种因素决定的，其

① 程毅等主编：《国际关系中的经济因素》，华中师范大学出版社2001年版，第1页。

中经济考虑占有重要分量。”①

印度自1991年实行经济改革以来，逐步将独立后实行30多年的社会主义类型经济模式转变为以自由市场为导向的市场经济模式，并且取得了显著成效。尤其是进入21世纪以来，印度经济增长明显加速。从“十五”计划（2002—2007年）期间实现年均经济增长7.8%，到“十一五”计划（2007—2017年）期间全球经济不景气背景下仍取得平均增长8.2%的瞩目成绩，再到设定“十二五”（2012—2017年）国民经济增长9%的目标，可以说正是印度的经济表现以及未来前景，奠定了印美关系跨越式发展的坚实基础。美国看好印度的潜力和广阔的市场前景，希望分享印度的经济增长。而印度也希望利用美国的资本与技术，解决自身发展过程中所面临的困难。

第一节　印度市场潜力为美国提供机会

正如里根总统所说，美国是“山顶上一座辉煌的城市”。确实，美国在战后确立了自己在政治、经济、军事上的优势地位，并且利用其经济、科技甚至军事优势，在全世界推行美国的自由理念。美国所宣传的自由世界，首先是自由市场经济世界，是在自由市场经济制度下实现资本美国化的世界。美国学者保罗·肯尼迪认为，世界大部分强国通常要同时实现三重目标，即：为国家利益提供军事安全；满足老百姓的经济需求；

① 王逸舟：《西方国际政治学：历史与理论》，上海人民出版社1998年版，第544—545页。

保证经济增长。而确保经济增长无论是对于提供当前所需的大炮和黄油这个积极的目的，还是对于防止相对经济下降以免损害人民未来的军事与经济安全这个消极目的，都是不可少的。没有经济增长，必然导致在更长的时期里出现黯淡无光的前景。[1] 而美国的经济增长是建立在自由市场基础之上的，而且美国自19世纪开始向外推行美国化，也首先是从经济领域开始的。[2]

资本所有者为了实现利润最大化，不仅在国内寻找并控制有利的投资场所，而且还突破国界，在世界范围内寻找出路。“如果资本输往国外，那么，这种情况之所以发生，并不是因为它在国内已经绝对不能使用。这种情况之所以发生，是因为它在国外能够按更高的利润率来使用。”[3] 因此，正如马克思所说，“不断扩大的产品销路的需要，驱使资产阶级奔走于世界各地。它必须到处落户，到处创业，到处建立联系。”[4]

战后，美国将政治上的民主与经济上的市场化作为其对外政策的基本标准。但战后苏联的崛起以及社会主义阵营的形成，成为美国推行其自由理念的最大障碍。美国为了实现其战略目标，战后初期对苏联采取了以“遏制战略”为中心的冷战政策，随后相继出台的“解放战略”与“和平演变战略”推动冷战向纵深发展，并且导致国际体系不仅“从军事角度考量是一个两极体系，

---

① （美）保罗·肯尼迪著，王保存译：《大国的兴衰》，求实出版社1988年版，第544页。

② 刘国平：《美国民主制度输出》，社会科学文献出版社2006年版，第105页。

③ 马克思：《资本论》第3卷，人民出版社2004年版，第285页。

④ 《马克思恩格斯选集》，第1卷，人民出版社1973年版，第254页。

从政治角度审视更是一个两极体系”,[①] 美苏抗衡也成为战后几十年国际关系的主体特征。但是在冷战时期，美国利益集团的影响是美国对外政策决策过程的重要因素。美国的利益集团不仅积极参与美国的国内政治并影响国内政策的制定，同时也从事着国际活动，直接或间接地影响着美国对外政策的制定。在美国，一些利益集团，例如美国商会、经济发展委员会、全国制造商协会、企业圆桌会议、美国贸易紧急委员会以及一些大的制造公司，始终影响着美国对外政策制定过程。因此，有的学者甚至得出结论，认为“今天的总统在美国对外政策方面不再处于支配地位”。[②] 只是在冷战时期，由于美国在对外政策上更多地强调整体性和有效性，这些利益集团的影响在一定程度上受到限制。

冷战时期，在政治因素主导国际关系的大背景下，两极格局的制约与束缚导致世界上最大的民主国家印度与最强大的民主国家美国基本上处于相互疏远的状态。政治上的分歧与经济政策的差异严重地阻碍了双边经贸关系的发展。纵观冷战期间的印美关系，虽然美国指责、诟病印度的不结盟政策和社会主义类型的经济政策，但美国并没有放弃将印度拉入“自由世界”的努力。因此，美国将战略重点放在欧洲的同时，在经济上对印度进行必要的援助，以力挺亚洲的民主“橱窗”。纳拉扬·卡德加（Narayan Khadka）在研究美国对外援助政策时指出，“对外援助基本上是

---

① Robert L. Rothstein, “Alignment, Nonalignment, and Small Powers: 1945 - 1965”, *International Organization*, Vol. 20, No. 3, Summer, 1966, p. 397.

② 杰里尔·A·罗赛蒂：《美国对外政策的政治学》（周启朋、傅耀祖等译），世界知识出版社 1997 年版，第 437 页。

一种外交工具，美国是第一个在二战后系统使用援助来达到其对外政策目标的国家。”[①] 总统特别顾问克拉克·克利福德在给杜鲁门总统的报告中就指出，“有力的经济援助是遏制共产主义更为有效的屏障，一切在目前尚未纳入苏联势力范围的国家在他们反抗苏联的斗争中，均应得到美国慷慨的经济援助和政治支持。”[②] 尼克松总统本人也认为，美国“要学会用对外援助去为战略目标服务，并且必须把达到战略目的作为美国援助的目标”。[③]

1971 年印苏结盟后印美关系受到严重影响，但美国对印经济援助并没有停止。正是在这样的背景下，印美在经济上最终形成了一种“捐赠与受赠”的关系。在整个冷战期间，流入印度的外援呈不断上升态势。1951 年至 1988 年，美国给印度的发展援助达到 120 亿美元，仅 1990—1991 年度，援印财团就提供了 67 亿美元的援助。

印度于 20 世纪 80 年代开始调整其经济政策。英·甘地总理第二任期内实行“经济自由化”政策后，美国就开始认识到“印度提供了新的机会”。尤其是 1984 年底拉·甘地赢得大选后，美国对第三世界市场经济倡导者的新总理寄予很大希望。《纽约时报》就指出，“美国对印度的兴趣从来没有像现在这么大”。[④] 1985 年 5 月美国商务部长鲍德里奇访印时，恰逢印度出台新的进

---

① Narayan Khadka, “U. S. Aid to Nepal in the Cold War Period: Lessons for the Future”, *Pacific Affairs*, Vol. 73, No. 1, Spring, 2000, p. 77.

② 刘同舜编:《“冷战”、“遏制”和大西洋联盟——1945—1950 年美国战略决策资料选编》，第 71—73 页。

③ 理查德·尼克松著，杨鲁军等译:《1999 不战而胜》，三联书店 1989 年版，第 94—97 页。

④ 赵蔚文:《印美关系爱恨录——半个多世纪的回顾与展望》，第 86 页。

出口政策。鲍德里奇认为“印度正开始一场经济大变革”，“对美国公司更有吸引力”，并且与印签署了一项转让高技术的协定。[①] 美国为了拓展印度市场，于1989年成立了商业信息管理机构，为美国商界提供印度市场信息。但印美间的连年贸易不平衡，导致印美在经济交往中摩擦不断。1989年初，美国将印度列入综合贸易法案第301条款所定的“不公平贸易国”名单，并且要求印度开放私人保险业，放宽对外资的严格控制，同时要求印度贬值货币。

1991年的美国《国家安全报告》就指出，“国家安全与经济实力密不可分”，美国在致力于国内“强大的、繁荣的与具有竞争力的国内经济”的同时，还要“确保获得国外市场”，“促进建立在市场原则基础上的开放与拓展的国际经济体系”。为此，“美国将继续在全球范围内拓展与强化市场经济的战略”，[②] 并且将解决美国贸易赤字作为对外经贸关系的重点。因此，在20世纪80年代末90年代初，美国对印施加压力，要求解决双边经贸不平衡问题。此时，由于对印度市场潜力的认识还比较模糊，加之核扩散等领域的分歧，印美双边经贸关系并没有得到实质的改善。

虽然在20世纪80年代中后期印美经贸关系有所发展，但真正吸引美国商界兴趣的是拉奥政府1991年开始实行的经济改革。拉奥总理上台后宣布脱离长期指导印度经济发展的原有模式，鼓励私营经济发展，减少行政干预，将印度经济引向“自由化”与

① 赵蔚文：《印美关系爱恨录——半个多世纪的回顾与展望》，第89页。

② National Security Strategy of the United States, available at http://www.fas.org/man/docs/918015-nss.htm.

“市场化”。印度实行的一系列经济改革措施——汇率体制改革，基本取消进出口许可证制度，扩大出口渠道，鼓励出口加工区和面向出口企业的特别措施，大幅度降低关税并实施免税计划等——受到美国等西方国家的欢迎。《纽约时报》称拉奥的经济政策是“亲西方、亲投资、亲开放市场的”。[①] 因此，有的学者认为，印美双边关系改善始于印度1991年的经济改革，并且印度巨大的市场潜力成为吸引美国的基本因素之一。

而且自冷战结束后，美国利益集团对政府对外政策制定的影响有所上升，其中最显著的变化就是美国对外政策的制定模式的转变：由精英主义模式转变为多元主义模式。这一转变过程的主要特征表现为：美国政府的权力结构得到重新配置，一些权力特别是外交权力发生了某种程度的转移；国家对外政策的机构增多，商业、财政和贸易部门在对外政策中的作用日益显著；参与国家对外政策制定的非政府组织和游说集团增多，希望国家的对外政策能够与其自身的利益相一致。[②] 对于相关的利益集团来说，印度的市场潜力是诱人的。这也成为20世纪90年代双边经贸关系发展的最大动力。

1991年9月，美国商务部率团访问印度，以寻求与印在经贸领域的合作。1994年拉奥总理访美时，两国发表的《联合公报》就强调“建立牢固和积极的经济关系”，并且致力于“经济自由化”。1994年7月，美国能源部长率领42人的庞大代表团访印，并且指出“贸易是印美关系的必要因素”，印度“实行自由市场

① 赵蔚文：《印美关系爱恨录——半个多世纪的回顾与展望》，第116页。

② 谭融：《美国利益集团政治研究》，中国社会科学出版社2002年版，第234页。

经济以及改革金融体制是使之更有意义的重要组成部分”。[①] 美国商务部副部长杰弗里·加滕在一次有关印度经济开放政策的国际研讨会上，称印度是“将向国际商业敞开大门的最后的新兴大市场”，并且指出“美国必须采取积极态度，否则将有失败的危险”。美国参议员约翰·克里甚至说，“如果印度继续经济改革的道路，那么人们对在这里做生意比对在中国做生意更感兴趣”。1995 年 1 月，美国商务部长布朗率 25 家美国公司的老板访印。布朗称印度是“地球上潜力最大的国家”，并且决心同印发展双边经贸关系“以发展新的伟大友谊”。印美成立了印美商业联盟，以帮助美国的企业进入印度市场。美商务部还成立了专门的印度小组，为本国企业提供印度的市场信息。[②]

克林顿上台后，将“经济安全”列为美国对外政策的重要目标，把外贸视为“美国安全的首要因素”，强调“坚持公平贸易原则”，主张政府积极干预对外贸易。1993 年，为扩大本国商品出口，巩固并拓展本国出口市场，克林顿政府实施新的“国家出口战略”，强化对出口的激励。具体措施包括：积极倡导国际经济外交，为本国企业创造良好的出口环境；改革机构设置，为出口提供全方位的服务；扩大出口融资预算，拓宽融资渠道，强化对出口的金融支持；放宽对高新技术产品和技术的出口管制，增强美国企业的国际竞争力；开拓新兴市场，并针对这些市场制定出口战略。美国商务部列出 10 个经济增长最快、市场潜力最大的新兴市场，其中印度列为第三，仅次于中国和东南亚国家联盟。由此可以看出，印度已经进入美国经贸战略棋盘。时间将证明，

① 赵蔚文：《印美关系爱恨录——半个多世纪的回顾与展望》，第 126 页。
② 同上书，第 126—127 页。

在后来的印美全球伙伴关系的形成过程中，经贸关系逐渐成为这种全球伙伴关系的最重要支柱。

随着美国“国家出口战略”的实施，印美经贸关系在20世纪90年代中期有了比较明显的发展，但双边在知识产权和贸易准入等问题上的分歧依然存在。双边在核扩散问题上的分歧所导致的对对方战略意图的判断，尤其是美国在高技术出口方面的限制，在一定程度上影响了双边经贸关系的深化与发展。

克林顿总统第二任期内，美国开始寻求与印度建立以经济利益和民主为基础的真正的战略伙伴关系。此时，美国对印度经济改革的成绩给予充分的肯定，对印度经济发展的前景寄予厚望。1997年11月，美国国家情报委员会（NIC）发表了《2010年全球趋势》报告，认为“印度到2010年将成为经济上的主要国家（major power）”，并且还预测，“针对印度南部地区的对外经济活动将出现爆炸性增长”。①

然而，1998年5月印度进行地下核试验后，美国援引《格林修正案》（Glenn Amendment）对印度进行经济制裁，印美双边经贸关系受到严重影响。但经济制裁的影响不只限于印度，从某种意义上说，美国也是经济制裁的“受害者”。当美国内出现反对制裁的呼声后，美国际贸易委员会应部分国会议员的请求，对经济制裁的影响进行调查。调查内容包括：受到影响的美国工农业部门，分析对美国经济的影响，评估对印巴经济的影响。1999年9月，美国际贸易委员会发表了评估报告。评估结果显示，受到影响的美国部门包括：农产品，工业机械，运输、建筑、采矿设

① NIC, *Global Trends 2010*, 1997, available at http: //www. dni. gov/nic/special_ globaltrends2010. html#southasia.

备，电子产品，基础设施发展服务；与美国受到的影响相比，印度受到的影响相对较小；美国实施制裁的成本高达1.61亿美元，而日本、欧洲国家、澳大利亚、新西兰和其他亚洲国家却从美国减少对印巴的出口中获益。[①] 鉴于经济制裁的“双刃剑”效应，尤其是美国不想因此而失去印度这个“最具潜力的市场”，克林顿总统于1999年10月就准备永久性中止对印度的经济制裁，并且也在一定程度上促成了推迟已久的总统南亚之行。因此，从经济层面上看，美国取消对印度的经济制裁在很大程度上是出于对国内相关利益集团的考虑，也就是说，美国的资本需要投向回报最大化的国家，美国的产品需要打开新兴大市场。

有的学者认为，冷战结束后印美关系的改善从一开始就印上了经济烙印。克林顿在出访南亚之前发表的《地区伙伴关系是美国21世纪的关键》一文中指出，“印度是世界上经济发展最快的十个经济体之一，它那欣欣向荣的高技术部门是全球新经济中最闪光的一个亮点。”[②] 在克林顿总统访印期间，两国领导人发表了《印美关系：21世纪展望》的联合声明，决心“建立一种更为密切的新型关系”，并且承诺“要减少双边贸易和投资障碍”，“扩大双边的商务往来”，共同努力以“维护全球经济的稳定与发展”。[③] 克林顿总统与瓦杰帕伊总理一致同意，通过高级别的协调

---

① U. S. International Trade Commission, *Overview and Analysis of the Economic Impact of U. S. Sanctions with Respect to India and Pakistan*, Washington, DC 20436.

② 美国《商业周刊》，2000年3月23日，转引自文富德：《21世纪印度将成为世界大国》，《南亚研究季刊》，2005年第3期，第6页。

③ Joint India-U. S. Statement, *India-U. S. Relations: A Vision for the 21st Century*, http://www.indianembassy.org/indusrel/clinton_india/joint_india_us_statement_mar_21_2000.htm.

小组将双边经济对话制度化。为此，双方决定：成立印美金融经济论坛，通过定期会晤协调金融与投资、宏观经济政策、国际经济发展等问题；展开印美商务对话，以促进贸易、拓展投资机会；成立印美贸易工作组，以增强双边贸易上的合作，并解决与WTO相关的问题。[①] 到克林顿总统访问结束时，印美双边签署了总数达40亿美元的经贸投资协议。

2000年12月，美国国家情报委员会（NIC）发表了《2015年全球趋势》报告。报告认为，到2015年，尽管印度国内经济增长不平稳、贫富差距不断加大甚至政治动荡会使印度实力面临诸多不确定性，但人口规模（到2015年达到12亿）以及科技驱动的经济增长将使印度毫无疑问地成为新兴的地区国家（rising regional power）。报告还指出，在发展中国家中，印度在信息技术领域将保持领先地位。亚洲将是经济增长最快的地区，而全球经济增长的最大动力来源于所谓的“新兴市场”，其中主要的是中国和印度。报告还认为，印度相对完备的教育体系、民主体制以及说英语的人力资源将使其在与信息技术相关的领域受益匪浅。[②]

2002年9月出台的《国家安全报告》也指出，因为“自由贸易与自由市场支撑的经济增长创造了就业机会并提高收入”，所以美国要“促进世界的经济增长与经济自由”，“要努力将民主、发展、自由市场与自由贸易带向世界的各个角落”。报告还指出，

---

① Joint India-U. S. Statement, *India-U. S. Relations: A Vision for the 21st Century*, http: //www. indianembassy. org/indusrel/clinton_ india/joint_ india_ us_ statement_ mar_ 21_ 2000. htm.

② NIC, *Global Trends 2015: A Dialogue about the Future with Nongovernment Experts*, 13 December 2000.

“印度的经济自由化正在深化，双方在商品自由流通上具有共同的利益。”[①] 2003 年 1 月 27 日，美国前参议员普雷斯勒在《华盛顿时报》发表题为《印度：一个天然盟友》的文章，主张美国应该与印度建立新的伙伴关系，提出美国应与印度建立自由贸易区，并且称印度是美国的天然盟友和贸易伙伴，指出布什政府应该张开双臂拥抱印度等。[②] 但是印美经贸关系的发展水平相对来说还是处于较低水平，美国朝野对此颇为不满。美国驻印度大使布莱克维尔在 2003 年 1 月的演说中就公开抱怨两国的商业关系远远低于其应有的潜力。国务院政策规划司司长哈斯也呼吁，印度应当尽更大的努力来消除贸易和投资障碍，以便改善美印关系的关键部分。[③] 不可否认的是，美国重视与印度的关系，经济上的因素具有决定性的作用。有的学者甚至用印度经济未来走势来评估印美关系的前景：“印度的崛起为印美关系转变奠定了基础，但这种转变能否持久则取决于印度未来 10 年的发展。印度经济必须保持增长。印度要想继续得到美国的重视，其经济增长率必须保持目前 5%—6% 的水平。”[④] 当然，这种观点具有片面性，但这也从一个侧面反映了美国对经贸关系的重视程度。

2003 年，美国著名投资银行高盛公司发表了一份题为《与

① The White House, *The National Security Strategy of the United States of America*, Sep. 2002.

② Larry Pressler, “India, A Natural Ally,” *The Washington Times*, January 27, 2003.

③ William Safire, “No, the U. N. is paralyzed, as usual”, *International Herald Tribune*, March 11, 2003.

④ “Au Revoir, Security Council”, the editorial of *The Wall Street Journal*, March 21, 2003.

BRIC共同梦想——通往2050年之路》的报告，预测未来50年内印度经济增长率年均为5.8%，印度的国内生产总值在2015年将超过意大利，2020年超过法国，2025年超过德国，成为仅次于美、日、中的第四大经济体。报告还进一步分析认为，到2032年，印度的国内生产总值年增长率将达6%并超过日本。到2050年，BRIC的其他三个成员经济增长率会有所下降，但印度经济增长仍会达到5%，并且有希望成为世界上最大经济体。[①] 尽管这个报告预测的时间跨度较长，存在许多不确定因素，但有一点是可以肯定的：从经济发展的视角来看，印度作为一个世界大国的崛起是历史的必然。2004年2月3日，美国国务院南亚事务助理国务卿克里斯蒂娜·罗卡在纽约的亚洲协会研讨会上发表讲演时指出："印度必将成为世界最大的经济体之一。美国是印度最大的贸易伙伴……美国坚信，印度能在世界上发挥作用，美国愿意就此与印度进行合作。"[②]

2004年9月21日，布什总统会晤了出席联合国首脑会议的印度总理曼莫汉·辛格。两国元首一致同意要加强双边经济合作。美国专栏作家丹尼尔·斯内德（Daniel Sneider）在《美印正在走向战略伙伴关系》的文章中评论道："不断增长的美印经济关系绝不是小事情，与提供（汽车）保险杠贴纸（bumper sticker）相比，双边经济互动的范围应更宽，对美国人的利益潜力也更大。"他进一步分析认为，虽然美国已经部分取消了印度核试

---

① See Goldman Sachs, "Dreaming with BRICs: The Path to 2050", Global Economics Paper, No. 99, http: //www. goldmansachs. com/china/ideas/brics/brics – dream – 2050 – pdf. pdf.

② Christina B. Rocca remarks to the Asia Society, New York, February 3, 2004.

后对印的经济制裁，“但一些限制依然使美国的公司不能向印度转让高技术”。但印美两国元首会晤后达成的协议清楚地说明，“美国公司与印度民用空间机构做生意变得容易了”。[①] 美国《金融时报》也认为，印美的空间项目合作将给两国带来巨大的经济利益。

2004 年 12 月，美国国家情报委员会（NIC）发表了《全球未来地图》（Mapping the Global Future）研究报告。报告认为，中国和印度作为新兴大国崛起，将改变世界地缘政治格局，与 19 世纪德国崛起和 20 世纪早期的美国强大一样具有重要意义。报告指出，到 2020 年，印度的国民生产总值（GNP）将达到或超过大部分欧洲经济体。像印度（和中国）这样的“暴发户”将有能力使“东方与西方”、“南方与北方”、“结盟与不结盟”以及“发达与发展”这样的旧概念成为历史陈迹。报告还认为印度将成为科技领袖。[②] 在布什总统的第二任期内，美印展开了全方位的战略对话，涉及全球和地区安全问题等领域。在经济上，美国进一步扩大美印双方合作领域，并且启动了能源对话和经济对话，开辟能源、太空开发等合作。

2005 年 7 月，印度总理曼莫汉·辛格对美国进行了为期三天的国事访问。访问期间，两国启动首届首席执行官峰会，签署农业、科技、卫生等领域的多项合作协议。双方决定成立空间技术合作工作小组，以加强双方在该领域的合作。此外，布什总统还表示将“要求美国国会修改法律及政策，并将与盟友一起调整国

① Daniel Sneider，“US and India Moving toward Strategic Partnership”，*Mercu News*，Sept. 23，2004.

② U. S. National Intelligence Council，*Mapping the Global Future*，Report of the National Intelligence Council's 2020 Project，Washington D. C，December 2004，NIC 2004 - 13：available at http：//www. dni. gov/nic/NIC_ 2020_ project. html.

际秩序”，推进与印度在民用核能、空间技术和其他高科技领域三位一体的（trinity）合作，并且还承诺要推动国际社会与印度开展全面民用核能合作和贸易。核协议的签署对于印美两国来说都具有重大的意义。2005 年 7 月 18 日，美国驻印大使（David C. Mulford）在《华尔街日报》撰文指出，“美国致力于发展并深化与印度的经济和商业关系的愿望从来没有现在这样强烈”，“我们双边的经济对话集中于金融、贸易、商业、能源与环境”，其中“私营部门和自由市场是长远进步的关键”，“商业活动与双边人员接触对于转变印美关系将是至关重要的”。[①]

美国与印度签署民用核协议，体现了双边的根本利益和战略需求。美国承认印度是一个拥有先进核技术的负责任国家，有资格享受与美国等拥有先进核技术的国家相同的利益。实际上，从经济利益的角度出发，美印在民用核领域的合作前景将为美国带来巨大的商业利益。印度计划在今后 15 年内建设 10 个大型核电站，其中需要的技术与硬件设施至少有一半需要从美国进口。据专家测算，美国公司在今后的 6—8 年内可以从印度获得 150—200 亿美元的订单。如果抛开核协议的其他战略意图，经济上的利益就已经构成了美国与印度签署协议的最大驱动力了。

印度经济发展不仅对世界经济产生重要影响，同时也将对世界政治和大国关系产生深远的影响。也就是说，在经贸层面上，美国所认知的印度潜力首先在于市场。未来的印度市场不仅为美国商品出口提供销售市场，也为美国资本输出提供理想的场所。商品销售与资本输出，是美国对外贸易的支柱，也是影响双边关

① David C. Mulford, “Two Great Democracies”, *The Wall Street Journal*, July 18, 2005.

系的最基本因素之一。由于美国对外贸易结构的变化，加之印度正处于经济起步阶段，印美双边经贸具有很强的互补性。

据WTO统计数据显示，2006年，美国对外贸易总额达36510亿美元，其商品、服务贸易额分别为29570亿美元和6940亿美元，分别占世界商品、服务贸易总额的4.01%和12.02%。美国商品出口位居世界第二，商品进口和服务进出口均居世界第一，其商品出口、进口额分别为10370亿美元和19200亿美元，分别占世界商品出口、进口总额的11.5%和20.6%；服务出口、进口额分别为3870亿美元和3070亿美元，分别占世界服务出口、进口总额的14.3%和11.7%。① 据美国海关统计，美国前五大贸易伙伴依次为加拿大、中国、墨西哥、日本和德国，双边贸易额分别为5337亿美元、3430亿美元、3324亿美元、2077亿美元和1304亿美元，各自占美国贸易总额的18.5%、11.9%、11.5%、7.2%和4.5%。在2006年，虽然美国向印度出口商品达到101亿美元，从印度进口达到218亿美元，并且印度在美国进出口贸易中的排名只位于18和21位，② 但是双边贸易在近年已经有了显著的增长，尤其是自2002—2003年度以来。

第二节　印度需求美国的资本与技术优势

自1991年拉奥政府实施经济改革以来，印度经济出现了加速

---

① WTO, *World Trade 2006, Prospect for 2007*, (April 12, 2007), http://www.wto.org/english/news_e/pres07_e/pr472_e.pdf.

② 参见美国海关网站，See http://www.cbp.gov/document/publications/importing-united-states.

发展的趋势。外汇储备持续增加，综合国力明显上升，国际地位显著提高。到2005—2006年度，印度经济增长率达到8.1%，并且曼莫汉·辛格总理多次谈到，“未来几年，印度经济增长率将达到10%”。印度经济改革在取得巨大成绩的同时，也面临着许多困难。印度在面临庞大的财政赤字和国内债务、外国直接投资增长缓慢、进出口规模偏小以及农业生产不稳等压力的同时，其经济增长不可避免地带有发展中国家经济增长所具有的普遍现象：前所未有的就业压力、日益严重的贫富差距、急剧恶化的生态环境、令人触目惊心的贪污腐败等。印度经济虽然获得了持续增长，但并没有取得自然、社会和经济的协调发展，经济可持续增长面临巨大挑战。随着印度社会对平衡发展、协调发展的要求，印度政府需要更多的资源。

随着世界经济全球化趋势的加速发展，国家间经济依存度在不断上升。印度也不例外。在资本、技术与能源成为印度经济发展主要瓶颈的背景下，如何引进西方先进的技术、吸引更多的外资，就成为印度经济可持续发展的关键。因此，印度希望与美国这个世界上最大的经济体发展良好的双边关系，以吸引更多的国外投资、促进贸易、获得先进的技术，特别是关于双用途技术、空间项目合作以及民用核技术等领域的技术与合作。①

美国是冷战后唯一的超级大国，优势地位毋庸置疑。世界上其他主要国家的实力，特别是在经济、军事实力方面，与美国总

---

① Frank G. Wisner et al. *New Priorities in South Asia*：*U. S. Policy toward India*, *Pakistan*, *and Afghanistan*, Chairmen's Report of an Independent Task Force Cosponsored by the Council on Foreign Relations and the Asia Society,（New York：Council on Foreign Relations Press，2003），p. 11.

体实力的差距不但没有缩小反而在拉大。正如美国著名的国际政治学家约瑟夫·奈所指出的那样，无论是就硬实力还是软实力而言，美国都是国际体系中最强大的国家，它既是世界上最大的经济体，也是世界上最大的军事力量。美国在经济规模、科技领先、普世性文化等方面的实力表现塑造了美国在国际交往中的中心地位。[①] 法国前外长就曾感慨道："今天美国在经济、金融、技术和文化领域都占有绝对优势，就其实力和影响而言，在近现代历史上还没有任何国家可以跟它相比。"[②] 有的学者甚至认为，"现在只剩下一种意识形态，那就是自由民主资本主义，只剩下一种可以普遍存在的制度，那就是美国。"[③] 美国传媒巨头亨利·卢斯曾于 1941 年宣布 20 世纪是美国世纪，然而种种迹象表明，美国世纪将作为一种长期现象继续存在，至少从目前看来是如此。因此，许多国家，尤其是发展中国家，不得不面对这样的现实："它们对美国的需要超过美国对它们的需要"。[④] 同样地，印度也认为，"美国在全球战略秩序中的绝对优势地位，在可预见的未来不可能削弱。与美国在诸如政治、经济、技术等领域追求共同利益，将对印度的外部安全关切产生积极的影响……相反，

① Joseph S. Nye Jr.，"Against 'Declinism'"，in Charles W. Kegley Jr. et al. eds.，*The Future of American Foreign Policy*，（*Nes York*：*St. Martin's Press*，1992）. *pp*. 340 – 343.

② Craig R. Whitney，"NATO at 50：With Nations at Odds，Is It a Misalliance?" *New York Times*，Feb. 15，1999，A7.

③ Fareed Zakaria，"The Empire Strikes Out，" *New York Times Magazine*，April 18，1999，p. 99.

④（美）约翰·伊肯伯里主编，韩召颖译：《美国无敌：均势的未来》，北京大学出版社 2005 年版，第 2 页。

与美国的对立可能在许多关切的问题上产生严重的负面影响”。[①] 因此，对印度来说，与美国发展战略合作关系，将会对自身政治、经济、技术、军事和安全方面产生积极的影响。

实际上，印度开国总理尼赫鲁一直把发展印度经济作为印度独立后的主要工作。“在资金和技术都缺乏的情况下，印度的主要政策是争取外国经济援助弥补本国资金的不足，对本国私人垄断资本在扶植的同时加以限制，对外国私人资本利用与限制相结合，逐渐使国营经济控制国民经济的‘制高点’。”[②] 印度独立后的基本国情——经济落后和大多数人口的极端贫困——使尼赫鲁总理认识到，印度独立后最迫切的任务是发展经济。但刚刚摆脱殖民统治的印度，经济几乎处于停滞状态，在1900年至1950的半个世纪里，其经济增长率只是0.8%，基本等同于这个时期的人口增长率。对于当时存在的两种发展模式——资本主义经济模式和社会主义经济模式，尼赫鲁总理有自己的判断：资本主义经济制度有优点但缺陷也很多，苏联的社会主义制度有很多问题但经济上也有明显的优势。因此，尼赫鲁总理设计的印度发展模式对两种制度采取了扬长避短，走一条介于两者之间的中间道路。

尼赫鲁总理选择混合经济模式作为发展经济的手段，其最大的特点在于实行进口替代战略以发展内向型经济，结果是形成公有部门的垄断与效率低下，对私有部门的高度限制，以及限制外资进入。因此，“印度成为社会主义国家以外对经济干预最多的

---

① Rajpai Budania, “The Emerging International Security System: Threats, Challenges and Opportunities for India”, *Strategic Analysis*, Jan. -Mar., 2003.

② 孙士海、葛维钧主编：《印度》，社会科学文献出版社2003年版，第203页。

国家之一。市场机制的作用在很大程度上受到抑制。”① 尽管如此，寻求外部援助以解决印度经济发展面临的困难，一直是尼赫鲁总理发展对外关系的基本考量因素。印度独立后奉行不结盟政策，也是尼赫鲁总理从印度基本国情出发作出的一种现实主义选择。因此，有的学者认为，“尼赫鲁总理解决经济问题的努力，对印度的对外关系产生了极大影响。”② 印度实行不结盟政策，就是要避免卷入两个阵营的对抗，希望从双方获得印度发展所需要的资源。1949 年 10 月尼赫鲁总理访美期间在美国会发表演讲时就指出，“尽管印度的经济潜力巨大，但发展为富裕的国家将需要更多的机械与技术援助，因此，我们欢迎建立在互利基础上的援助与合作。”③

获得西方发达国家的技术支持，以满足印度发展的需要，始终是印度独立后的主要目标。然而在冷战两极格局的大背景下，国家间关系的经济因素的重要性显然低于政治因素。印度的不结盟政策与美国的遏制战略所形成的结构性矛盾本身就已经对印度获得美国资金与技术的希望形成严重制约，况且印度在 20 世纪 50 年代中期所确定的建设“社会主义类型的社会”目标，无论是从概念的角度还是从实际的层次，都给美国以“亲苏”印象。因此，在印度独立后的 40 多年里，美国虽然从力挺印度民主制度以发挥其在亚洲“民主橱窗”示范作用的角度出发，给予印度大量经济援助，

---

① 郑瑞祥主编：《印度的崛起与中印关系》，当代世界出版社 2006 年版，第 53 页。

② E. Malcolm Hause，“India：Noncommitted and Nonaligned”，*The Western Political Quarterly*，Vol. 13，No. 1. Mar.，1960，p. 75.

③ Nehru's speech in the House of Representatives and the Senate，13 Oct.，1949，inferred from Rajendra K. Jain，*US-South Asian Relations*：*1947 – 1982*，Vol. 1，p. 124.

但关于印度对技术的需要，尤其是高技术，美国的做法并不能使印度满意。而且，印度在经济上实行内向的进口替代战略，对外国资本进入印度进行严格限制，并且“对美国的经济渗透有很大的担心”,[①] 因此，双边经贸关系形成了独具特色的“捐赠与接受”模式。

在独立后的30年里，印度经济长期处于低速稳定增长状态。从1950年到1980年，年均经济增长率达3.5%，被称为“印度教徒增长率”（the Hindu rate of growth）。然而，经济增长率等同于印度教徒增长率只是一个偶然的巧合，与印度人口的增长率并没有必然联系。实际上，印度在60—80年代依次实行的“绿色革命”、“白色革命”和“蓝色革命”基本上改善了印度粮食短缺的局面，实现了牛奶的自给自足，并且使海洋渔业得到迅速发展。但低增长始终是印度政治精英挥之不去的阴影，有的学者甚至将其归因于尼赫鲁总理在独立后执行的“费边社会主义经济政策”。[②]

20世纪80年代，印度政府对私有部门的政策有所转变，尤其是拉·甘地总理在任的1985年至1989年，政府加大了改革的力度，实行进口替代与促进出口相结合的发展模式。其主要措施包括：促进出口，提高出口厂商的许可生产能力；放宽进口限制；放宽对外资企业的限制。尽管如此，1987年世界银行对41个发展中国家1963年至1985年的经济数据进行比较研究后还是得出结论：印度经济是“强内向型的”。

---

① Telegram from US Ambassador in India, Henry F. Grady, to Secretary of State Marshall, 9 July, 1947, inferred from Rajendra K. Jain, *US-South Asian Relations: 1947 – 1982*, Vol. 1, p. 108.

② Gurcharan Das, “The India Model”, *Foreign Affairs*, Vol. 85, No. 4, July-August 2006.

虽然美国对印经济援助贡献度最大，但对与印技术合作心存疑虑，其最主要的担心是美国的高技术通过印度渠道流向苏联。尤其是1971年后，随着《印苏和平友好合作条约》的签署，美国的疑虑上升。1974年印度进行核试验后，美国削减了对印度的直接经济援助，美国会通过一项反印议案并要求世界银行拒予印低息贷款，并且要求印度接受对其核计划进行检查。虽然1974年10月美国务卿基辛格访印期间两国签署了设立“联合委员会”的协议，同意设立经济、科技和文教三个小组，但受多种因素的制约，印度对西方先进技术的需求受到一定的限制。

在拉·甘地总理时期，印度经济政策的调整为印美在经贸以及科技领域的合作提供了契机。美国垂涎印度的市场，而印度觊觎美国的资本与科技，双方的利益汇合点再明显不过了。1985年6月，拉·甘地总理第一次访美期间就指出，印度从农业经济走向比较先进的经济“需要得到一切技术和教育援助”，印美达成的关于高技术转让的协定“是符合我们共同利益的实质伙伴关系的开端”。[①] 1987年10月，拉吉夫·甘地第二次访美期间也指出，“我们之间的关系始终充满希望……我们已经同意在技术领域展开合作，我们重申，科学上的互动始终是印美双边关系的特点”，“高技术、贸易与转让领域的增长是令人满意的，但我希望美国不要将印度仅仅看作一个市场，而是应该将其视为技术进步的伙伴。”[②]

---

① 拉·甘地总理访美期间的演说，转引自赵蔚文：《印美关系爱恨录——半个多世纪的回顾与展望》，第91页。

② Rajiv Gandhi's speech after discussion with the president of the United States，转引自赵蔚文：《印美关系爱恨录——半个多世纪的回顾与展望》，第92页。

然而在80年代，印美双边科技合作通常处于一种“雷声大雨点小”的尴尬境地：协议多贸易少，谈判多行动少。印度在经济援助上依靠美国，而在国防装备与技术上依靠苏联，这种态势并没有多少改变。印度对购买美国先进武器“不感兴趣”，是因为美国坚持印度需要签署保护美国武器技术秘密的协议，而双方在这一领域基本上缺乏相互信任，并且建立互信有较大的难度。但在拉·甘地总理时期，印美之间的科技合作还是得到了一定发展。据美国众议院亚太事务委员会主席说，拉·甘地总理执政的前四年，美向印技术转让就增加了54倍。1988年，印美联合科技委员会提出要使印成为“微电子学领域的一支重要力量”的建议，并且在印度的班加罗尔成立了国家软件中心。[①]

然而到90年代，印度对西方资金与技术需求的迫切程度上升。在经济全球化浪潮的推动下，印度也开始了以经济自由化为特点的经济改革之路。事实证明，80年代印度政策变化所取得的效益是短暂的。可以说，当80年代政策变化带来的机遇被“挥霍”以后，[②] 90年代初期财政危机成为印度经济改革的促发器。1990—1991年度，印度财政赤字高达4300亿卢比（约合215亿美元），外债高达700亿美元，而外汇储备只有10多亿美元，降至历史新低。在全球化迅速发展的时代，发展经济成为各国外交政策的主要目标，而印度却面临着被边缘化的危险。正是由于90年代初期的国际收支困境，引发了拉奥政府更深入的经济改革

---

① 赵蔚文：《印美关系爱恨录——半个多世纪的回顾与展望》，第100页。

② Gurcharan Das, “The India Model”, *Foreign Affairs*, Vol. 85, No. 4, July-August 2006.

举措。

90年代，印度在对外贸易、资本流动、技术交流等方面的开放政策相继出台，并取得了显著的成效。首先是对外贸易迅速发展，印度的对外贸易额从1990—1991年度的464亿美元增加到1995—1996年度的739亿美元，5年间增长了59%，在世界贸易总额中的比重从1991年的0.53%上升到1994年的0.61%。[①] 开放与改革极大拓展了印度的贸易市场，私营部门得到发展并逐渐成为印度对外贸易的主力，外汇储备不断增加。

拉奥总理主张实行经济自由化，采取限制与利用相结合的外资政策，变限制为主为利用为主。正是在这种背景下，印度引进外资的数量逐年增加。随着印度经济改革的深入发展，对资金与技术的需求进一步扩大。尽管外国直接投资占印度总资本规模不到5%，并且FDI对经济发展的影响度低，有的学者甚至认为，在印度，是增长吸引了FDI而不是FDI引起了增长。然而印度也认识到，仅靠印度国内资本，难以解决其国内长期存在的就业压力及经济发展不平衡的矛盾，难以维持经济的长期快速增长。印度有一流的大学教育，但其文盲率却高于50%，有20%的印度儿童从未进过学校。在印度十多亿人口中，65%以上的人以种地为生。失业和贫困与印度经济发展并存，并且脱贫速度缓慢。印度在交通、能源、通讯等基础设施建设上取得了一定的进展，但并不能满足经济社会进一步发展的需要。基础设施落后已经成为印度经济发展的瓶颈，尤其在印度基础设施大部分为国家垄断并且

① 数据来源于印度财政部相关年度经济调查数据，参见 http://indiabudget.nic.in/.

私营企业无力或不愿进行投资的情况下，借助外国直接投资对于发展基础设施的作用与意义是不言而喻的。因此，印度要发展，就必须进一步有效地利用国际市场和国外资源，加大引进资金与技术的力度。

冷战期间印美政治关系的疏远以及印度的经济政策严重地影响了双边经贸关系的发展。美国一直对印度施加压力，要求其开放市场，降低对国外资本的限制。只是到90年代以后，随着印度经济改革的深化，印美双边经贸关系才逐步发展起来。然而，冷战的结束并没有带来印美关系的迅速改善，在布什政府和克林顿政府第一任期，美国从总体上仍然“忽视与印度的关系”，在美国看来，与中国相比，“印度并不是一个潜在的威胁”，美国因此“接触中国而忽视印度”。[①] 1994年印度拉奥总理访美是个“巨大的成功”，最主要的是这次访问引起了“美国工商界对印的兴趣”。美国能源部长以及商务部长率团访印也清楚地表明，拉奥总理访美的经贸目标是显而易见的。

拉奥政府的经济改革极大地改善了印度的经济环境，经济增长率从1991—1992年度的1.1%增加到1995—1996年度的7%以上，在工农业出现普遍增长的情况下，整个外贸出口增长21%，通货膨胀率下降到4.4%，外汇储备达到170亿美元。1996年11月印第11届大选后，虽然政府更迭频繁，但基本上保证了经济政策的连续性，在推进农业改革、扩大工业自由化、进一步下调关税等方面都有新的举措出台。经济改革开

① Victor M. Gobarev, “India as a World Power Changing Washington’s Myopic Policy,” September 11, 2000, p. 2. available at http://www.cato.org/pubs/pas/pa381.pdf.

放的10年时间里（1991—2000年），印度吸引的外国直接投资累计达237亿美元，其中美国对印直接投资从3.72亿美元增加到24亿美元，10年内增加了20多亿美元，成为第二大对印投资国。

外国投资带来了外国先进技术，是推动印度科技发展的重要动力，与外国的技术合作在印度工业多样化方面也起着特别重要的作用。实际上，印度一方面希望获得美国先进技术，另一方面也瞄准美国大市场。2002年，印度计划委员会发表了《印度2020年展望》报告。报告阐述了印度发展知识经济的基本构想，其核心内容就是要利用经济全球化和发达国家人力资源短缺所带来的机遇，使印度的未来发展从资本驱动型转向知识驱动型，发展面向全球的服务型知识经济。印度全印管理协会设立的高级战略小组认为，到2020年，印度向发达国家提供的服务中，利用发达的信息通讯技术提供远程服务可为印度创造1330—3150亿美元的收入，提供1000—2400万个就业机会；而通过吸引顾客到印度接受所需服务又可以创造60—500亿美元的收入，提供1000—4800万个就业机会。[①] 但印度的展望基于两个前提：一是本国服务业的发展，二是国外市场的开拓。前者需要引进西方先进的技术，吸引国外的资金；而后者则有赖于印度与其他国家的服务贸易。众所周知，美国既是服务的出口大国，同时也是服务的进口大国。美国市场，成为印度经济发展不可忽视，也不能忽视的重要部分。

随着印度服务业的兴起，印度服务业占GDP的比重在2005—

---

① S. P. Gupta, “India Vision 2020”, December 2002, http://planningcommission. gov. in/reports/genrep/pl_ vsn2020. pdf.

2006年度已经达到54%，并且连续两年保持了8.5%的高速增长，其中，以软件技术为核心的服务起了关键作用。据印度国家软件和服务公司协会《战略评论》的统计，2005—2006年度信息技术和服务产值达到363亿美元，比2004—2005年度增长28%，其中出口达到234亿美元，增长32%。[①] 据统计，印度软件在美国销售市场的份额高达60%以上，美国许多银行和航空公司都购买印度制造的软件，并将业务外包给印度公司。印度软件协会估计，到2008年，印度信息技术服务的就业人数将超过120万人，出口收入将达到500亿美元左右。[②]

辛格总理2005年7月访美的重要任务就是推动两国的经贸合作。访问期间，两国启动首届首席执行官峰会，签署农业、科技、卫生等领域多项合作协议。双方决定成立空间技术合作工作小组，以加强双方在该领域的合作。尤其是两国关于民用核能协议的签署，对印度的意义尤为重大。能源短缺已经成为制约印度经济发展的最大瓶颈，如何解决能源问题以获得经济的可持续发展，成为印度政府亟待解决的问题。印度与美国签订核协议，有助于印度核能的发展，摆脱"核孤立"与制裁，减少对石油和天然气的依赖，促进能源多元化，并解决国内铀矿资源贫乏等一系列问题。[③] 因此，世界舆论普遍认为，民用核协议是美国"送给"印度的最大礼物。

---

① 孙培钧、华碧云：《印度经济发展跨上新台阶》，《南亚研究》，2006年第1期，第6页。

② NASSCOM, "Finally, Industry Clicks $50 – B Export Mark", http://www.nasscom.in/Finally-Industry-Clicks – 50 – B-Export-Mark – 58648.

③ 赵青海：《美印核合作及其影响》，《国际问题研究》，2006年第4期，第26页。

2006年3月美国总统布什访印，在举行的联合新闻发布会上，宣布印度同美国已签署了民用核能合作协议，为2005年7月印度总理曼·辛格访美期间双方签署的民用核协议画上句号。但是自2007年8月份印美核协议双边文本公布以来，印度国内对于是不是接受这个协议产生了巨大分歧。反对党印度人民党认为协议“出卖”了印度国家利益，左派政党认为核协议试图干涉印度外交政策，因此对协议均持反对意见。从外围支持当前执政联盟的左派政党甚至表示不惜以撤出对政府支持为代价反对协议的进一步推进。尽管美印关于核协议的后续谈判充满变数，但民用核协议最终获得了通过。正如美国中东和南亚事务专家布鲁斯·瑞德尔（Bruce Riedel）所说，印度国内关于协议的分歧，只不过是双边关系不断强化过程中一个“小小的嗝”，[①] 协议不会影响到印美关系的未来走向。后来关于核协议的执行协议的谈判，证明了布鲁斯·瑞德尔的判断。

第三节　印美经贸合作机制化进程

冷战期间，受印美政治关系影响，两国经贸联系有限，并且问题不断。冷战结束后，困扰双边关系的两极格局瓦解，在印度对外政策适应与调整的背景下，以2000年美国总统时隔22年之后对印度进行国事访问为标志，双边政治关系进入一个新阶段。

---

① Bruce Riedel, “Delay on U. S. -Indian Nuclear Accord Only a ‘Hiccup’ on Road to Stronger Ties”, available at http://www. cfr. org/publication/14545/riedel. html.

两国在《美印关系——21 世纪展望》联合声明中强调建立的“新型伙伴关系”就突出了“经济上要有成果”，决定要通过广泛的高层会晤和经济对话来促进经济合作。[①] 进入 21 世纪后，随着双边政治关系摆脱“相互疏远”并逐渐向“紧密接触”方面发展，两国经贸联系不断增强，双方经贸机制化进程不断深入。

印美经贸合作的机制化进程始于 2000 年的克林顿南亚之行。两国在联合声明中表示在经贸领域建立三个部长级对话协商机制：一是财长牵头的金融与经济会议，二是美国贸易代表处和印度商业部及相关部门组成的贸易工作小组，三是印度商工部和美国商业部进行的商业对话。[②] 布什执政期间，美印两国政府进一步加强双边经贸关系的机制建设。目前，美印两国之间的经济对话涉及的领域十分广泛，包括金融、财政、商业、贸易、科技、能源、环境、农业等，其中比较宏观的包括印美战略经济对话、印美财政与经济伙伴关系机制和印美贸易政策论坛，相对具体而微观的对话磋商机制包括首席执行官论坛、商业对话以及其他对话等。

1. 印美贸易政策论坛（The India-US Trade Policy Forum, TPF）

部长级的印美贸易政策论坛的前身是印美贸易工作组，印美贸易工作组成立于 2000 年。2005 年 7 月，两国决定建立印美贸易政策论坛，并取代印美贸易工作组，目的在于推动和促进两国

---

① Joint India - U. S. Statement, *India - U. S. Relations: A Vision for the 21st Century*, http: //www. indianembassy. org/indusrel/clinton_ india/joint_ india_ us_ statement_ mar_ 21_ 2000. htm.

② Ibid. .

之间贸易和投资的便利化。[①] 印美贸易政策论坛下设五个专题小组，包括农业、关税和非关税障碍、服务、投资、创新和创造力。印美贸易政策论坛第一次会议于 2005 年 7 月在华盛顿召开，至 2010 年 9 月，共举行了七轮会谈。2010 年 3 月，印度和美国签署了贸易及投资合作框架。框架是 TPF 取得的重大成就之一。

2. 印美 CEO 论坛（India-US CEO Forum）

印美 CEO 论坛是由两国知名企业 CEO 组成的一个讲坛，于 2005 年 7 月在两国元首的倡议下组建，目的是制定加强印美伙伴关系与商业层面合作的路线图，吸引私营部门参与双边贸易与投资领域。印美 CEO 论坛最初双方各有十名著名企业的 CEO 参加，论坛于 2009 年改组后，现有美国代表 12 名，印度代表 12 名。印美 CEO 论坛提出的报告认为，两国经贸合作涵盖六个主要领域，具体包括：基础设施发展、能源安全、人力资源开发、技术交流、贸易和产业振兴以及知识产权保护。针对主要合作领域，印美 CEO 论坛提出了六个倡议：第一，促进贸易和产业发展；第二，建立基础设施发展基金；第三，提升在农业、生物技术和纳米技术上的交流；第四，建立技能发展伙伴关系；第五，建立印美工业研发中心；第六，建立争端解决机制。[②] 印美 CEO 论坛为政府决策提供重要支撑，同时，在实践层面，论坛为解决双边经贸关系中存在的现实问题提供了可行性判断。

---

① See http：//www.ustr.gov/about－us/press－office/fact－sheets/2010/us－india－trade－policy－forum－facts.

② See "Fact Sheet on the U.S.-India CEO Forum", http：//www.whitehouse.gov/sites/default/files/india－factsheets/Fact_ Sheet_ On_ The_ U.S.－India_ CEO_ Forum.pdf.

3. 印美战略对话

2009年7月，美国国务卿希拉里·克林顿访问印度期间，两国决定建立战略对话机制。战略对话涵盖多个重要领域，分别是：促进全球安全与反恐；裁军与防扩散；贸易与经济关系；高技术、能源安全、清洁能源与气候变化；农业、教育、健康与发展等。[①] 首轮印美战略对话于2010年6月举行，至2012年6月，两国已经举行了三轮战略对话。经贸问题是印美战略对话的重要内容。可以说，印美战略对话与其他对话机制相比，更具宏观性和指导性。第三轮对话期间，希拉里·克林顿表示，两国将继续就双边投资协定进行协商，以进一步减少两国之间的贸易与投资壁垒。

4. 印美金融与经济伙伴关系机制（India-US Financial and Economic Partnership）

印美金融与经济伙伴关系机制形成于2010年4月，目的在于加强双方在宏观经济、财政和基础设施相关议题上的理解与合作。这一伙伴关系对话机制除讨论两国经济发展相关问题外，还包括两国在二十国集团框架下为实现强劲、可持续和均衡增长的承诺所采取的政策措施。目前，印美财政与经济伙伴关系定位于部长级对话，并且已经举行了两次会谈（第一次会议：2010年4月，新德里；第二次会议：2011年6月，华盛顿）。据印美财政与经济伙伴关系第二次会议后发表的联合声明，两国合作领域具体包括：第一，宏观经济的挑战，包括增长、失业、通货膨胀、全球流动性、大宗商品价格、国际资本流动和财政整顿。第二，

① MEA，“India - US Joint Statement”，July 20，2009，http：//www. mea. gov. in/bilateral-documents. htm？dtl/4858/India + US + Joint + Statement.

财政部门改革，包括深化资本市场、金融包容性、确保金融体系稳定、透明和完整；第三，基础设施融资，包括创新战略以动员基础设施建设资金，分享发展经验，公私伙伴关系的设计和成功执行的能力建设。[①] 根据该伙伴关系机制，每年两国将轮流举行一次由两国财政部长出席的内阁级会议，下设工作组和低级别会议，就具体问题进行讨论。

美印签订“金融经济伙伴关系协议”的目的，在于提升两国经贸关系，扩展双方在宏观经济、金融和基础设施等领域的合作。这一伙伴关系机制着重于两国在二十国集团框架下为实现强劲、可持续和均衡增长的承诺所采取的政策措施。[②] 印美将利用这一机制分享相关经验，探讨利用公私合作伙伴模式为基础设施建设融资。新机制将进一步促进双方在贸易、投资和提供就业机会等领域的合作。美国的目的就是进一步打开印度市场，敦促印方放松针对金融和基础设施领域市场准入限制，因为印度在2012年至2017年间基础设施建设需要1万亿美元资金，这对美国是一个巨大的蛋糕。慕克吉就指出，该机制将为印度基础设施领域吸引更多的资金。然而不可否认，正如印度媒体所报怨的，“印美经济金融伙伴关系协议”尽管被称为“经济与金融伙伴关系机制”，但事实上只能算是一种狭隘的金融伙伴关系，而不是一种

① U. S. Department of the Treasury，“Joint Statement on the 2011 U. S. -India Economic and Financial Partnership”，June 28，2011，http：//www. treasury. gov/press – center/press – releases/Pages/tg1221. aspx.

② “India-US Financial and Economic Partnership Give an Impetus to Rapidly Expanding Financial and Economic Engagement between Two Countries：FM”，https：//www. indianembassy. org/prdetail1729/india – – us – financial – and – economic – partnership – give – an – impetus – to – rapidly – expanding – financial – and – economic – engagement – between – two – countries%3A – fm – .

广义上的经济关系，因为任何全面的经济伙伴关系都应该包括贸易内容，而这次确立的新机制并没有将此包含在内。[①]

5. 印美中小企业论坛（U. S. -India SME Forum）

印美中小企业论坛成立于2010年9月。成立印美中小企业论坛的目的包括：第一，为两国的中小企业提供合作的平台，包括新投资、技术转让和金融合作等；第二，为两国中小企业分享成功经验提供平台，以求有效利用技术与资源达到产出最大化；第三，帮助中小企业成为全球供应链的组成部分；第四，为中小企业间的“观念”交流提供平台，提供包括人力资源管理、管理实践、金融、与政府关系以及应对全球竞争等方面的问题解决之道；第五，通过在商业机会和寻求新的增长领域方面为中小企业提供教育培训，以求帮助中小企业建立风险意识；第六，通过B2B模式，为印度汽车企业进入美国市场提供帮助。为了实现印美中小企业论坛的目标，论坛建议：增加印度和美国之间的双边贸易和投资，特别是针对中小企业；促进印度中小型企业对美国中小企业的理解机会；促进美国和印度中小企业的战略联盟；促进印度和美国的科技联系；促进两国中小企业能力建设和创新。印度与美国中小企业论坛为两国中小企业发展提供了机遇。[②] 目前，印度的中小企业面临着信用紧缩、技术水平较低、研发不足

① Sandeep dikshit, “India-U. S. initiative to open up markets”, *The Hindu*, April 7, 2012, http://www.thehindu.com/news/national/indiaus-initiative-to-open-up-markets/article389438.ece.

② See “U. S. -India Trade Policy Forum Facts”, http://www.ustr.gov/about-us/press-office/fact-sheets/2010/us-india-trade-policy-forum-facts; http://www.smetimes.in/smetimes/news/top-stories/2010/Sep/27/is-india-sme-forum-to-promote-bilateral-relation62149.html.

等一系列问题，但是中小企业在经济上的作用却越来越重要，它提供了5000万个就业机会，生产近6000种产品，其产出约占印度全国产出的45%，占全国出口的40%左右。印度中小企业部部长就认为，两国在农业、IT业和医疗保健等领域存在优势互补，存在广泛的合作机会。①

6. 印美贸易与投资合作框架协议

2010年3月，两国签署了“印美贸易与投资合作框架协议”（An Agreement on Framework for Cooperation on Trade and Investment），确定了两国将在促进双边投资、保护彼此知识产权、减少相互间贸易壁垒等方面加强合作的目标。具体来说，协议包括：增加私营部门参与基础设施项目的机会；提高知识产权意识和执行力度；促进双边在医疗保健、教育、信息技术、能源和环境服务领域的合作；致力于增强妇女和弱势群体的利益；对彼此的政府采购增进理解；促进中小企业发展等。②

7. 双边投资协定（BIT）

2008年7月，美国和印度开始就双边投资协议进行谈判。以此为契机，双方希望进一步签署自由贸易协定。2011年8月，两国政府恢复了关于“双边投资协定”（BIT）的技术层面谈判。③可以说，BIT将为投资者增强透明度和预见性，并为两个国家的经济增长和创造就业机会提供强有力的支持。而且更为重要的

① See http：//msme. gov. in/Web/Portal/New-Default. aspx.

② USTR，“United States and India Sign Framework for Cooperation on Trade and Investment”，http：//www. ustr. gov/about – us/press – office/press – releases/2010/march/united – states – and – india – sign – framework – cooperation – t.

③ USIBC，“U. S. -India Investment Treaty”，http：//www. usibc. com/sites/default/files/initiatives/files/usindiabitoverview. pdf.

是，BIT 是两国通向最终达成 FTA 的重要一步。然而不可否认，尽管印度和美国就自由贸易协定进行谈判的时机已经成熟，然而两国在 FTA 上的分歧是显著的。从 BIT 到 FTA，道路仍然漫长。

第五章

印美安全关系发展

自20世纪90年代初开始，印美安全合作就有了一定进展。1991年，美国太平洋舰队司令基克莱特提出著名的“基克莱特建议”（Kicklighter Proposals）。建议虽然仅仅局限于军队对军队的关系，但也在一定程度上说明华盛顿已经认识到印度的重要性。1992年，为了建立更加密切的战略关系并加强军事合作，美印两国军方高层互访频繁。但正如印度媒体所评论的，双边的军事合作大多是“会谈多于行动”，但是“实际交流微不足道”。[①] 1995年1月，两国在防务合作上取得一致意见，签署了“美印防务合作纪要”（Agreed Minutes on Defense Cooperation，AMDC）。两国决定，将在军品生产和研究上进行合作，进行军职人员和非军职人员的交流。同时，印美双方决定，在AMDC框架下建立三个工作组：联合防务政策组（Joint Defense Policy Group，DPG）、联合

---

① 合众国际社，1992年10月28日电。转引自赵蔚文：《印美关系爱恨录——半个多世纪的回顾与展望》，时事出版社，2003年，第120页。

技术组（Joint Technical Group，JTG）和联合指导委员会（Joint Steering Committee，JSC），以磋商防务领域合作的具体内容。AMDC是印美两国防务合作的基础，同时也是印美防务合作的里程碑。AMDC及其框架下的DPG、JTG和JSC等对话磋商，为后来双边防务合作深化奠定了坚实基础。

2005年6月，印美签署“印美防务关系新框架”（New Framework for the U. S. -India Defense Relationship，NFDR），标志着两国防务关系进入到一个新的阶段。新框架对未来10年的两国军事合作进行了规划，内容涉及联合军演、合作研发和生产武器装备、人员培训与交流等方面。新框架强调双方应继续举办海上联合军事演习，保持安全和稳定，打击恐怖主义、防止大规模杀伤性武器扩散、保护商业运输。为达到这些目的，双方将在打击恐怖主义、武器扩散、提高各自军事实力、促进防务相关研究和发展、多国军事合作等领域进行合作。2010年以来，印美开始就亚洲安全问题进行认真对话，美国试图通过将印度纳入相关制度化建设使其承担相应的责任，并且更加注重从地区和全球的维度定义与印度的“全球战略伙伴关系”。美国明确支持印度加入联合国安理会，计划分阶段支持印度成为核供应国集团、导弹及相关技术控制机制、澳大利亚集团以及瓦森纳安排等四个多边出口管制机制的正式成员，决定就东亚发展、中亚和西亚问题以及“全球治理”加强与印度的战略磋商。从印美关系的新特点不难看出，尽管两国在关于核合作框架、反恐以及气候变化等问题上存在明显分歧，美国甚至指责印度对伊朗和缅甸的政策，但印度与美国的安全利益汇合点在增多。2010年，印美联合军事演习不断向纵深发展，参演军种从海军扩大到陆军与空军，演习科目从低级别的救援演练发展为联合作战，军演地点覆盖从西太平洋至西印度洋以及印度北部内陆地区等范围。

可以说，随着印美在安全领域合作机制的深化，在目前及可以预见的未来，双边安全领域合作的内容包括：确保印度洋航线的安全以及石油通道的畅通，打击国际恐怖主义以及快速应对中亚西亚等不稳定地区的危机，防止核扩散以及大规模杀伤性武器的走私以及毒品贩运，塑造亚洲均势以防范包括中国在内的任何大国崛起、主宰亚洲事务。

第一节　维护印度洋石油通道的安全

印度洋是联系亚洲、非洲和大洋洲的交通要道，战略地位极其重要。从印度洋往西北通过曼德海峡、红海、苏伊士运河、地中海和直布罗陀海峡到达西欧；向西南经好望角进入大西洋，通向欧美沿海各地；向东北经马六甲海峡和龙目海峡进入太平洋。印度洋不仅蕴藏着丰富的自然资源，印度洋沿岸也是世界资源的重要出口地，沿岸各国的石油、橡胶、棉花以及机械产品等重要的战略资源与货物运输使印度洋拥有世界1/6的货物吞吐量和近1/10的货物周转量。加之中东地区盛产的石油依靠印度洋航线向外输出，使印度洋的战略地位更加突出。其中苏伊士运河经马六甲海峡的航线是印度洋东西间一条最重要的航道，它将西欧、地中海沿岸各国的经济与远东及北美洲西海岸各国的经济紧密地联系起来。美国著名的地缘战略学家马汉在分析了海洋的历史后得出结论，“控制海洋，特别是控制具有战略意义的狭窄航道，对于大国的地位至关重要。”[①] 他甚至早在20世纪初就曾指出，“谁控制了印度洋，谁就能支配亚洲。印度洋是通向7个海洋的要冲，21世纪世界的命运将在印度洋上见分晓。”张文木也指出，“总结从拿破仑战争迄今三百年世界霸权更迭史，不难发现，三百多年大国争霸……只有一个目标，那就是控制印度洋。”[②]

一、石油安全：印度洋战略价值第一要素

20世纪初，一位英国海军将领曾将多佛尔海峡、直布罗陀海峡、苏伊士运河、马六甲海峡和好望角比喻为“锁住世界的五把钥匙”，但从地理上看，印度洋就占据了其中的三把——苏伊士运河、马六甲海峡和好望角。而且更为重要的是，印度洋地区也是世界上石油与天然气的主要产区。在阿拉伯半岛、中南半岛、印度尼西亚和澳大利亚沿海大陆架，均发现有油、气构造。印度洋的油气储量约占世界大洋500米深度内油气潜在储量的1/3，其中海湾海底油田产量占世界海底石油产量的34.6%。[③] 与此同时，印度洋的“石油航线”是许多国家的“战略生命线”，经印度洋运送的石油占世界海上石油运输量的一半左右。因此，获得印度洋上的战略优势不仅可以确保美国石油安全，而且还可以有效影响南亚、西亚以及中东地区。

---

① Alfred Thayer Mahan, *The Influence of Seapower upon Hisory*, *1660 - 1783*, (Boston: Little Brown, 1897), pp. 281 - 329. 转引自：（美）詹姆斯·多尔蒂、小罗伯特·普法尔茨格拉夫：《争论中的国际关系理论》，第168页。

② 张文木：《世界霸权与印度洋——关于大国世界地缘战略的历史分析》，《战略与管理》，2001年第4期，第22页。

③ 参见“百度百科”，http://baike.baidu.com/。

从重要程度上看，美国判定印度洋战略价值的第一要素，毫无疑问，那就是石油以及石油通道的安全。对于石油的价值，英国学者瓦西利斯·福斯卡斯和比伦特·格卡伊的判定可谓一针见血："如果说在19世纪和20世纪的不少时间里，黄金是货币和经济一体化的标准，那么现在它的地位已经被石油所取代。正如战后美元所起的作用，用特定货币为黄金定价的能力，如今被用特定货币为石油定价的能力所取代。但是与黄金不同，石油还具有另一方面的力量，它是现代国家经济工业进程的核心：它不依赖人们对价值的认定，而是作为重要商品具有实际重要价值。"① 可以说，自20世纪70年代爆发石油危机以来，西方国家，尤其是美国等发达南亚地区国家，在制定国家安全战略的过程中，能源安全是必须面对的重要课题。

冷战期间，尤其是20世纪60年代后，为了防止苏联填补由于英国人撤出产生的真空，美国开始向这一地区派出军事力量。特别是从20世纪80年代开始，由于亲美伊朗政权的下台以及苏联入侵阿富汗事件所带来的印度洋地区形势的变化，美国全力加强其印度洋地区的军事力量，其中大力建设迭戈加西亚军事基地就是很好的例证。自此，美国和苏联两个超级大国为了各自的战略利益，开始在印度洋地区展开激烈的争夺。冷战结束后，随着俄罗斯海军的收缩，美国不仅成为太平洋和大西洋的霸主，也成为印度洋上首屈一指的力量存在。由于印度洋连接着霍尔木兹海峡、苏伊士运河、曼德海峡、好望角、马六甲海峡和巽他海峡等交通要道，并且也是重要的战略物资如石油等的航运枢纽，其地

① （英）瓦西利斯·福斯卡斯、比伦特·格卡伊著，薛颖译：《新美帝国主义：布什的反恐战争和以血换石油》，世界知识出版社2006年版，第8页。

缘战略地位的重要性并没有随着冷战的结束而降低。正如南亚问题专家马加力研究员指出的，“尽管印度洋并不处于美国地缘政治议程上最为优先的地位，但这一地区仍然显得非常重要。”① 因此，随着各国对重要战略资源如石油争夺的加剧，以及印度洋沿岸及毗邻地区例如南亚、中亚、西亚、中东和海湾地区成为不稳定地带的趋势上升，加强这一地区的军事存在，将战略重点从大西洋地区转移到印度洋地区，已经成为美国国家战略的重点。

对美国来说，印度洋已经成为重要的战略带。美国副国防部长道格拉斯·费思说，“印度洋对美国有重要战略价值，故其在这一地区的海外军事基地数量仅次于欧洲和亚太，美军将全面控制印度洋具有战略意义的航道、海峡和海域。”② 其中确保石油供应安全是美国看重印度洋战略价值的重要因素。1991 年出台的《美国国家安全战略》就指出，安全、大量、多样化和清洁的能源供应是美国经济繁荣和安全的根本，而石油在可以预见的未来仍将是美国能源供应的关键因素，美国要通过对外政策和相应的军事能力确保石油供应的安全。③

可以说，在美国军事力量介入印度洋地区后的 40 多年时间里，美军几乎每天都在保护着这一“石油命脉”的安全通畅。20 世纪 70 年代的石油危机导致此后西方经济的全面衰退，这使美国认识到，石油不是普通的燃料，它是美国经济发展和军事力量的

---

① 马加力：《冷眼向“热”洋——〈21 世纪的印度洋〉介评》，《现代国际关系》，2003 年第 10 期，第 62 页。

② 潘杰：《海权篇之二：印度洋——你永远不会平静》，中国国际广播电台网，http：//gbl. chinabroadcast. cn。

③ National Security Strategy of the United States，August 1991，available at http：//www. fas. org/man/docs/918015 – nss. htm.

"血液"。因此，美国必须保持对海外石油的控制，必须保持石油运输通道的安全。尽管美国国内的石油供给并不昂贵，但维护石油供给安全的代价却是越来越高。2005 年 1 月，国际技术评估中心（CTA）出台的报告就曾指出，为美国的全球石油利益提供安全和保护的代价介于 780 亿美元到 1580 亿美元之间。2005 年，时任得克萨斯 A8CM（德州农工大学）大学校长的罗伯特·盖茨就指出，"美国经济和国家安全高度依赖石油特别是国外石油的风险达到史无前例的水平，威胁是实在而急迫的，需要政府立即和持续的关注。"2007 年 7 月，美全国石油委员会（NPC）发表了题为《面对能源事实：综观 2030 年全球石油和天然气》的报告。报告认为，尽管世界还没有用尽能源，但在能源需求不断上升的背景下，各种挑战将会使世界能源供应不断趋紧。报告最后认为，在未来的 25 年内，世界范围内的能源需求将增长 50% 到 60%。因此，维护印度洋石油通道的安全成为美国政府制定能源安全战略的重要目标。

二、美国视阈下的印度洋

正如以前章节所介绍的，冷战后的美国是国际体系中唯一的超级大国。尽管在这个转型中的国际体系内还有不少其他重要的地区大国并且在各自所在的地区占据优势地位，但是在军事、经济、科技力量这些对取得全球政治控制权至关重要的方面（即无论是硬实力还是软实力），没有一个国家能与美国相提并论。从这个意义上说，美国是世界性的支配力量。美国既然已经成为印度洋地区重要的力量，甚至可以说具有一定的优势地位，那么美国为了维护印度洋航道的安全，为什么要与印度展开合作呢？

尽管1962年美国与印度有过短暂的安全领域合作记录，但地区形势与国际形势，尤其是美巴结盟与印巴敌对，限制了美印军事合作的深度与广度。1962年以后，随着印美相互疏远，彼此的军事接触也随之中断。20世纪80年代中后期，双边军事交流有所恢复，但是处于较低水平。冷战结束后初期，虽然双边在建立军事交流与合作上进行过努力与尝试，但成果并不显著。而且1998年印度进行核试后，双边的不信任上升，美国对印度实施制裁，印度也认为美国是一个不可靠的防务伙伴。但是2001年以后，双边安全领域的合作迅速升温。对于2001—2003年双边防务合作的深度与广度，美国驻印大使罗伯特·布莱克维尔的讲话最具代表性。他指出，“（印美军事）演习涵盖了一系列军事技能，并且主要集中于提升联合军事行动的能力。”① 那么，美国在重视印度洋地区尤其是维护石油通道安全的过程中与印度展开合作，特别是军事合作的动机是什么呢？

众所周知，维护强大的军事力量需要极大的资源，而对于一个没有势均力敌的竞争对手的美国来说，配置大量的资源来保持强大的军事存在似乎并不符合急功近利的美国人的愿望。因此，美国寻找一个地区强国作为其代理人担当维持本地区稳定的角色，功利上的考量是一个因素，但最重要的是，可以构筑一个接触地区强国印度、将印度纳入美国战略框架的最直接、最便利的平台。这才是美国与印度在印度洋上展开合作的最重要的战略意义所在。早在1991年出台的《美国国家安全战略》报告就指出，

① Robert Blackwill's speech at the Confederation of Indian Industry, New Delhi, July 17, 2003, available at http: //www. rediff. com/news/2003/.

对于需要美国军事存在的其他地区，美国的战略是逐渐地依靠地区朋友和盟友的支持，通过定期互访、联合培训、准入协议以及联合安全援助和合作等方式维护美国的利益。[①]

对此，国际和平与冲突研究所专家 L. Venkateshwaran 在《印美军事合作：美国认知》中指出，对美国来说，不断提升的印美防卫关系的关键词在于“相互间的可操作性”（inter-operability）。也就是说，美国的目的在于深化联合的能力和信心，以共同应对诸如保护能源运输、航线、维和行动以及反恐等多边安全问题。具体来说，美国与印度提升防务关系的目标在于：[②]

第一，印度是印度洋沿岸的大国，位于连接东亚与西亚的中心位置，扼守印度洋航线的枢纽，战略位置十分重要。这本身就已经对美国形成了极大的吸引力。加之印度视印度洋为“印度的大洋”和自己的“内湖”，对外部力量进入这一地区极为敏感。通过防务合作的方式进入本地区，一方面可以减轻印度的疑虑从而利于技术上的操作性，另一方面也可以降低美国进入这一地区的成本。

第二，为了防止与日本、韩国以及沙特阿拉伯等传统盟友关系出现不利情形而导致利用这些国家的基地受阻，美国也需要发展与印度的防务关系。同时，在与传统盟友出现分歧的背景下，通过提升与印度的关系，还可以向其北约伙伴表明，美国没有它们也行。

---

① National Security Strategy of the United States, August 1991, available at http://www.fas.org/man/docs/918015 - nss.htm.

② L. Venkateshwaran, “Indo-US Military Cooperation: US Perceptions”, available at http://www.ipcs.org/.

第三，南亚与西亚处于不稳定地带的中心，美军接近这一地带，利用这一地带的基地或军事设施可以提高应对本地区危机的反应速度。而印度是南亚地区的军事强国，基础设施完备，1991年海湾战争期间和2001年针对阿富汗塔利班政权的“持久自由行动”期间与印度的军事合作就已经显示了美印军事合作的意义。美军需要在基础设施上得到印度的合作与支持，包括培训设施。印度幅员广，地理分布和气候变化带来的培训多样化也是美军希望得到的。

第四，美国是军事强国，也是武器出口大国，需要寻找巨大的出口市场。而印度正在实施庞大的强军计划，军备进口的“大蛋糕”十分诱人。同时，印度的人力资源也是美国军方觊觎的对象。

三、印度洋：印度的生命线

印度是印度洋地区最具实力的国家。在地理位置上，印度南瞰印度洋，东临孟加拉湾，西濒阿拉伯海，几乎居于北印度洋正中。正是由于这个缘故，印度政治家视印度洋为印度之洋，将其作为印度的内海。20世纪40年代，印度学者潘尼伽（K. M. Pannikar）写道：“对其他国家来说，印度洋只是一个重要的海洋地区，但对印度却是至关重要的海域。她的生命线集中于此，她的自由取决于那片水域的自由。除非其海岸得到保护，否则工业发展、商业增长以及政治结构稳定都是不可能实现的。”①

① K. M. Pannikar, *India and the Indian Ocean*, (London: Allen and Unwin, 1945), p. 84.

印度著名国际问题专家杜特曾说过，“印度洋之命名足以证明其对印度的重要性”。印度国防部的年度报告也曾指出，“印度在战略上既处于亚洲大陆，也处于印度洋地区”。[①]

实际上，正如其他地区外国家将印度洋视为生命线一样，印度作为印度洋沿岸地区的主要国家，比其他国家投入更多的关切也是理所当然的。实际上，对印度来说，其主要的安全关切包括：其他大国军事力量接近印度洋；印度洋沿岸国家的众多穆斯林人口；蕴藏丰富石油的波斯湾；常规武器以及核武器在此地区的扩散；关键海峡对于印度海洋安全的重要性等。冷战期间，印度洋基本上是平静的。但冷战结束后由于国际形势的演变，尤其是海湾地区不稳定因素的积聚与释放，国际恐怖主义的泛滥以及国际油气资源短缺所形成的能源危机的潜在威胁，印度洋再也不是一个平静的大洋了。

面对这样的环境，印度认为自身的安全只能通过扩大包括印度洋广大区域的安全边界来获得。因此，印度政治精英将印度洋视为自己的后院，并且也自然而然地认为印度是印度洋地区——一个以自己国名命名的海洋——的领导力量，并发挥支配性影响。在印度，在印度洋地区发挥领导作用几乎是一种共识，尽管一些精英的注意力集中于北印度洋地区，而有一部分人则主张将势力范围扩展到南部边缘地带。纵观印度独立以来其政治精英的言论不难得出，实际上，印度非常担心地区外力量介入印度洋地区。尼赫鲁总理就曾指出，“历史已经证明，无论是哪个大国控

① See Ministry of Defence, *Annual Report 2004 - 2005*, (New Delhi: n. d.), available at http://www. mod. nic. in/reports/welcome. html.

制了印度洋，任其摆布的不只是海上贸易，还包括印度独立本身。”①

随着经济发展，印度对能源的需求不断上升，能源安全也成为印度国家安全战略的重要因素之一。作为世界上第四大经济体，印度所需石油的70%需要进口，并且预计在2020年其进口比例将上升到85%左右。一些战略分析家认为，在未来的25年内，能源安全将是印度最主要的战略关切。因此，印度必须一方面保持其广阔的专属经济区内的油气资源，另一方面保障进口油气通道的安全。为了提升自身的战略地位和影响、消除未来的不确定因素以及获得更大的战略空间和战略自治，印度通过一系列政策与一些沿岸国家和地区外力量编织一个安全关系网。

因此，印度“接纳”美国——一个其冷战时期极力阻止介入此地区的超级大国，正如有分析家所说的，其目的在于提升和放大自己的实力，在于促进自己印度洋战略的实现。② 因此，印度的动机可以概括为：

第一，美国是印度洋地区最关键的外部力量，其在波斯湾、阿拉伯海、巴基斯坦、东非和东北非洲、东南亚和迭戈加西亚等地区部署相当的军事力量。因此，印度政治精英清醒地认识到，“如果想实现自己的地区目标，至少在目前阶段需要讨好美国。”③

第二，印度洋也是美国石油的重要通道，其重要性对美而言并不比印度的认知差。因此，美国会不惜一切代价维持这一生命

---

① Satyindra Singh，“Blueprint to Bluewater：The Indian Navy 1951 -65”，www. indiannavy. nic. in/sites/default/files/Chapter1. pdf.

② Donald L. Berlin， “India in the Indian Ocena”，http：//www. bharat - rakshak. com/NAVY/History/2000s/Donald. pdf.

③ Donald L. Berlin，“India in the Indian Ocean”.

线的安全。海湾战争的爆发已经证明了这一点。因此，美国加强此地区的力量，并不会以印度的意志为转移。而以印度目前的实力，还不具备说服或阻止美国退出印度洋的能力，合作成为印度唯一的选择。

第三，为有效控制印度洋，印度海军全面推行“南向战略”，重点发展远洋进攻力量，谋求对印度洋周边国家的绝对军事优势，并对区外海军大国实施威慑战略，争取达成海上力量均势。但这一目标的实现有赖于海军的发展，通过与美国的军事接触与合作，获得自身发展的技术和装备，也就成为印度的主要目的之一。2006 年 3 月访问印度的美国总统布什就说过，“印度海军正在发展自己庞大的装备计划，印度海军发展非常迅速，将在未来几年成为世界三大海上力量之一，对稳定印度洋和亚洲的安全有非常重要的作用，美国将为印度的军事发展提供一切必要的技术支持。”

第四，美国虽然力强势盛，但印度一部分人始终认为，大洋阻隔的两个民主国家是相对安全的。借助美国的力量平衡近邻中国对印度洋地区的影响，也是印美安全合作应有的要素。

第二节　反恐与遏制伊斯兰激进势力

2001 年 9 月 11 日，美国本土——一个美国人认为的世界上最安全的国家——遭受到 21 世纪以来最大规模的恐怖袭击。美国震惊了。全世界也第一次通过先进的现代传媒认识了恐怖主义幽灵带给“最安全国家”的恐怖。

针对美国的“9·11”恐怖袭击并不是一个“新生事物”，在某种意义上说，它只不过是以往恐怖主义袭击的延续和升级。自20世纪60年代以来，恐怖主义出现了加速发展的趋势，并且逐渐演化成一个“全球性问题”，成为威胁国家安全的重要因素之一。可以说，美国一直是国际恐怖主义活动打击的最主要对象国。据统计，“在1968—1997年的30年期间，全球共发生反美国际恐怖主义活动5655起，占国际恐怖主义活动总数的36.75%。这就是说，全球每年发生的国际恐怖主义活动中，平均有三分之一以上都是针对美国的。”[①] 冷战结束后，针对美国的恐怖袭击在数量和比例上都有所下降，但美国作为恐怖袭击主要对象的“地位”并没有改变。“9·11”事件就已经清楚地表明，恐怖袭击的“质量”提高了，造成的危害程度更大了。

恐怖主义是一种具有两千多年历史的古老政治或社会现象，并且“9·11”事件在性质上也与以往的所有恐怖袭击没有实质区别，但它对当代国际关系的影响程度却远远超出其他事件。“9·11”事件是针对美国经济和军事权力中心进行的一次具有象征意义的重大打击。首先，恐怖主义第一次袭击了世界上最强大国家的政治与经济中心，并把一种脆弱感注入一个国内极为安全的社会。其次，恐怖主义对当今世界的霸权结构提出挑战，强烈地表达了不能接受美国在这个霸权结构中的统治地位，并通过使用暴力对此提出质疑。[②] 因此，对美国来说，相对于物质上的损

---

① 胡联合：《当代世界恐怖主义与对策》，东方出版社2001年版，第124页。

② S. D. 穆妮：《恐怖主义在亚洲的“构造图”和战略方程式》，载《中亚和南亚的恐怖主义和宗教极端主义》（《国际恐怖主义和宗教极端主义对中亚和南亚的挑战国际研讨会》论文集），兰州大学出版社2003年版，第181—182页。

失与精神上的恐惧，最不可接受的是袭击对它的霸权和统治地位提出的挑战。

美国为什么会成为恐怖袭击的主要对象国，恐怕没有人会比美国人自己更清楚。造成恐怖主义泛滥有其深刻的原因。但针对美国的恐怖袭击则主要是由于美国长期在全球推行霸权主义与强权政治的对外政策，对一些国家和地区的政治、经济和安全造成了危害，影响了这些国家的经济发展，导致政治、经济与社会问题积重难返，从而引起这些地区与国家人们的反美情绪。“大国在追求它们各自的战略利益时，在亚洲和其他地区鼓励、发起、资助和支持了许多政治暴力事件。这些暴力活动以宗教、意识形态、普遍而未决的争端甚或以反对治理不善为名而为自己的行为披上合法的外衣。”[①] 实际上，“基地”组织就是在苏联军队占领阿富汗期间由美国中央情报局资助并武装的一些极端分子发展起来的，当时的本·拉登是中央情报局的亲密的合作者，并且也只有在中央情报局的资助下才得以同苏联侵略者作战。因此，从这个意义上说，作为与苏联共产主义对抗的一种必要补充，美国在冷战期间纵容并支持了恐怖主义。然而冷战结束后，一些美国培植起来的反苏势力失去了其继续存在的理由，至少美国是这样认为的，因此它们也就失去了美国的资助。一些国家政治上的脆弱和经济上的困境加剧了国内的动荡局势，反美情绪被一些极端分子利用，并且最终导致针对美国的恐怖袭击。

“9·11”事件的发生带来了美国对外战略的重大调整。乔治·W·布什彻底改变了克林顿政府时期将经济安全、人权与防扩散作为对外政策重点的战略，而是将反恐作为美国对外政策的

---

① S.D. 穆妮：《恐怖主义在亚洲的“构造图”和战略方程式》，第181页。

关键。美国以反恐为中心，将反恐合作视为对外政策的新标准，并且以此为基础筹划建立国际反恐联盟。国务卿鲍威尔指出："这已经成为一个新标准，一种衡量我们的关系，衡量我们今后能进行哪些合作以及我们今后在哪些方面能向你们提供何种援助的新方法"。"对美国这一要求'无动于衷'的国家将自食其果，其后果可能包括军事报复和经济制裁乃至'外交孤立'。"[①] 布什总统也警告世界："要么站在我们一边，要么站在恐怖分子一边"。南亚，作为美国反恐的中心地带，作为当前世界上恐怖主义和宗教极端主义活动最猖獗并造成严重危害的地区之一，自然成为美国对外政策调整的重点。

美国南亚政策的调整，不仅顾及到巴基斯坦在当前反恐战争中的作用，同时也对印度在美国的南亚战略和全球战略中的地位予以充分重视。美国南亚政策的调整具体表现在以下四个方面：第一，以反恐为中心。克林顿时期将防扩散作为美国南亚政策重点，对印巴施加压力迫使其弃核。但恐怖袭击发生后，布什政府最迫切的任务是推翻塔利班政权，铲除以本·拉登为首的恐怖主义势力；第二，从"重印轻巴"转为"印巴并重"。在反恐战争中倚重巴基斯坦，通过援助影响巴的经济、政治和社会，使之成为一个成功的温和的穆斯林国家。在政治、经济和安全领域与印度加强合作；第三，密切关注地区的核扩散问题；第四，以反对恐怖主义为契机，加强美国在南亚的军事存在和政治影响。

通过美国南亚政策的调整可以看出，美国的反恐战争需要南亚国家的合作。而印巴是南亚的两个主要国家，争取印度和巴基斯坦的合作是美国取得反恐战争胜利的关键。

---

① 赵蔚文：《印美关系爱恨录——半个多世纪的回顾与展望》，第240页。

从地缘与政治因素出发，美国针对阿富汗的军事行动更倾向于与巴基斯坦合作。面对美国将反恐合作作为新的对外政策标准来衡量与其他国家的关系，巴基斯坦出于多方面因素的考量，例如美国对巴基斯坦核试后实施的制裁、国内政治经济形势、克什米尔问题以及对不与美国合作后果的忧虑等，决定“全力支持”美国的反恐战争。而美国不仅在反恐上需要巴基斯坦的合作，在防扩散、反毒品及战后的阿富汗重建等许多方面也需要巴的协助。“9·11”事件出乎意料地将巴基斯坦带入全球政治舞台的中心，成为巴基斯坦历史的分水岭。[①] 结果，在反恐战争开始后，美巴双方的互需导致了美恢复向巴提供经济、军事援助。援助额在2002财年达到6.26亿美元，在2003财年达到5亿美元，在2004财年达到4亿美元。2003年6月巴总统穆沙拉夫访美时，美答应2005—2009年提供30亿美元援助，其中经济援助与军事援助各占一半。

正如上面所分析的，“9·11”事件导致的美国南亚政策调整，主要体现在印巴并重，实质是美巴关系的回调。也就是说，冷战结束后，由于冷战时期形成的美巴结盟以遏制共产主义扩张的安全框架失去意义，巴基斯坦“前线国家”地位不再。到1993年乔治·布什总统离开白宫时，冷战的黏合剂以及抵抗苏联在阿富汗军事存在的共同利益已经不能再强化美巴关系。在其他共同利益缺失的条件下，两边分歧实在太明显了。对美国来说，巴基斯坦不仅失去了战略重要性，而且成为核麻烦的制造者和地区不

---

① Samina Yasmeen, “Unexpectedly at Center Stage: Pakistan” in Mary Buckley, Rick Fawn eds., *Global Responses to Terrorism - 9/11, Afghanistan and Beyond*, (London: Routledge, 2003), pp. 188 - 197.

稳定因素的根源；而美国应用《普雷斯勒修正案》对巴进行制裁的行为，使巴基斯坦认识到美国薄情寡义、不可信赖，并非是巴的真正朋友。[1] 克林顿政府时期，美巴双边在一系列问题上的分歧依旧。但“9·11”事件彻底改变了美国对巴政策，美巴关系迅速回调。2004年6月，美国给予巴“非北约主要盟国”地位，美巴关系迅速恢复。

美国的反恐战争从地缘和政治的层面需要巴基斯坦，但从更广阔的安全角度出发，美国更需要印度。“9·11”事件后，美国再次选择巴基斯坦而没有接受印度的慷慨援助，这让一部分印度政治家对印美关系改善的前景疑虑重重。然而不可否认的是，针对美国的恐怖袭击确实为新生的双边关系提供了历史性机遇。并且从长远来看，美国对印度的需要程度并不会低于巴基斯坦。其原因在于：

首先，与巴基斯坦是一个有核武器的穆斯林国家相比，印度是一个民主国家，与美国在价值观上具有共性。美国在阿富汗的反恐战争最迫切的任务是彻底铲除“基地”组织，建立亲美的民主政府。对于拥有强大军事实力的美国来说，实行“外科手术”或打击，切除极端势力这颗毒瘤并不困难，但民主政府的建立与巩固却绝非易事。印度作为一个世俗化的民主国家，在地区的民主化进程中具有重要的作用。印度的“民主橱窗”作用在冷战期间就始终是美国努力树立的，这种作用在后冷战时期虽说失去了原来的意义，但也具有新的内涵。那就是，印度在遏制伊斯兰原教旨主义泛滥方面具有积极作用。反恐只是一种手段，反恐战争

---

① Dennis Kux, *The United States and Pakistan, 1947 - 2000: Disenchanted Allies*, (Washington, D. C.: Woodrow Wilson Center Press, 2001), p. 320.

也只不过是一种实际上并没有多少效果的“外科手术”，只要美国的强势、霸权和干涉继续存在，恐怖主义滋生的环境就不能彻底改变。利用反恐战争扶持亲美政权的建立，虽然在一定程度上能达到立竿见影的效果，但民主基础的脆弱大多注定了这些国家更加动荡和混乱。阿富汗和伊拉克就是一个最好的证明。美国发动了对阿富汗战争，推翻了塔利班政权，重创了“基地”组织，在阿富汗建立了亲美政权，但阿富汗的国内局势却更加恶化了。同样地，美国以伊拉克萨达姆政权拥有大规模杀伤性武器为由发动了“倒萨”战争，但战争过后的伊拉克基本上从一个稳定的极权国家演变成动荡的恐怖分子的天堂。

其次，美国的反恐战争需要南亚稳定，保证美国的反恐大计不会受到印巴间越境恐怖活动等不稳定因素的影响。恐怖袭击事件发生后，美国施加必要的压力敦促印巴双方保持克制与容忍，在恢复对巴军经援助的同时保持与印度的密切接触，打消印度对美巴恢复同盟关系的疑虑，突出印度在地区的战略地位。因此，美国对印关系不仅没有出现有些印度政治精英和学者所担心的倒退，而是出现了加速发展的势头。“9·11”事件带来美国南亚政策的重大调整，但美国南亚政策的调整也并非完全是出于反恐的需要，而是美国全球战略需求的必然结果。美国在印巴都有重要利益，为了实现促进民主与人权、扩展经济合作、共同应对地区和全球挑战等目标，疏远印度和巴基斯坦的政策将毫无意义。[①]

美国的反恐战争需要南亚国家的支持，尤其是印度和巴基斯坦。同样地，印度也立即抓住了美国反恐战争提供的历史机遇。

---

① Richard N. Haass, “U. S. Needs to Soothe India, Pakistan”, http://www.brookings.edu/scholars/rhaass.htm.

恐怖袭击发生后，印度迅速站在美国一边。印度总理瓦杰帕伊表示，印度将无条件地支持美国，允许美国使用其军事基地设施。德国《法兰克福汇报》报道，“印度几乎提供一切可以想象的军事合作方式：从燃料补给到提供军事基地，从提供秘密警察的情报到记录克什米尔恐怖分子及其阿富汗雇主们之间的对话。美联邦调查局在驻印使馆建立分支机构并与印秘密警察合作等。”①

印度支持美国的反恐战争，主要是基于以下考虑：

第一，印度长期抱怨巴基斯坦支持恐怖主义活动，支持美国的反恐战争有助于在克什米尔问题上争取国际社会的同情，从而借反恐向巴施压。S. K. 芮在《跨境恐怖主义与印度安全》一文中指出，美国仅仅有一年多的国际恐怖主义经历，而印度从1947年开始就成为跨境恐怖主义的长期受害者。由于未能有效地使国际社会对自己在克什米尔问题上的立场留下深刻的印象，巴基斯坦采取了著名的对印“影子战”，导致了一场以对付其主要对手新德里为目的的低强度冲突。巴基斯坦至今还在支持和资助反印度政府的克什米尔叛乱运动，克什米尔恐怖分子特别是塔巴和“穆罕默德之军”的恐怖活动，得到了阿富汗穆斯林游击队员和巴基斯坦士兵在人员上的支援。② 印度抱怨美国从未认真对待印度所面临的越境恐怖主义问题，但“9·11”事件改变了美国观点，为印度提供了解决长期面临的跨境恐怖活动问题的机遇。近年来，印度把打击恐怖主义作为其国家安全战略的一个重要目

① （德）《法兰克福汇报》，2001年9月20日，转引自：赵蔚文：《印美关系爱恨录——半个多世纪的回顾与展望》，第251—252页。

② S.K. 芮：《跨境恐怖主义与印度安全》，载《中亚和南亚的恐怖主义和宗教极端主义》（《国际恐怖主义和宗教极端主义对中亚和南亚的挑战国际研讨会》论文集），第116—117页。

标。因此，印度在打击伊斯兰恐怖主义势力方面与美国有共同的关切和利益。

第二，支持美国的反恐战争，可以加强印美关系，抵消美巴同盟关系恢复导致的对印度安全环境的消极影响。冷战期间美巴结盟对印度的安全构成了威胁，冷战结束后，虽说美对巴的兴趣大减，但印巴关系并没有实质的突破，美巴同盟关系迅速恢复将对自己的安全形成挑战。印度认为，巴基斯坦与阿富汗的塔利班政权关系密切，美国打击塔利班政权等于削弱巴基斯坦的外部联系，实质上就是削弱巴基斯坦，对印度的安全环境有利。

第三，可以巩固印美关系发展的良好势头，加强与美国的关系。美国总统布什指出，“要么站在我们一边，要么站在恐怖分子一边”，没有第三条道路。支持美国的反恐战争，与美国合作，有助于进一步减轻美国对印核试后施加的压力，可以获取更多的经济和政治利益，符合印度国家利益。

综上所述，“9·11”恐怖袭击成为印美关系发展的“双通道”事件：美国需要印度在南亚稳定、阿富汗的反恐与战后重建以及更大范围的战略安全视角中发挥作用；而印度也需要搭上美国反恐的顺风车，解决国内所面临的恐怖活动问题，需要通过这个机会向美国展示印度发展与美关系的诚意，而且更为重要的是，巩固并发展与美关系的良好态势，为实现跨出南亚、走向世界的大国战略构筑平台。

第三节　塑造地区均势

2008 年 1 月 2 日，英国《卫报》刊发一篇题为《超级大国》

的文章。作者认为，“如果以西方人，特别是美国人先入为主的看法来判断，近10年中最重要的事件毫无疑问就是‘9·11’事件。但事实上，这10年中一个重要得多的事件是中国的崛起，以及伴随而来的美国的衰落。”① 然而，还有一个不容置疑的事实是，伴随着中国在东亚的崛起，印度在南亚也得到迅速发展。中国和印度，一个居于东亚，一个位于南亚，在21世纪经济全球化的大背景下，一前一后相继逐渐融入世界政治经济体系。亚洲的两个巨人，其人口总数接近全球人口的三分之一，经济总量及潜力世界瞩目。”正如作者所指出的，“这种变化大概过于巨大了……一个完全不同的世界正在形成之中，而我们将在这个10年内首次看到它的轮廓以及它的一些影响。”②

实际上，这种影响已经显现。“正是在这10年中，世界开始首次感受到中国带来的越来越大的影响，从廉价的消费品到日益上涨的物价、再到人们对环境的担忧以及现在似乎越来越普遍的一种感觉——中国是世界的‘未来’。”③ 英国学者马丁·雅克（Martin Jacques）也认为，由于中国的崛起，“中国不只是塑造自己的未来，也在塑造我们（西方国家）的未来”。④

一、美国对中国和印度崛起的研判

中国在崛起，对世界的影响逐渐显现。印度也在崛起，也在

① http://news.xinhuanet.com/world/2008-01/04/content_7364445.htm.

② 同上。

③ 同上。

④ Martin Jacques, “Will China Become the ‘Other’ Superpower?” *The Guardian*, December 8, 2005.

国际体系内发挥着自己的影响。尽管两个国家都面临着诸多限制因素，并且彼此崛起的时间和基础也各不相同，但中印在亚洲双双崛起，可以说是21世纪初最重大的事件。尽管关于美国霸权是否衰退各国学者的看法并不统一（例如美国学者查尔斯·金德尔伯格就认为20世纪70年代世界经济萧条就反映了美国霸权正在衰退；而英国学者苏珊·斯特兰奇则认为美国还处于世界权力结构的主导地位，因此美国的霸权并没有衰退），[①] 但中国和印度处于主权国家的兴起过程之中却得到各国学者的普遍认同。

随着新兴国家实力的逐渐增强，传统大国担心自己实力相对衰退所产生的负面影响。中国的崛起已经得到世界的关注，关于评判中国崛起对世界的影响，结果既有正面和积极的，也有负面和消极的。

2007年5月23日，美国一调查机构（UPI/Zogby Poll）发表了一份民意调查报告。民调以中国崛起的前景以及对美国的影响作为调查内容，在接受调查的5141人中，75%的人认为中国是美国最大的经济对手，60%的人认为中国对美国构成经济威胁，而有20%的人认为中国会威胁美国的国家安全，只有6%的人认为中国是一个经济伙伴和盟友。[②] 2007年5月28日，芝加哥全球事务委员会（Chicago Council on Global Affairs）和世界民意网（WorldPublicOpinion. org）在18个主要国家进行了一次大型的民意调查。其中有8个国家的大多数民众认为中国将最终在经济上

---

① 参见（美）查尔斯·P·金德尔伯格著，宋承允、洪文达译：《1929—1933年世界经济萧条》，上海译文出版社1986年版；（英）苏珊·斯特兰奇著，扬宇光译：《国际政治经济学导论：国家与市场》，经济科学出版社1990年版。

② The survey date available at http：//www. zogby. com/news/ReadNews. dbm? ID = 1314.

赶超美国，其中60%的美国人认为中国经济会赶超美国，有1/3表示对此相当担忧，而有54%的美国民众表示他们看待中国经济的这种崛起“并不积极也不消极”，但也有10%的美国民众表示他们对此的看法是相当积极的。虽然受调查的各国民众中认为中国崛起“主要是负面影响”的人不足三分之一，但调查结果显示，多数国家大多数或接近大多数受访者不相信中国在海外会负责任地行动（其中法国高达76%、美国58%、印度49%），而且中国之外的多数亚洲人警惕中国的军力建设，支持美国在该地区的安全存在。①

实际上，虽然马里兰大学全球政策项目主任、民调专家库尔（Steven Kull）认为“人们看到中国上升到世界国家行列中的前位并且以相当乐观的方式对此做出回应”，“国际上的回应是‘这是可接受的’”，② 但一个不容忽视的事实是：中国的崛起，已经引起了以美国为首的传统大国的不安和疑虑。美国前副国务卿佐立克一针见血地提出了问题：“我们如何看待21世纪初的中国？……有满腹的焦虑……许多国家希望看到中国寻求和平崛起，但没有国家会拿自己的未来做赌注。”③ 因此，在西方国家，“中国威胁论”有一定的市场和影响。

“中国威胁论”最早出现于20世纪90年代。随着苏联解体以及冷战的结束，在意识形态上中国成为一个有别于西方“自由

① The survey date available at http://www.danwei.org/china_and_foreign_relations/surveys_global_opinions_on_chi.php.

② http://www.szwto.gov.cn/CommonArticleDetail.aspx? MenuID=266&PageType=201&ArID=2412.

③ Robert Zoellick, "Whither China? From Membership to Responsibility", remarks, National Committee on U.S.-China Relations, New York, September 21, 2005.

世界”的社会主义国家。尽管改革开放的中国贯彻和平的外交政策，但西方的冷战思维仍然存在，西方国家一些媒体在失去主要对手苏联的情况下，开始炮制、鼓吹“中国威胁论”。“中国经济威胁论”、“中国军事威胁论”、“中国环境威胁论”、“中国能源威胁论”等相继出台。20世纪90年代初，“中国崩溃论”也开始在西方流行起来。其实，“中国崩溃论”只是“中国威胁论”的延伸，更确切地说是中国问题的另一面。美籍华裔律师章家敦出版的《中国即将崩溃》即是这种论调的代表。章家敦认为，“与其说21世纪是中国的世纪，还不如说中国正在崩溃”。他甚至断言“中国现行的政治和经济制度最多只能维持5年”，“中国的经济正在衰退并开始崩溃”等。①

美国等西方国家对中国的崛起以及中国崛起的影响怀有深深的疑虑，有的甚至是敌意。与此形成鲜明对比的是，西方对印度的崛起似乎并没有疑虑，或者说，即使有，也没有对中国的那么大。为什么？答案只有一个：中国是社会主义国家，而印度是一个与西方有共同价值基础的国家。这也反映出以美国为首的西方国家，即所谓的“自由民主体制”国家，并没有完全从冷战的思维中走出来。

二、传统大国与新兴大国

“大国”是一个相对的概念。早期的国际政治学者大多从现实主义视角出发，在界定大国的概念时，大多强调并突出国家所拥有的军事力量与能力。泰勒认为，“大国的标志就是战争能力”；德莫尔斯基

---

① See Gordon G. Chang, *The Coming Collapse of China*, (London: Arrow, 2002).

则认为大国“必须能够发动一场霸权战争”；辛格也认为大国的显著特征就是拥有“频繁发动战争并赢得大部分战争的能力”。[①] 然而不可否认的是，成长起来的大国当然具有战争的能力，但这种完全从现实主义出发，以零和规则去界定大国的做法并不全面。随着对大国成长研究理论的发展，后来的一些西方学者认为，大国不仅具备一定的实力与能力，还要具备一定的国际特殊责任与义务。也就是说，一个主导国家要维持其霸权，需要承担更多的国际责任，而成长的新兴国家则必须把国际责任作为对外交往的重要方面。[②]

自冷战结束后，美国成为国际体系内唯一的超级大国，其总体实力，特别是在经济、军事实力方面，与世界上其他主要国家相比优势在扩大，导致了冷战后国际体系中权力分配的不平衡性。尽管新兴国家有可能形成权力中心，但到目前为止，这也只是一种可能性，或者说是有这种潜力而已。“现在国际权力分配所发生的变化还没有引起国际体系发生根本性的转变，即这种变化并未改变冷战后国际体系的单极性，也就是说，这种量变还未达到质变的程度。”[③] 总之，美国在现行国际体系内仍然具有绝对的霸权地位。苏联的解体导致国际体系由两极向单极的变化，尽管21世纪前后出现了多极化趋势，但权力中心并没有改变。然而按照结构理论，单极世界是最不稳定的国际结构。因为处于支配

① Jack Levy, *War in the Modern Great Power System, 1495 – 1975*, (Lexington: University Press of Kentucky, 1983), p. 11. 转引自郭树勇：《大国成长的逻辑：西方大国崛起的国际政治社会学分析》，北京大学出版社2006年版，第3页。

② 郭树勇：《大国成长的逻辑：西方大国崛起的国际政治社会学分析》，第3页。

③ （美）约翰·伊肯伯里编：《美国无敌：均势的未来》，第6页。

地位的国家在国外承担了太多的义务，必然导致本身受到削弱，同时弱国也会对强国将来的行为感到担忧。两种趋势导致的单极结构失稳是不言而喻的。

然而，从历史上看，大国的兴衰往往导致国际格局和世界秩序的急剧变动甚至引发大战。这是因为崛起的大国通常会选择战争途径来打破原有强权建立的国际体系。所以，历史上大国的兴衰常常是国际体系中动荡和冲突的最重要的动力之一。现实主义理论就认为，任何一个新兴国家的崛起都意味着对以传统大国为主导的现存国际格局的挑战，都不可避免地发生势力范围的重新分割。结构现实主义认为，“冷战结束后美国的单极霸权地位不会永远持续下去，必然会遭到其他国家的制衡。”①新现实主义的代表人物肯尼思·沃尔兹（Kenneth N. Waltz）就认为，在国际政治中，实力超群的强国会促使和导致其他国家的制衡。②

因此，传统大国总是抱着一种复杂的心态来看待新兴大国的崛起。尤其是美国，一个赢得冷战的唯一超级大国，如何确保美国世纪的延续，便成为美国大战略的重要目标。

三、美国与印度：地区均势的塑造与利用

1997 年 5 月美国白宫在《迎接新世纪的国家安全战略》中明确提出，“为了更加安全与繁荣的明天，美国今天必须领导世

① （美）约翰·伊肯伯里编：《美国无敌：均势的未来》，第 7 页。

② Kenneth N. Waltz, “America as a Model for the World? A Foreign Policy Perspective,” *PS: Political Science & Politics*, Vol. 24, No. 4, December1991, p. 669.

界”。因此，“美国必须准备并愿意使用各种适当的国家力量工具来影响其他的国家和非国家行为体，必须具有继续领导世界的意志与能力”。“总之，美国的领导地位是国家安全的关键。”①

诚然，以现在美国的实力以及在现行国际政治体系中的地位，美国已经是世界的“领导者”。然而随着中国和印度等新兴大国的相继崛起，传统大国美国开始感受到“后来者”的压力。作为现行国际体系的主导者和既得利益者，美国所要做的就是保持霸权地位，并努力维护国际体系现状。因此，1992 年美国国防部制定的《防御计划指南》明确指出，“我们（美国）的首要目标就是防止新对手的再现”，为此，“美国必须显示必要的领导以建立和保卫这样一个新秩序，它能遏制那些最有可能成为竞争者的国家不要渴望发挥更大的作用”，“而东亚和东南亚就是一个有可能出现新对手的地区”。②

将中国作为东亚地区最大的潜在对手，实际上一直是美国国家安全战略的重要内容之一。在如何评判中国崛起的问题上，美国国内民众的看法虽然并不统一，但从文章前面给出的两个民意调查结果不难看出，尽管美国民众对中国的正面积极评价有所上升，但对中国崛起怀有疑虑的还占有一定的比例，甚至发挥着重要的影响。尤其是 21 世纪以来，随着美国国内保守势力的抬头，妖魔化中国的现象始终存在。美国前国家安全顾问兹比格涅夫·布热津斯基认为中国正在和平崛起，中国领导人也不倾向于向美国发出军事挑战，而是将注意力放在发展经济和作为一个大国赢

---

① The White House, *A National Security Strategy for A New Century*, May 1997, available at http://clinton2. nara. gov/WH/EOP/NSC/Strategy.

② Defense Planning Guidance, *The New York Times*, March 8, 1992.

得国际社会的承认上，但他还是承认，随着中国地区作用的增强，随着中国“势力范围”的扩大，摩擦将是不可避免的。而进攻现实主义学派的代表人物美国芝加哥大学政治学教授约翰·米尔斯海默则认为，中国不可能和平崛起，美国决不会容忍出现势均力敌的竞争者，美国和中国很可能会在安全领域发生激烈的对抗，甚至极有可能爆发战争，包括印度、新加坡、韩国、俄罗斯和越南在内的中国的大多数邻国很可能会与美国一道遏制中国。[①]

其实在冷战后理论界一片“历史终结论”、“大战过时论”和“民主和平论”的声音中，米尔斯海默就指出，在一个没有国际权威的世界里，大国一律损人利己，追逐权力，并成为支配性国家，在此过程中大国间必然产生冲突，这就是国家的悲剧。其代表作《大国政治的悲剧》于2001年10月在美国出版，书中就指出，“美国对中国越来越感到担忧，不是因为它相对弱小的军事，而是因为中国有十二亿多人口以及快速增长的现代化经济。一旦中国变得特别富裕，它很容易成为一个军事超级大国，并挑战美国。”[②] 作者认为“在21世纪早期，美国可能面临的最危险的前景是中国成为东北亚的潜在霸权国”，“中国将比20世纪美国面临的任何一个潜在霸权国都更强大、更危险”，“富强的中国不会是一个维护现状的大国，而会是个决心要获取地区霸权的雄心勃勃的国家。”作者还指出，“尽管中国肯定希望成为东北亚的霸主，但美国显然不愿意让这种情况发生”，“强大的国际体系的结

① Zbigniew Brzezinski, John J. Mearsheimer, “Clash of the Titans”, *Foreign Policy*, January/February 2005, available at http://www.foreignpolicy.com/story/cms.php? story_ id = 2740.

② （美）约翰·米尔斯海默：《大国政治的悲剧》，第80页。

构性规则可能迫使美国不久就放弃建设性的接触政策”，“如果美国拒绝自它建国伊始就为之服务的现实主义原则的话，这将是个严重的错误”。[1]

美国普林斯顿大学政治与国际关系学教授、卡耐基国际和平基金会高级研究员约翰·伊肯伯里却认为，“美国的目标不应当是阻碍及遏制中国，而应当是帮助中国在目前的国际秩序中实现其正当合理的抱负，成为亚洲政治及国际政治中负责任的利益相关者。广而言之，在亚洲，美国应致力于构建一个跨太平洋的而非泛亚的区域秩序，即一个美国在其中发挥全面作用的区域秩序。美日同盟仍然是美国东亚战略的基石，但美国也应寻求创立一个东亚安全组织，将中国、日本、韩国、俄罗斯及美国等主要国家聚集一堂讨论现存的区域问题。同时，我们还必须继续加强与亚洲另一个正在崛起的强国——印度——之间的关系。并且，我们应当基于中国之外亚洲其他各国经济的持续增长是管理中国崛起的关键这一原则，制定整个亚洲地区的政策方针。”[2] 美国前助理国务卿温斯顿·洛德（Winston Lord）也强烈否认美国像过去遏制苏联那样正在努力遏制中国。他坚持说，美国的政策是进行接触的政策而不是遏制政策。[3]

无论是接触还是遏制，其实美国对华政策不可避免地带有双

---

① （美）约翰·米尔斯海默：《大国政治的悲剧》，第543—545页。

② G. John Ikenberry and Anne-Marie Slaughter, “Forging a World of Liberty under Law: U. S. National Security in the 21st Century”, Final Paper of the Princeton Project on National Security, available at http://www.princeton.edu/~ppns/report/FinalReport.pdf.

③ Charles Krauthammer, “Why We Must Contain China” *The*, July 31, 1995, P. 72.

重性。一个美国学者观点清楚地表明了这一点，即对一个新兴的、有威胁性的中国采取任何合理的政策都会有两个组成部分，其中之一就是在中国不屈不挠地扩大其势力范围时予以遏制。而且，遏制必须从它尚处于早期时开始，要同中国的邻国建立关系，而同民主的印度建立新的安全关系就是美国安全战略的一个组成，因为印度现已摆脱了同苏联结成的古怪的冷战联盟。[①]

2005 年 3 月 19 日，美国务卿赖斯在日本上智大学（Sophia University）发表演讲指出，“我认为中国逐渐发挥地区作用是非常重要的，我们也需要一个自信的中国能日益发挥作用。如果中国像美国和日本民主同盟那样，不仅带来经济和其他力量，也将民主价值带给这个地区的中心，这无论如何都是好事。因此，当我们关注中国的作用时，我确信美日关系、美韩关系和美印关系对于塑造中国发挥积极作用而不是消极作用的环境都是非常重要的。”[②] 实际上，国务卿赖斯的讲话非常明确，美日关系、美韩关系和美印关系就是为了“促进”中国发挥美国所认为的积极作用。尽管赖斯强调美日等同盟“并不是对抗中国的同盟”，而是“致力于稳定的安全、政治和经济同盟”，[③] 但对于中国崛起的担心与顾虑显露无遗。“我刚刚结束对印度的访问，描绘出广阔的战略关系前景，帮助印度实现其伟大的多民族民主大国目标。这个前景包括为了和平、防务、能源与经济增长等全球战略合作。”[④] 赖

① Charles Krauthammer, “Why We Must Contain China”, *Time*, Jul. 31, 1995, available at http: //www. time. com/time/magazine/article/0, 9171, 983245, 00. html.

② Condoleezza Rice's remarks at Sophia University, March 19, 2005, available at http: //www. state. gov/secretary/rm/2005/43655. htm.

③ Ibid.

④ Ibid.

斯毫不讳言，“努力推动、督促和说服中国走向更加积极的进程是我们的责任”。[1]

实际上，美国国内对中国政策的争论，也反映在美国对华政策的两面性上，即接触和防范。对于接触的实质，或者说全面接触的真正目的，哈佛大学教授江忆恩（Alastair Ian Johnston）认为，“用非武力的手段来消融崛起大国行为中的扩张性因素，其目的在于使这股崛起的力量能在全球和地区秩序和平变革的框架下得以行使。”[2] 因此，美国一方面通过接触政策，努力使中国的崛起融入现行国际政治经济体系之中，使中国变成现行体系的“利益攸关方”，迫使中国担负起一个大国所应有的国际责任。另一方面通过联盟体系，发挥自己“离岸平衡”的作用，通过其盟友限制、平衡中国的发展。美国与印度关系迅速升温，并且在极短的时间内形成全球伙伴关系，正是美国塑造地区均势战略的体现。

“中国威胁论”在印度也有一定的市场，有的印度学者甚至提出要建立“亚洲版北约”（NAATO），目的就是遏制中国。[3] 因此，从“中国威胁论”的角度，印度和美国似乎有种天然的默契。1998 年 5 月，印度进行了五次核试验，瓦杰帕伊总理在写给美国总统克林顿的信中将核试验矛头对准中国。但事实是，南亚地区并没有出现像瓦杰帕伊所说的使印度面临的安全环境“不断恶化”的因素。实际上，从印度对华鹰派人物的立场就不难看

---

① Condoleezza Rice's remarks at Sophia University，March 19，2005，available at http：//www. state. gov/secretary/rm/2005/43655. htm.

② 楚树龙、耿秦主编：《世界、美国和中国——新世纪国际关系和国际战略理论探索》，清华大学出版社 2003 年版，第 239 页。

③ 马达夫·那拉帕特（Madhav Nalapat）就是代表人物。

出，印度散布“中国威胁论”其来有自。印度前国防部长乔治·费尔南德斯可谓印度对华政策的鹰派代表。费尔南德斯在讲话中多次称“中国是比巴基斯坦更大的威胁”，并诬蔑“中国在西藏部署了核弹头导弹对准印度”，“中国侵犯印度边境，要攫取印度的领土”，“中国强化在西藏的军事存在”，“中国支持印度东北部的叛乱活动”，“中国和巴基斯坦组成轴心对付印度”，等等。2000 年，他在一次集会上又称，“在成为世界强国的过程中，中国是印度最大的竞争对手”。[1]

中国在崛起，印度也在崛起。尽管印度的崛起可能要晚于中国，并且在国力上也与中国有一定的距离，但印度的崛起也是当今国际体系的一个重大事件。那么，为什么美国要利用印度平衡中国呢？而印度是否也利用与美国的关系来制约中国的影响呢？为什么没有出现中印联合或其他联合来制衡美国呢？

对于美国来说，利用印度塑造地区均势，制衡中国的崛起，原因在于：

第一，虽然美国是唯一的霸权国家，但正如约瑟夫·奈指出的，“历史和理论表明，这种情况不会永远持续下去。权力总会招致对权力的制衡，权力过度会引起次要行为体采取过分的做法，或促使它们联合起来。”[2] 美国一方面害怕权力的衰落，另一方面恐惧制衡联盟的出现。因此，发展与印度的关系，重要的是可以限制制衡美国联盟的形成。美国加速提升印美关系，不仅可以从战略上遏制中国，而且还可以阻止所谓的俄中印三国战略联

---

① 《印度哪些人叫嚣“中国威胁论”?》，http://www.defence.org.cn/article-13-9292.html。

② （美）约翰·伊肯伯里编：《美国无敌：均势的未来》，第 155 页。

盟的形成。

第二，冷战思维仍然存在，美国还戴着意识形态这个“有色眼镜”。中国是一个正在崛起的社会主义国家，而印度是一个与美国有着共同价值观基础的国家。正如迈克尔·马斯坦杜诺所说，“美国官员一直从意识形态和实力的角度看待国际秩序和美国在全球的地位”，“有选择地利用能够反映和传播美国核心价值观念的国际制度，对经济力量和潜在的地缘政治影响比较集中的重要地区进行干预。”[①] 而且，“民主和平论”也认为，“民主国家不会与民主国家打仗，民主国家形成了一块和平地带，真正的民主国家以和平的方式处理相互之间的关系”等。有的学者甚至认为，“如果权力不对称是发生在民主国家之间，那么，它的威胁性和破坏性就大大降低了。”[②] 因此，美国认为印度是“天然的盟友”，中国是正在崛起的对手。

第三，美国要帮助印度成为21世纪大国，借助印度的强大来平衡中国的发展。美国希望将美印之间的战略关系再进一步扩大，愿意在政治、经济、贸易、国家安全等领域全面与印度合作，包括建立导弹防御系统。可以说，离岸平衡是美国塑造地区均势最得心应手的手段。

第四，像中国的崛起不以美国人的意志为转移一样，印度的崛起也是必然的。美国需要敌人，更需要盟友，疏远与遏制印度并不符合美国的长远利益。因而，与其疏远印度可能造就一个潜在的对手，培养一个潜在的盟友来制约一个潜在的对手更符合美国的战略利益需要。

---

① （美）约翰·伊肯伯里编：《美国无敌：均势的未来》，第189—193页。

② 同上书，第291页。

对于印度来说，可以利用与美国关系，平衡中国及其他国家的影响。原因主要是：

第一，中印关系既有亲如兄弟的蜜月时期，也有兵戎相见的非常阶段。两个相邻的大国虽然建立了面向和平与繁荣的战略合作伙伴关系，但一些印度政治精英对中国的崛起还是怀有深深的疑虑，尤其是对中国对南亚及印度洋地区的影响深感不安。1998年印度进行核试验时，就是把中国的威胁作为借口。

第二，中国是一个毗邻的正在崛起中的大国，而美国是一个大洋阻隔的遥远的超级大国。“一个国家更可能从邻国而不是相距遥远的国家那里感受到威胁”①，所以，发展与美国的关系，不仅可以提升自己的国际地位，更重要的是可以拓展自己与邻国的外交空间，例如中国、巴基斯坦等。

第三，冷战时期美巴结盟对印度的安全环境构成了极大的威胁，尽管冷战后美巴联盟的基础不复存在，但“9·11”事件后美国赋予巴基斯坦“非北约主要盟友”地位，这是印度不愿看到的结果。在印巴关系并无实质进展的背景下，印度提升与美国的关系，不仅可以削弱巴基斯坦的影响，更为重要的是，可以争取美国改变过去在印巴冲突中“偏巴”的传统立场，为克什米尔问题争取有利于印方的国际舆论。

第四，印度也是一个崛起的发展中国家，在国际体系中发挥自己的作用、追求大国地位已经成为印度的国家意志。印度的一些政治精英、战略家和学者认为冷战期间与美国疏远制约了印度大国地位诉求，前外长辛格曾指责尼赫鲁的对外政策和国家安全

---

① （美）詹姆斯·多尔蒂、小罗伯特·普法尔茨格拉夫，闫学通等译：《争论中的国际关系理论》，世界知识出版社2002年版，第186页。

政策过于理想主义化和不切实际，谴责尼赫鲁以其个人的道义和伦理牺牲了国家利益的现实。[①] 因此，在印度对外政策现实主义和实用主义回归的背景下，印度不会再次放弃与超级大国美国发展关系的机会。

而对于为什么没有形成针对美国霸权的制衡联盟，原因在于：

首先，印度虽然在对美政策中具有明显的现实主义和实用主义原则，但保持战略上的独立自主仍是其追求的目标，因此，与冷战时期一样，印度不会采取把所有的鸡蛋放到一个篮子里的政策。然而不可否认的是，冷战后印度在对外政策上采取了向美国倾斜的态势，但在大国之间保持某种动态平衡显然更有利于印度的战略主动。“印度是非常善于在大国之间搞平衡的国家，走中间路线和避免‘一边倒’是印度外交政策的重要原则。印度的大国关系战略是，利用大国之间的互动关系使自己拥有更大的外交活动空间和回旋余地，但不锁定与任何大国的结盟和对抗关系。”[②]

其次，作为新兴的大国，中国当然希望在国际舞台上发挥自己的影响与作用，但中国奉行和平自主的外交政策，努力构建和谐的国际秩序。尤其是十六大报告提出，中国始终不渝地奉行独立自主的和平外交政策。中国外交政策的宗旨是维护世界和平，促进共同发展。和平与发展是各国人民的“共同愿望”，中国要与各国人民“共同努力”、“共同维护”和“共同推进”和平与

---

① Jaswant Singh, *Defending India*, p. 43.

② 孙士海、江亦丽主编：《二战后南亚国家对外关系研究》，方志出版社 2007 年版，第 35 页。

发展的事业，中国要与各国“共同协商”世界事务，维护全人类的“共同利益”，实现世界各国的“共同繁荣”。[①] 因此，中国会成为强国，但不会成为霸权国家，更不会联合其他国家制衡美国，但前提是美国的霸权不挑战中国的国家安全。

最后，美国在国际体系中的权力分配上处于金字塔的顶端，具有巨大的影响力。虽然霸权容易导致制衡的出现，并且只有用权力来约束权力，但制衡的代价也是巨大的。因此通常来说，面对失衡的权力，新兴国家大多遵循“合作者战略”而不是“挑战者战略”。这也可以从俄前外长普里马科夫提出建立俄中印战略三角以制衡美国霸权后，并没有得到中、印的积极响应得到体现。尽管近年俄中印战略三角有所发展，但其定位是明确的，即不针对任何第三方力量。

① 参见《全面建设小康社会，开创中国特色社会主义事业新局面》，江泽民在中国共产党第十六次全国代表大会上的报告，2002 年 11 月 8 日，新华网，http://news.xinhuanet.com/newscenter/2002-11/17/content_632239.htm。

第六章

印美关系中的大国因素

大国关系在南亚地区的互动和影响是明显而微妙的。冷战期间，苏联和中国甚至巴基斯坦都曾在不同时期以不同的方式在不同的程度上影响了印美关系的发展。冷战时期国际体系的演进和大国关系的发展，特别是集团内部与集团之间关系的互动和变化，对印度外交和安全战略的选择产生了重要影响。冷战结束后，南亚的战略格局发生了重要变化。印美关系中苏联因素消失，但随着俄罗斯国力逐渐增强和对印度影响力逐步提高，俄罗斯取代苏联再次成为印美关系中重要的因素。中国，一个曾经与印度发生边界冲突的崛起中的新兴国家，也成为印美关系中不可避免的因素之一。大国关系的互动是21 世纪以来国际政治的最显著特征。美国、俄罗斯、中国和印度，既有实力强大的超级大国（美国），有国力和信心逐渐恢复的传统强国（俄罗斯），也有正在崛起中的发展中国家（中国和印度），它们之间的互动，必然对21 世纪的世界政治格局产生重要影响。

第一节　冷战期间印美关系中的中国和苏联因素

作为南亚地区的大国，印度在世界大国的力量平衡中具有特定的分量和战略价值。冷战期间，印度作为“不结盟运动”的积极倡导者，以第三世界“领袖”的姿态，代表着“第三种力量”的崛起以及在外交上奉行独立自主的“第三条道路”，尽管如此，在两极格局及冷战的大环境下，印度最终还是走向了与苏结盟抗衡美中巴的道路。然而冷战后，随着国力尤其是军事实力的逐渐增强，印度又成为国际格局中一支重要的力量。尤其是进入21世纪以来，随着国际政治进入阶段性交替时期，国际体系中各种力量也正酝酿和进行着新的分化与组合。在脆弱多变的国际政治体系内，呈现出军事权力单极化（美国）、经济权力多极化（美国、欧洲、日本和21世纪的中国）和跨国权力分散化（银行家和恐怖分子等）的局面。① 印美全球伙伴关系的形成、印俄战略伙伴关系的再塑造，以及中印面向和平与繁荣的战略合作伙伴关系的发展，都会对现行的国际格局产生影响。美国防部于2006年2月发表的《四年防务报告》指出，“印度、俄罗斯和中国将是决定21世纪国际安全环境的关键因素。”②

美国、苏联、中国和印度这四个国家，既有相互对立的“自

① Joseph S. Nye，Jr.，“Conflicts after the Cold War”，*The Washington Quarterly*，Winter 1996，p. 9.

② US Department of Defense，“Quadrennial Defense Review Report”，February 3，2006. http：//www. defenselink. mil/qdr/report/Report20060203. pdf.

由世界”和社会主义阵营的“老大”，又有新独立的希望发展“第三种力量”的不结盟运动的倡导者，还有希望“团结世界人民”但外交上完全倒向苏联的社会主义国家。冷战期间两个阵营之间的对抗，以及“不结盟运动”代表的“第三种力量”与两大阵营的互动，对印美关系产生了深刻的影响。中国和苏联，成为影响印美关系的重要因素。

第二次世界大战刚刚结束，作为同盟国成员的美国和苏联就从同盟走向对立。二战后美国实力急剧膨胀而成为全球性大国，也导致美国称霸全球野心的同步增长。然而美国的全球霸权却遇到了苏联的挑战。美苏出于各自的国家利益，爆发了以意识形态对抗为特征的冷战。美苏对抗成为美国外交的主线，遏制苏联共产主义成为美国外交的首要任务。美国总统杜鲁门甚至声称，“不论什么地方，不论直接或间接侵略威胁了和平，都与美国的安全有关。”[①] 杜鲁门总统的特别顾问克拉克·克利福德认为，“为了遏制苏联对美国或对世界上与美国安危休戚相关地区的进攻，主要威慑力量将是我国的军事力量。必须使苏联政府明白，一旦战争爆发，我国的力量足以击退任何进攻，足以置苏联于死地。明确宣告苏联必将失败，是遏制苏联的唯一可靠手段。”[②] 因此，二战后美国与苏联从反法西斯同盟走向对抗，以及两极格局的形成，是战后初期国际政治最显著的特征。

尽管美国强调遏制战略不要忽视“中间地带”而要面向全世界，但在冷战初期，美国遏制战略的重点明显放在欧洲。但随着

① 杜鲁门：《杜鲁门回忆录》（第2卷），三联书店1974年版，第121页。

② 刘同舜编：《“冷战”、“遏制”和大西洋联盟：1945—1950年美国战略决策资料选编》，第68页。

冷战的深入发展，美苏开始了对中间地带的争夺。印度和中国是在冷战初期相继独立和建国的，各自的对外政策不可避免地受到国际格局的制约和影响。出于各自的国家利益考量，印度实行积极的不结盟对外政策。中国作为一个冷战初期成立的社会主义国家，建国伊始就提出了“另起炉灶”、“一边倒”、“打扫干净屋子再请客”、“礼尚往来”、“互通有无”和“团结世界人民”等一系列外交指导方针。[1]

印度独立后的外交政策是由国内政治经济形势的发展以及国际形势特征所决定的。印度的不结盟政策服务于印度外交的两个战略目的：印度的大国地位和印度的国家安全。独立伊始，印度就确立了要成为具有全球影响的世界大国的战略。摆脱殖民统治后高涨的民族自豪感，以及南亚次大陆重要的地缘因素，放大了印度的大国战略。印度要做“有声有色”的大国，独立后当务之急便是巩固民族独立、捍卫主权和领土完整、发展经济。尼赫鲁希望通过不结盟政策在美苏之间保持平衡，争取西方国家和苏东阵营对印度经济发展计划的支持，同时还希望在国际政治中组成以印度为首的“第三种力量”。

美国外交中的意识形态因素占据主导地位。尽管美国指责、批评印度的不结盟政策，但是随着与苏联争夺中间地带的加剧，尤其是印度的议会民主国家体制等因素，美国仍然认为印度是可以被争取加入到遏制苏联共产主义的“自由世界”阵营中的。而中国，作为倒向苏联的社会主义国家，自然成为美国抵制与遏制的对象。

---

① 王泰平主编：《新中国外交 50 年》，北京出版社 1999 年版，第 19—20 页。

然而印度对美国的冷战政策和遏制战略并不完全认同，尤其是在对待新中国的态度上。印度开国总理尼赫鲁在20世纪30年代就认识到，印度的独立与主权不能存在于真空环境之中，而是广大的亚非殖民地国家争取独立与自由斗争运动的一部分。[①] 因此，当新中国成立后，印度政府便立即宣布承认中华人民共和国，表示愿与中国建立外交关系。可以说，尼赫鲁总理将中国视为印度的亚洲伙伴，希望中印一起塑造亚洲的未来。[②] 印度顶住美国的压力承认新中国并且与中国建立外交关系，是与以尼赫鲁总理为代表的印度大国思想分不开的。因此，印度独立后奉行不结盟的外交政策，而且以积极的态度对待新中国。印度成为第一个与新中国建立外交关系的非社会主义国家，这是印度不结盟政策的具体实践。

由于美国和印度对中国认识的差异，导致两国在中国问题上存在严重分歧，这也成为影响印美双边关系的因素之一。尤其是在朝鲜战争爆发后，印度外交政策中的道义标准再一次体现，而这又反过来被美国认为是与美国利益背道而驰的，双边关系受到消极的影响也在情理之中了。

美国指责印度的不结盟政策是“不道德的”，然而在印度独立初期，苏联对印度也没有多少好感。实际上，在斯大林执政期间，苏联认为没有必要与印度发展紧密的关系，因为在斯大林看来，在世界事务中“第三种力量”能发挥独立作用的可能性几乎为零。因此，苏联对印度的独立并没有表现出关心，甚至认为印

① J. N. Dixit, *Across Borders: Fifty Years of India's Foreign Policy*, p. 31.

② Jawaharlal Nehru, *Glimpses of World History*, (New Delhi: Oxford University Press, 1989), pp. 428 – 452.

度仍然留在英联邦内是亲西方的，因而两国接触有限并进而导致双边关系冷淡。然而到了 20 世纪 50 年代中期，由于美国与巴基斯坦结盟，冷战进入南亚次大陆。正是在这种背景下，苏联领导人对印度的“民族资产阶级”有了新的认识：“民族资产阶级并不总是背叛民族独立事业。事实上恰恰相反，它是帝国主义天然的和不可调和的敌人。”① 而且，民族主义运动的成长和壮大符合苏联削弱西方影响的目标。所以，削弱美国为首的西方国家在南亚的存在和影响，成为苏联战略上的重要考量。在阻止美国对南亚的影响上，印苏具有共同的利益。然而对印度来说，通过发展印苏关系来抗衡美巴结盟对国家安全的挑战和威胁，也是不得已而为之，是美国推行的南亚政策促使尼赫鲁决心加强同苏联关系的。有的学者对此评论说，“美国为冷战进入南亚打开了门户，而苏联正伺机进入”。②

1955 年尼赫鲁和赫鲁晓夫实现互访，苏联在克什米尔问题上开始公开支持印度。“此后，苏联屡屡在国际上支持印度在克什米尔问题上的立场，尤其是在安理会内使用或威胁使用否决权，充当了印度抵制西方大国压力的保护伞。”③ 苏联对印度政治上的支持与经济上的援助，导致双边关系的迅速发展和苏联影响的扩大，1955 年印度国会通过的建立“社会主义类型社会”的决议就是证明。尤其是 50 年代末 60 年代初，随着中苏关系恶化以及中

① Sovetskoe Vostokovedenie (Moscow), No. 1, 1956. inferred from Raghunath Ram, *Soviet Policy towards Pakistan*, (New Delhi: Ram Nagar, 1983), p. 33.

② Warren I. Cohen, “Oh Calcutta! Uncle Sam Finds South Asia”, *Reviews in American History*, Vol. 22, No. 4., Dec., 1994, p. 708.

③ V. P. Dutt, *India's Foreign Policy*, (New Delhi: Vikas Publishing House, 1986), p. 10. 转引自孙士海主编:《印度的发展及其对外战略》，第 269 页。

印关系逆转，印度与美苏等大国的关系处于有利地位。可以说，印度在对华问题上得到了两个超级大国的支持。正如有的学者所说，“在中国和印度发生矛盾的时候，中国处于困难境地，而印度既得到美国的支持，也得到苏联的支持。”①

20世纪60年代，中印关系恶化后带来了印美关系的积极变化。对印度来说，中国既是地区外国家，又是近邻。“在国家安全问题上，印度始终是从两个不同角度看待中国的，既作为团结起来共同谋求公平合理的世界政治和经济新秩序的合作伙伴，又作为千方百计加以防范的竞争对手。”② 在尼赫鲁的思想中，就对中国有一种不信任感，对与印度有着漫长边界线的中国一直存有疑心，尤其是西藏作为“缓冲地带”的幻想破灭之后，他对中国的担心更加明显化。1959年底，尼赫鲁总理在印度议会说，“即使我们百分之百地同他们（中国）友好，事实上仍然是这样：有一个强大的国家呆在我们边境上。那种情况本身改变了整个局势。”

中国和印度，两个具有悠久历史的文明古国，交往的历史源远流长。但历史上的友好却难以掩饰两国建交后“荡秋千似的双边关系”事实。③ 尽管印度实行不结盟政策，并且在新中国成立后采取了积极的外交行动，但尼赫鲁公开宣称“印度在必要时将有所选择”。这一点在中印关系恶化后得到了体现。中印边界冲

---

① 郑瑞祥在中印边界问题座谈会上的发言，见《中印边界问题座谈会纪实（上）》，载《南亚研究》，2007年第1期，第50页。

② 孙士海主编：《印度的发展及其对外战略》，第277页。

③ Shri George Fernandes, “Concluding Address at the Fifth Asian Security Conference Organised by the Institute for Defence Studies and Analyses,” *Strategic Digest*, February 2003, p. 95.

突发生后，印美两国有了共同对付中国的利益汇合点，印度立即要求美国军事援助。美国决策者认为，中国的现实威胁迫使印度要求美国提供军事援助，这是美国拉拢印度将其纳入美国战略轨道的大好机会。然而由于美国顾及与巴基斯坦的盟友关系，提供军援的数量与质量都不能满足印度的需要，加之美国担心大量的军事援助会导致中苏关系改善，所以印美关系出现短暂的升温后又回复到以前的水平。1965 年以后，美国停止了对印度的军事援助，而苏联则成为印度最大的军事援助国。

20 世纪 60 年代末期和 70 年代初期，中美苏三国形成的三角关系对印美关系产生了深刻影响。尽管美苏关系有所缓和，但对抗的性质并没有改变。中苏关系恶化和严重对立形成的对中国安全的巨大威胁，促使中美接近以及双边关系的逐渐解冻。而所谓的美中巴“轴心”的形成，被印度解读为安全环境的恶化。在这种形势下，印度与苏联于 1971 年签订了具有军事同盟性质的《印苏和平友好合作条约》。虽然《条约》宣称两国不会结成针对第三国的军事同盟，但实际上该条约使两国结成特殊的战略伙伴关系。在 1971 年印巴第三次战争中，美国和中国支持巴基斯坦，苏联则站在印度一边。1971 年的印巴战争表明印度不结盟外交政策时代的终结，显示了大国外交在冷战的非核心地区的影响力度。中美和解以及美中巴战略上的互动导致印苏的准结盟，印美关系降到历史低点。1972 年英·甘地在美国《外交》杂志上发表文章，对印美关系进行了评述，指出印美之间误解上升的原因在于印度与苏联和东欧国家的接触。[①]

20 世纪 70 年代中期，美国酝酿调整南亚政策，尤其是卡特

---

① Indira Gandhi，“India and the World”，*Foreign Affairs*，October 1972.

政府推行理想主义外交，重视人权、民主和建立世界新秩序，希望改善与印度的关系。而此时印度也希望与中国的关系正常化。在中苏关系继续恶化的条件下，中美和印美的接近与中印互动增强了苏联的不安。期间，印苏高层互访，彼此的目的很明确：印度的目的在于解除苏联的顾虑，并且“寻求更高水平的合作形式和获得更多的援助”；而苏联的目的则在于，“通过更密切的经济合作加强苏印关系，从而减弱中印之间的接触”，“采取一切必要的措施对付中国的威胁”。[1]

1979 年初，中美正式建立外交关系。时隔不久，苏联入侵阿富汗。这一时期，苏联亚洲政策的目标在于，“谋求同亚洲国家建立稳定的关系，赢得印度和东盟对苏联遏制中国政策的理解与支持，建立对中国的包围圈。制约和降低美国和中国在亚洲事务中的影响，把越南纳入苏联的战略轨道。”[2] 全世界都对苏联的行为进行谴责，美国也对苏联进行了全面遏制。但印度最终还是站在苏联一边，对联合国谴责苏联的决议未予以支持。1985 年，苏联开始大幅调整对外政策，美苏关系得到缓和，国际局势的发展对中印关系的改善提供了有利空间。而且自 1986 年后，中苏关系出现了积极的讯号。三年后，随着中苏双边关系实现正常化，苏联作为中印关系的阻碍因素不复存在。苏联决策者决定在南亚地区实行战略收缩，造成印苏关系的微妙变化。可以说，印苏关系没有以前紧密了。这种变化不仅“降低了印度在美国、中国对抗苏联中的战略地位和作用，从而降低了美国和中国改善同印度关系的迫切性与积极性”，而且还造成了美国和中国“都把处理同

① 张敏秋主编：《中印关系研究（1947—2003）》，第 294—295 页。

② 孙士海、江亦丽主编：《二战后南亚国家对外关系》，第 101 页。

苏联的关系作为外交政策的优选”。[①] 在这样的背景下，印度也开始谋求与美国关系的改善。因此，自20世纪80年代中期开始，美国、苏联、中国和印度之间的大国互动明显得到加强，在国际局势缓和的大环境下，四国互动中冷战的零和定式的程序有所减弱，互惠互利基础上的合作尤其是经贸关系得到空前发展。然而，从准军事同盟的层面上看，美巴关系和印苏关系的实质并没有明显改变，而且印巴对抗的局面也并没有随着美苏的缓和而缓解，这些因素仍然严重影响美国的对印政策以及双边关系的发展，导致印美关系在80年代后期并未取得实质性进展。

第二节　冷战后印美关系与俄、中、印互动

苏联的解体以及冷战的结束导致两极格局的最终瓦解，世界进入新旧格局转换时期。世界各种战略力量经历着分化与组合。大国为了各自国家的利益，相互调整、重新定位彼此关系。大国之间互动的增强成为冷战后国际格局转换过程中最为明显的特征。

一、冷战后的国际形势

美国布兰代斯大学赦脱国际关系学院教授罗伯特·阿特（Robert J. Art）指出，“国际形势本身不会也不应该完全决定国家的外交政策，但是它们的确为国家提供了利用各种资源的机会，

① 张敏秋主编：《中印关系研究（1947—2003）》，第299页。

同时也对国家行动形成了限制。"[①] 确实，冷战后国际格局的新发展，一方面为大国之间的互动提供了空间，另一方面也在一定程度上影响或制约着国家行为。阿特将冷战后国际环境的特点概括为："美国没有一个势均力敌的军事竞争者；大规模恐怖主义的兴起；西欧、北美以及日本之间经济相互依赖程度增加，并借用全球化的力量将一些第三世界国家纳入相互依赖的场景之中；民主政治不仅需求增加，而且向西欧、北美与日本核心区之外扩展；全球环境继续恶化，尤其表现在全球气温升高以及与之有关的气候变化的威胁。"[②]

冷战结束后，美国的实力得到极大的提升。"其他国家可能在一个或两个领域与美国的实力不相上下，但是，美国多方面的综合实力却无可匹敌"，其"突出实力在近现代历史上前所未有"，其姿态也表现出"颐指气使、高高在上、盛气凌人"。[③]"9·11"恐怖事件以后，国际关系中这种一超独大的超级大国地位使美国逐渐发展起单边主义倾向。单边主义的特点是，对于现行国际体制、国际条约，符合自己利益的使用，不符合自己利益和需要的就弃之不顾；仅凭自己的判断行事，不尊重国际社会的普遍意愿，甚至不尊重盟国的意见。例如，2001 年 10 月，美国开始对阿富汗实施军事打击，不顾国际社会的普遍反对退出《反弹道导弹条约》；2002 年 1 月，总统布什提出"邪恶轴心说"；2002 年 6 月在西点军校毕业典礼的讲话中，布什提出了"要在最

① （美）罗伯特·阿特著，郭树勇译：《美国大战略》，北京大学出版社 2005 年版，第 12 页。

② 同上书，第 12 页。

③ 约翰·伊肯伯里编：《美国无敌：均势的未来》，第 1 页。

危险的威胁成为现实之前就对付它”的“先发制人”理论；2003年3月，美国绕开联合国安理会对伊拉克动武。这样，通过一系列的行动，一个与冷战时期完全不同的美国对外战略框架基本形成：重新评估威胁，并对所面临的威胁采取先发制人战略；在追求美国国家利益和重构新的世界秩序的过程中追求绝对安全，更加强调军事手段和军事实力；强调美国在处理世界事务中的行动自由；强调美国的价值理念以及对世界的道义责任，积极改造世界；以反恐为契机构建新的大国关系框架。① 因此，美国的单边主义加速发展，极大地阻碍了世界多极化进程，使国际社会对于未来的世界秩序走向产生疑虑。

苏联作为世界政治格局的一极不复存在，新生的俄罗斯在实力上远远未及曾经对美国构成制衡甚至威慑作用的苏联，导致俄罗斯对世界政治、经济、军事的影响力下降。尤其是在1998年前后，俄罗斯处于政治、经济最困难时期。冷战结束初期所奉行的向西方一边倒的对外政策没有使俄罗斯得到应有的“安全感”，而肇始于1994年的北约东扩计划所导致的对俄罗斯传统地缘战略空间的挤压，愈加使俄罗斯疑虑重重。而在俄罗斯国内，“向西方一边倒”的外交政策受到政治地位不断提高的左翼政党的批判。普里马科夫任总理后，俄罗斯开始更多地强调自己的亚洲属性，提出在国际事务中俄国奉行“欧亚主义”，指出俄是一只既面向西方也面向东方的“双头鹰”。而且，经过独立之初的短暂接近后，由于对西方失望以及西方在国际政治领域的所作所为导

① 倪峰：《塑造新帝国——“9·11”之后的布什对外新战略》，载中国现代国际关系研究院美欧研究中心编：《反恐背景下美国全球战略》，时事出版社2004年版，第60—62页。

致俄罗斯国内民族主义情绪上升，20 世纪 90 年代中期后俄美关系一直处于相当冷淡的状态，俄美之间隐藏的价值和利益的结构性矛盾逐渐暴露。

中国是一个发展中国家，改革开放后的 20 年，中国经历了空前的发展，经济实力显著提高，政治改革也在稳步推进，国际影响与日俱增。冷战结束后，中国继续坚持独立自主的和平外交政策，把推动自身和世界的发展放在维护自身安全与世界和平同等重要的地位，积极推进世界多极化进程。与此同时，印度也在发展的道路上不断前行，争取从南亚地区大国发展成为世界大国。1998 年，印度成功地进行了核试验，这既是印度强烈愿望的结果，也是印度人民党执政以来所奉行的“实力外交”的实践。

尽管各国学者对冷战后世界格局的看法不尽相同，但“一超多强”格局比较符合当前国际关系的现实。美国的超级大国地位，仍将在未来的数十年内继续存在；俄罗斯、欧盟、中国和印度等有可能成为一极的战略力量的国际影响力也在不断上升，必将对国际格局的多极化发展产生重要影响。从某种意义上说，俄中印三方都致力于建设一个多极世界，以求公正、公平、合理地解决国际问题。在这个层次上，俄中印三方具有共同的基础。

二、美国国家利益界定与美国战略目标定位

冷战以美国完全没有预料到的方式结束，导致“美国失去了压倒一切的发展目标以及采取行动的‘坐标点’，美国开始成为

一个无目标的超级大国”。[①] 习惯于冷战与遏制的美国需要重新制定美国的对外战略。美国国会成立的一个审查美国长期战略的委员会曾指出，战略和政策必须建立在国家利益的基础上，而且国家利益还是确保政策一致性的最持久的基础。“可持续的美国对外政策的唯一坚实基础就是对美国国家利益的清晰认识。只有以美国国家利益为基础的外交政策才能真正确定美国参与世界体系的优先次序。”[②]

然而在新的国际形势下，对于“冷战之后美国怎么办”的问题，美国的思想界和战略界在总体上并没有统一的认识。但是梳理美国政治科学、国际关系以及战略界的观点不难看出，美国对威胁的判断主要包括以下几种：以福山为代表的自由派国际关系学者认为美国的威胁来自非自由民主国家；以米尔斯海默等为代表的新古典现实主义学派认为美国的威胁来自不确定的国际格局；以亨廷顿为代表的学者认为美国的威胁来源于非西方文明兴起造成的文明冲突；以保罗·肯尼迪为代表的学者认为美国的威胁来源于发达国家与发展中国家经济极化造成的对立与矛盾；也有的学者认为美国的威胁主要来源于美国的单边主义外交。[③] 鉴于各学派百家争鸣的现实，很多学者都希望结束美国在国家威胁判断与国家利益问题上的模糊认识，建立比较稳定的对外政策基础。美国国家利益委员会的成立，就具有明显的针对性。

---

① The Commission on America's National Interests, "America's National Interests", July 2000, p. 2. http://belrercenter. ksg. harvard. edu/files/amernatinter. pdf.

② Ibid.

③ （美）罗伯特·阿特：《美国大战略》，第7页。

2000年7月，由数十位专家组成的美国国家利益委员会继1996年之后再度发表关于美国国家利益的报告，对于如何界定冷战后美国国家利益给出了明确的答案。该报告不仅清晰地重新界定了冷战结束后美国国家利益的目标，而且还按照国家利益的优先次序将国家利益划分为四个等级：即核心国家利益、极其重要的国家利益、重要的国家利益和不太重要或次要的国家利益。该委员会认为，美国的核心国家利益包括：第一，预防、遏制、减少核武器、生物武器及化学武器攻击美国本土及其海外军事力量的威胁；第二，确保美国盟国的生存以及与美国主动合作以建立一个有利于美国的国际体系；第三，防止敌对性大国力量的出现；第四，确保主要全球性体系（贸易、金融、能源供给及环境）的可持续性和稳定性；第五，以有利于美国利益的方式与那些能够成为战略对手的国家如中国和俄罗斯建立建设性关系。[①] 其实，美国的核心利益主要在于通过塑造美国发挥领导作用的国际体系，阻止其他力量崛起，对美国的霸权地位构成挑战。

报告认为全球范围内的发展给美国的利益带来威胁，指出“一个强有力的政府的出现（即使是偶然的）、报复性行动和擅用权力等会激发新的威胁，包括恐怖主义和敌对性国家联盟”，并且对那些“由于美国在经济、技术和军事领域拥有突出的支配地位导致的美国政治家和权威专家陷入霸权幻觉”提出警示。[②] 报告还指出，美国总统未来10年的主要挑战在于：第一，加强与日本和欧洲盟国的战略伙伴关系；第二，促进中国进入国际舞台而

① The Commission on America's National Interests, "America's National Interests," July 2000, p. 3.

② Ibid.

不受阻碍；第三，防止核武器与生化武器的扩散；第四，防止俄罗斯回到极权主义体制或陷入混乱和分裂；第五，维持美国的单独领导权、军事和情报能力及其国际信誉；第六，利用空前的经济、技术、军事和政治优势构造21世纪的全球体系以促进美国及其盟国和全世界的自由、和平与繁荣。①

实际上，尽管美国的现实主义学派都将美国的威胁主要归结为新兴大国对于美国霸权的挑战，但美国国防部1998年还是指出，“美国在世界范围内不会面临冷战期间苏联那样的‘全球性竞争对手’对美国军事构成的挑战。美国今天是世界上唯一的超级大国，这种超级大国地位有可能至少延续到2015年。”三年后，美国国防部重申，“美国在今天没有全球性对手，在可以预见的将来也不会有。”虽然美国将俄罗斯和中国作为挑战美国霸权的潜在对手，然而“俄罗斯军事问题成堆”，其威胁与苏联形成的威胁具有质的差别。“其他大国中最有条件对美国整体军事霸权构成挑战的国家是中国”，但“中国军事仍然至少要落后20年”，中国“至少在20年内不会对美国构成严重的战略威胁”。“世界上其他军事大国依然都是美国的盟国，在军事计划上与美国保持着密切的协调关系。它们没有任何一国能够单独对美国军事霸权构成挑战。”② 因此，在可以预见的未来，美国仍将是唯一的超级大国，拥有绝对的政治、经济、军事和文化优势，是国际体系的重要决定力量。

虽然俄罗斯和中国还不能构成对美国霸权的现实威胁，但美

① The Commission on America's National Interests, "America's National Interests," July 2000, pp. 3-4.

② （美）罗伯特·阿特：《美国大战略》，第14—17页。

国大战略的主要目标是维护、巩固美国的霸权地位，延续并拓展美国发挥领导作用的国际体系。所以，美国在现行的国际体系内，阻止其他力量的崛起、形成对美国霸权的挑战，成为美国大战略的重要目标。2000 年 7 月发表的《美国国家利益》报告就明确地将俄罗斯和中国作为美国潜在的战略对手。

三、印美互动与俄中印“战略三角”

1998 年 12 月，俄国前总理普里马可夫在访印时提出了俄中印三国组成“战略三角”的构想，但没有得到中印的积极回应。2002 年，俄罗斯总统普京重提俄中印三边合作，2005 年 6 月的俄中印三国外长正式会晤标志着俄中印三国合作关系开启了一个新的阶段。2007 年 2 月，俄中印三国外长在印度首都新德里就三国经济、能源及反恐合作进行磋商并发表了联合声明。从俄中印三边合作的深度和广度上看，俄中印“战略三角”已经从最初的设想步入正常发展的轨道。俄方提出建立三方的“战略三角”关系，与国际政治现实和国内政治变化关系紧密。

冷战结束后，世界多极化和经济全球化趋势成为社会发展的主流。与此同时，国际恐怖主义、环境问题等各种非传统安全因素日益威胁着主权国家安全，因此，非传统安全的重要性日益突出，并且已经成为一个带有全局性、战略性的重大问题，对国际关系产生了重大影响。为此，有的学者认为，在特定时期，非传统安全威胁因素对世界和平与稳定的危害甚至大于传统威胁。然而，非传统安全威胁所具有的跨国性、主体不确定性、转化性与动态性等特征，决定了主权国家在面对非传统安全威胁时，必须重视国际合作。

俄中印“战略三角”的启动，不仅增大了及时解决俄中印三国之间存在的非传统安全威胁的可能性，而且可以将非传统安全威胁解决在萌芽状态，有效阻止威胁的横向扩散和传播。例如在国际反恐合作层次上，俄中印三国都不同程度地受到恐怖主义的威胁。在中国，“东突伊斯兰运动”恐怖组织严重威胁着中国的国家安全；在印度，恐怖主义活动不断上升，无止境的恐怖活动对印度社会发展和政治稳定危害极大，不仅影响了印度的国际形象，而且还在一定程度上加重国家的安全、军事负担，抵消了经济改革的成果，使印度的大国之路更加障碍重重。在俄罗斯，车臣恐怖势力的猖獗活动、国内邪教的泛滥、高科技恐怖主义的危害都给俄罗斯的社会安全带来了极大的挑战，可以说，俄罗斯已成为新的恐怖活动热点。因此，有效应对所面临的恐怖主义威胁，也是俄中印“战略三角”从构想走向现实的主要推动因素之一。

实践证明，俄中印三国自“9·11”事件以来在反恐方面的国际合作是成功的，而且也取得了可喜的成果。如俄中印三国已建立了交换有关恐怖组织和恐怖活动的信息渠道，中印在抓捕恐怖组织成员方面进行了成功的合作，印度抓捕的“东突”恐怖组织人员移交给中国等。[①] 当然，俄中印三国在非传统安全领域的合作内容丰富，还包括在水资源、环境、反海盗等问题上的合作，并且成绩显著。

俄中印“战略三角”的形成，是三方基于国际形势的判断而

---

① 吴永年：《论21世纪国际关系中的中俄印“战略三角”》，《俄罗斯中亚东欧研究》，2006年第5期，第52页。

做出的选择，三方在多领域内合作的深化与发展，都预示着“战略三角”的未来前景是光明的。然而不可否认的是，俄罗斯当时提出建立俄中印战略三角的建议，具有制衡美国霸权的成分，因此，俄中印“战略三角”的未来发展，不可避免地存在着制约因素。

首先是“战略三角”的定位问题。2007 年 2 月 14 日俄中印三国外长新德里会晤后发表了联合声明，三国外长重申，俄中印合作不针对其他任何国家，目的是促进国际和谐与相互理解，并在不同利益之间找到共同点。三国外长还强调，俄中印三国坚决奉行多边外交。从中我们不难看出，俄中印之间的合作不针对任何第三方，是“战略三角”存在与发展过程中化解外部制约因素的主要前提。

虽说俄方首先倡议“战略三角”，按当时的国际环境，具有对北约东扩关切的因素在内。但从深层次分析，俄罗斯并不会公然开罪美国而与美国为敌。也正是由于这种因素的作用，中印两国对俄方的提议并不积极。然而三国在地缘上的接近以及在国际事务中的立场相近，却是三方最终走向合作的动力。正如有的学者指出的那样，俄中印都是大国，尽管三国不会结为同外部对抗性的三角联盟，但是如果它们在国际事务中能够相互理解与协调，这本身就将成为一种力量，对正在形成的国际新秩序产生深远影响。

其次是美国因素。俄罗斯最初倡议俄中印建立“战略三角”，具有明显的针对性。但俄中印“战略三角”从构想到现实的启动，绝不是俄罗斯对限制美国影响简单而直接的回应。美国北卡罗来纳州哈夫洛克第三次浪潮研究中心主席瑞姆就认为，是北约东扩以及俄罗斯对此感到的忧虑迫使莫斯科寻求同中国和印度进行更为密切的战略合作。尤其是“9·11”恐怖袭击以来，以美国为首的反恐联盟的建立大大加强了美国的国际地位，国际环境发生了巨大的变化，多极和单极之间的总体均衡被破坏，出现了有利于单极的明显转折。面对俄国总理普里马科夫的倡议，美国出于对国际环境的判断，对俄中印“战略三角”的构想持怀疑与否定的态度。2007 年 2 月 15 日，英国《泰晤士报》发表了一篇以《巨头相聚抗衡美国》为题的文章，作者认为占世界人口总数 40%、经济总量五分之一以及一半以上核弹头的俄中印三国，现在正在形成伙伴关系以挑战美国占主导的世界秩序，而且在挑战美国霸权方面，俄罗斯似乎比中国或印度更积极。①

由于当时中印两国对俄方的提议并不积极，俄方的倡议并没有立即进入操作阶段，美国对此也反应冷淡。但这并不是说美国的政府和学术界不重视。恰恰相反，早在普里马科夫提出“俄中印战略三角”构想之初，美国就已经十分警觉。美国担心俄中印三国一旦结盟，将形成一个地理上的三角挑战地理上的“美欧日一条线”。甚至有的美国战略家还认为俄中印“战略三角”将是美国地缘噩梦的开始。因此，美国为了阻止俄中印“战略三角”的形成，有意加强了同中国和印度的合作。自 2000 年美国总统克林顿访印之后，印美关系明显升温，美国拼命地争取将印度纳入其亚洲战略中。2002 年 9 月美国发表《国家安全战略报告》，称

① “Giants Meet to Counter US Power”, *The Times*, February 15, 2007, available at http://www.timesonline.co.uk/tol/news/world/us_ and_ americas/article1386812.ece.

“印度有潜力成为21世纪最伟大的民主国家之一”，并且美国将“尽一切可能与印度建立强有力的双边关系”；2004年1月，印美两国开始实施“战略伙伴关系后续步骤”（NSSP），美国宣布将在民用核活动、民用空间项目和高技术贸易等领域扩大与印度的战略合作，同时决定采取一致步调防止大规模杀伤性武器扩散；2005年3月，美国国务卿赖斯访印，宣示将“帮助印度成为21世纪的全球大国”；2005年6月，美国与印度签署了一份为期十年的《印美防务关系新框架》，给予印度准盟友的待遇；2005年7月，印美发表联合声明，布什总统答应敦促美国国会同意调整美国法律与政策以实现与印度的民用核能合作，将两国关系提升为“全球伙伴关系”，并且认为印度作为“一个具有先进核技术的负责任的国家”应该“获得此类国家所享有的利益和优势”。[①] 2006年3月布什访印期间，两国签署了包括美印民用核能合作协议在内的有关经济与科技合作的一系列协议。2006年7月，美国会众议院通过了美印民用核能合作协议。

再次是中印关系因素。在中俄印三方双边关系中，存在着有的学者称为的“不对称”结构。俄印在冷战期间是准盟友关系，冷战后双边关系经过短暂的平淡期后迅速恢复；中俄关系也在迅速发展，双方边界问题的解决为两国关系的发展奠定了基础，并且处于历史上最好的时期；中印关系相比其他两边，则是比较薄弱的。两国虽说就解决边界问题达成了政治指导原则，但真正解决边界问题还有很长的路要走，尤其是两国的互信建立还需做出努力。因此，只有中印关系的深化与发展，才能真正为俄中印

---

① “India-U. S. Joint Statement”, July 18, 2005, available at http://www. mea-india. nic. in/.

“战略三角”的未来定下基调。

第三节 美国“再平衡”：中国与印度

自美国2011年高调宣称“重返亚太”以来，经“亚太转轴”再到“亚太再平衡”，可以看出在美国的全球战略中，亚太地区已经成为重心与中心，中国是重要推动因素；而在美国的亚太新棋局中，印度的地位和作用则越来越受到关注和重视。

一、中印关系复杂而脆弱

2010年是中印建交60周年，两国关系在经历2008年以来的“杂音”后渐趋平静。总体上看，两国关系稳定发展的基调未变，然而疑虑尚未完全消除，双边在经济联系不断增强的同时，政治互信却维持在较低水平。对于中印关系的现状，印度尼赫鲁大学国际问题研究学院外交和裁军教授斯瓦兰·辛格博士曾概括出六个“C”，即合作（cooperation）、共存（co-existence）、协调（co-ordination）、共择（cooption）、竞争（competition）和对抗（con-frontation），[①] 来揭示中印关系的复杂性特点。

中印关系有基础。中印同为世界上经济发展最快的新兴国家，在推动建立国际政治经济新秩序上有相似的诉求，在维护亚洲乃至世界的和平、稳定与繁荣上有共同的利益，两国都有在地

① 斯瓦兰·辛格教授2010年10月27日在中国社会科学院亚洲太平洋研究所的报告。

区、次区域和国际事务中建立更加密切和广泛的理解与合作的愿望。两国能够就发展议题在中印俄三方合作、发展中五国、“金砖四国”、“基础四国”、多哈回合谈判以及 G20 等多边场合保持沟通，可以就国际金融危机、气候变化、能源和粮食安全等重大问题协调立场，在关于联合国安理会改革问题上存在共同利益和共识。可以说，中印两国基于共同利益的双边或多边合作，是中印关系平稳发展的基础，也是中印关系未来发展方向的保证。

中印之间有疑虑。中印之间存在着边界争端，虽经过 14 轮特别代表级别谈判，但“有进展，没突破”。边界问题悬而未决，对双边关系的深化与发展产生了实质性影响。20 世纪 80 年代初期，邓小平在会见印度社科理事会代表团时指出，“中印两国之间的问题并不是很大，既不存在中国对印度的威胁，也不存在印度对中国的威胁，无非就是一个边界问题。”① 但在 21 世纪的第一个十年，由于中印实力对比发生了显著变化，处于“后发追赶”阶段的印度不可避免地怀有焦虑和失落，解读中国的战略意图有偏差。至少在某些印度政治精英看来，“不存在中国对印度的威胁”的认知发生逆转，认为“中印之间有很大的问题”，甚至中国已经超过巴基斯坦成为印度的最大威胁。印度媒体也不时炒作中国军队“侵入印度领土”等话题。同时，中国民众也对印度加强边境地区军事部署、强化争议地区的实际控制行为表示关切，对印度政府利用甚至纵容达赖喇嘛而触及中国核心利益表示不满。

中印民间交往有限，彼此形象构建具有一定的负面化倾向。

---

① 《增进中印友谊，加强南南合作》，《邓小平文选》（第三卷），人民出版社 1993 年版，第 19 页。

在过去的两年时间里，中印两国民众的彼此认知发生了微妙的变化。据美国皮尤中心2012年9月和10月发布的两份调查报告显示：接受调查的印度城市民众中只有33%对中国持积极看法，44%持消极看法；28%认为与中国关系是合作性质的，高达40%的人认为中国是有敌意的，10%认为中国既非合作也非敌意；对于中国经济发展，26%认为对印度是“好事”，高达53%的人认为是“坏事”。与此同时，中国民众只有23%对印度持积极看法，而持消极看法的则高达62%；有39%认为与印度的关系是合作的，24%认为是敌对的，21%认为既非合作也非敌对；但是在2010年，有53%认为与印度的关系是合作的，只有9%认为是敌对的，23%认为既非合作也非敌对；对于印度的经济增长，只有44%的中国公众认为是“好事”，较2010年的60%下降了16个百分点；而25%的人认为是“坏事”，较2010年的13%增长了12个百分点。尽管皮尤调查基本上反映了近两年中印民间认知的变化趋势，但中国环球舆情调查中心在中国7个城市就中印关系进行的民意调查显示，3/4的中国人认为中印有可能走出战争阴影。

印度对中国有不满。自2009年以来，随着国际社会不断指责中国外交上表现出“自信”与“强硬”，印度也表现出对中国的不满。在战略层面，印度将印巴对抗背景下中国与巴基斯坦形成“全天候”伙伴关系诠释为中国借巴基斯坦对抗印度；将中国在西南省份加强基础设施建设，尤其中国在中印边境地区修建公路、铁路和机场等行为，解读为加强中国人民解放军的边境作战支持能力，是中国谋取争端解决优势的手段；将中国在南亚国家参与基础设施建设解释为针对印度的战略谋划，认为中国参与在巴基斯坦的瓜达尔、斯里兰卡的汉班托塔、孟加拉国的吉大港以及缅甸的实兑等港口的建设，是以包围印度、限制印度的影响力为目标，即中国实施所谓的“珍珠链战略”。在外交层面，印度战略家抱怨中国只关注国际层面的“大问题”而忽视两国之间的“小问题”，指责中国只在所谓的“大问题”上与印度合作，而在两国之间的“小问题”上采取强硬的对抗。甚至印度战略家一致认为，应警惕中国巧妙而强硬的外交手段。在经贸领域，双边贸易额今年有可能超过600亿美元，但印度对中国贸易逆差显著，平衡双边贸易成为2010年双边贸易的热点问题。印度总理辛格在2009年访美期间就曾公开指责中国“展示实力”，并称中国“过于自信”。

可以说，对于中国的发展与影响，在中国周边国家中，没有哪个国家比印度的心态更为复杂——从背信弃义的朋友、恶性竞争的对手，到不得不交的伙伴——其对华认知可谓是“五味杂陈”。印度军方一些鹰派人士与少数精英附和西方渲染“中国威胁论”，反映出印度特定权力阶层对中国的疑虑、恐惧和对抗情绪从未消失。美国《华尔街日报》2010年12月15日报道，“印度对中国过度敏感是众所周知的，这在一定程度上是由于以往的争端以及中国新的全球影响力而使印度对北京的动机产生了怀疑。”①

中印双边关系脆弱而复杂。面对中国发展，印度也患有“特鲁多综合征”。政治互信度低、民间交流有限决定了中印双边框架内合作的深度有限，存在着竞争甚至对抗。印度媒体聚焦于所

① Harsh Joshi, “New Delhi Should Bait Beijing”, *The Wall Street Journal*, December 15, 2010.

谓的“中国军队越界入侵”、中国军力的增长与威胁、与巴基斯坦的关系，以及意图拆分印度等；而中国媒体则对美印结成战略伙伴抗衡中国、对印度发展与越南和日本的关系等有极大的兴趣。尽管媒体并不承担改善两国关系的责任，但它们对中印关系的影响往往是破坏性的。而基于网络平台的失实新闻，常常会歪曲中印关系，破坏性则更强，这也是两国网络民族主义不时强化的主要原因。中印民间认知的变化尤其是网络民族主义不时抬头，一方面对中印关系产生了破坏性影响；另一方面也说明，中印之间确实存在互信赤字。中国和印度政治和战略上的互信缺失来源于三个方面：一是悬而未决的边界争端，这是两国政治互信度低的主要因素；二是对未来亚太甚至世界力量格局中两国有可能走向竞争甚至对抗的一种非理性情绪；三是发展差距导致印度的失落与焦虑。

二、中国与印度的外部环境变化

美国“再平衡”战略的目标是维持美国在亚太地区的优势与霸权，但“再平衡”战略却给地区国家营造了两种不同的安全环境。对于中国而言，安全环境在恶化；对印度来说，对外环境利好趋势则进一步强化。

中国周边安全环境进一步恶化。美国的“再平衡”战略是针对中国实力上升和中国影响扩大的战略谋划，尽管包括美国防长帕内塔在内的美国官方极力掩饰其新战略的指向意义，但针对、限制并防范中国的意图十分明显。美国战略重心转移至亚太地区，核心目标是强化美国对亚太的影响，确立并确保美国在亚太的领导地位。美国战略调整的动机是双重的，一是分享亚洲经济高速增长的成果，二是要遏制中国经济的迅速崛起。美国视中国为一个有可能挑战其亚太甚至全球领导地位的主要潜在竞争者，对中国的疑虑和戒备增加。2010 年 2 月，美国防部《四年防务评估报告》（QDR）就指出，“中国在地区和全球经济及安全事务中日益增强的作用和影响力，是促使亚太地区乃至全球战略格局变动的最重要的影响因素之一。”2012 年以来，在中国与周边国家因岛屿与领土争端导致双边关系紧张甚至倒退的背景下，美国与日本、菲律宾、越南和印度等国的双边、三边或多边战略互动则进一步深化，带来中国安全环境进一步恶化。

与中国安全环境恶化不同，印度的对外环境利好趋势明显。应该说，自 2010 年以来，在后危机时代大国关系出现结构性变化的背景下，印度正在成为各大国外交的新宠。印度对外环境的利好变化一方面来源于印美关系深化的推动，另一方面来源于其他国家的意识形态视野下的对印度实力发展的“有益论”认知。2012 年 1 月 5 日美国总统奥巴马公布《维持美国的全球领导地位：21 世纪国防的优先任务》的新国防战略就认为，美国经济和安全利益与西太平洋和东亚到印度洋地区及南亚一带的发展息息相关，中国作为地区强权的崛起将会从各个方面影响美国的经济和安全利益，为此美国将进一步强调与现有盟友的关系并将合作网络推广至整个亚太地区，其中就包括与印度建立长期战略合作关系，支持其作为地区性经济支柱发挥作用并成为印度洋地区安全的维护者。时隔半年后的 6 月 4 日，美国防长帕内塔在参加第 11 届香格里拉对话会时发表《美国对亚太的再平衡》主旨演讲后首先访问印度，指出与印度的国防合作是美国实现“再平衡”战略的关键。2012 年 10 月 26 日，在美国进步中心（CAP）举行的“美国与印度：变化世界中的关键伙伴关系”主旨讨论中，美助理国务卿伯恩斯也指出，印度和美国在亚太地区有强大的共同利益，美国将继续寻求印度的帮助以建设一个全球性的合作架构。可以说，与中国安全环境恶化相反，美国的“再平衡”战略为印度提供了前所未有的机遇。美国明确欢迎印度更大范围地参与亚太与全球事务，并且宣称印度不仅是地区强国也是全球强国。

对于世界来说，印度塑造了一种充满社会文化活力的具有吸引力的全球形象，这也是印度对外环境利好的重要因素之一。正如新版不结盟政策报告所指出的，印度正面临一个“祥顺的”发展环境，印度最大的优势就在于不被视为一种威胁的力量，世界认识到需要印度的成功，而且即使是在利益受到威胁的背景下，外部通常认为印度不会做出伤害的行为。确实，与“中国威胁论”甚嚣尘上相比，世界上除几个周边邻国外基本上鲜有“印度威胁论”，相反，印度发展与影响提升的“印度有益论”甚至成为西方世界的共识。

三、印美相互借重

印美全球伙伴关系的形成是经济利益、政治考量与安全关切的综合结果。如果仅从安全的维度分析，印美双方在维持亚洲战略稳定上具有利益汇合。这也是印美关系跨越式发展过程中的重要推动。

安全上相互借重成为印美全球伙伴关系的重要推动力量。随着印美之间安全利益汇合的增多，在目前以及可以预见的未来，双边安全领域的合作将不断深化，几乎涵盖了包括确保印度洋航线的安全以及石油通道的畅通、打击国际恐怖主义以及快速应对中亚西亚等不稳定地区的危机、防止核扩散以及大规模杀伤性武器的走私以及毒品贩运、塑造亚洲均势以防范任何大国主宰亚洲事务等领域。然而毋庸置疑，印度与美国对于塑造亚洲的平衡与稳定，联手牵制中国崛起，是其共同的战略目标。在印美全球伙伴关系的形成过程中，中国因素并非可有可无。由于印美全球伙伴关系所具有的中国因素的特点，决定了这种关系必然对中国的安全产生一定的影响。尽管中国和印度应该避免将彼此与美国的关系看作旨在破坏彼此的安全利益，但中印之间的战略互信在某种程度上还远未达到曾经的“中印是兄弟”的水平，这也使美国通过印度平衡中国的意图得以一定实现。印度外交官 M. K. 巴德拉库马尔就指出，印度的对外政策已经走上了与美国的地区政策相协调的轨道，“中国威胁”以及中国与巴基斯坦一起构成的“威胁”成为美印建立战略伙伴关系的全部理由。

把中国威胁作为印美建立全球伙伴关系的全部理由尽管有失偏颇，但印美两国对中国崛起怀有疑虑却是事实。中国在崛起，印度也在崛起。尽管两个国家崛起的时间和基础各不相同，但中国和印度处于主权国家的兴起过程之中已经得到普遍认同。随着新兴国家实力的逐渐增强，传统大国不可避免地对此消彼长的实力变化表示关切。然而有趣的是，美国等西方国家对中国的崛起以及中国崛起的影响怀有深深的疑虑，有的甚至是敌意。与此形成鲜明对比的是，西方对印度的崛起似乎并无太多疑虑，或者说，即使有，也没有对中国的那么大。相关的民调数据、战略界、学术界以及决策层的表述可以清楚地表明这一点。在美国，

“中国威胁论”有一定的市场，但却很少听到“印度威胁论”，这也在某种意义上反映出美国对中国和印度崛起的研判是完全不同的。

美国的对华政策以及印度的中国政策，在某种意义上都具有两面性，因此中国因素也就成为印美互动过程中一个时而突出时而隐蔽的力量。美国一方面通过接触政策，努力使中国的崛起融入现行国际政治经济体系之中，使中国变成现行体系的“利益攸关方”，要求中国担负起一个大国所应承担的国际责任。另一方面通过联盟体系，发挥自己“离岸平衡”的作用，通过其盟友限制、平衡中国的发展。美国与印度关系迅速升温，并且在极短的时间内形成全球伙伴关系，正是美国塑造地区均势战略的体现。美国利用印度平衡中国，其目的在于：第一，美国的霸权地位不会永远持续下去，权力总会招致对权力的制衡。美国一方面害怕权力的衰落，另一方面恐惧制衡联盟的出现。因此，美国加速提升印美关系，不仅可以从战略上遏制中国，而且还可以阻止所谓的俄中印三国战略联盟的形成。第二，中国是一个正在崛起的社会主义国家，而印度是一个与美国有着共同价值观基础的民主国家。因此，美国认为印度是具有共同价值观基础的“天然的盟友”，而中国则是正在崛起的对手。第三，疏远与遏制印度并不符合美国的长远利益，与其疏远印度可能造就一个潜在的对手，培养一个潜在的盟友来制约另一个潜在的对手更符合美国的战略利益需要。

当然，印度也在一定程度上利用与美国的关系来拓展与中国的外交空间。第一，中印虽同为发展中国家，但由于中国先于印度实行改革开放政策而导致中国经济发展领先于印度，中印两国经济实力存在一定的不对称性。第二，虽然中印建立了面向和平与繁荣的战略合作伙伴关系，但两国间还存在悬而未决的边界问题，加之发生于20世纪60年代的边界战争的阴影并未完全消弭，一些印度政治精英对中国的崛起怀有深深的疑虑，尤其是对中国在南亚及印度洋地区的影响深感不安。第三，中国是一个毗邻印度的正在崛起中的大国，而美国是一个大洋阻隔的遥远的超级大国。从地缘政治的角度看，一个国家更可能从邻国而不是相距遥远的国家那里感受到威胁。所以，发展与美国的关系，不仅可以提升自己的国际地位，更重要的是可以拓展自己与邻国的外交空间，例如中国、巴基斯坦等。第四，印度也是一个崛起的发展中国家，在国际体系中发挥自己的作用、追求大国地位已经成为印度的国家意志。印度的一些政治精英、战略家和学者认为冷战期间与美国疏远制约了印度大国地位诉求，前外长辛格曾指责尼赫鲁的对外政策和国家安全政策过于理想主义化和不切实际，谴责尼赫鲁以其个人的道义和伦理牺牲了国家利益的现实。因此，在印度对外政策现实主义和实用主义回归的背景下，印度不会再次放弃与美国发展关系的机会。

第七章

印美关系与巴基斯坦

自 1947 年印度独立开始，巴基斯坦就成为印度与美国关系的最重要影响因素。冷战期间，巴基斯坦为了改变对抗印度的战略劣势，美国为了遏制苏联，两国结成军事同盟。美巴结盟限制了印美关系发展，巴基斯坦成为印美关系的阻碍因素。冷战结束后，苏联解体导致巴基斯坦前线国家地位丧失，同时也造成印苏“特殊关系”的消亡。印度展开全方位外交，将发展与美国的关系置于对外关系的重中之重。在印巴和解进程没有实质突破的前提下，从某种意义上说，巴基斯坦成为印度发展与美国关系的动力之一。

第一节　冷战期间印巴对抗与美巴结盟

印度和巴基斯坦是南亚次大陆两个最大的国家，然而自分治开始，印巴就陷入了长期的对抗。1947 年和 1965 年，双边由于克什米尔问题进行了两次战争，在 1971 年的第三次战争中，巴基斯坦被肢解。三次战争加深了双方不信任和敌视的心理，两国最终于 1971 年断绝了外交关系。

从表面上看，克什米尔争端是影响双边关系的主要因素，但深入分析不难看出，历史、文化、宗教与复仇政治才是双边关系恶化的根源。在历史上，穆斯林入主印度虽然在一定程度上强化了政治统一，但是种族或教派之间的矛盾却越来越激化。印度种族、宗教及文化上的矛盾和冲突为英国殖民统治提供了社会基础，而英国实行“分而治之”的殖民统治政策又加剧了各种矛盾，成为导致现代印度分裂的主要因素。

巴基斯坦是根据“两个民族理论”建立的穆斯林民族国家。第一次世界大战后，印度教徒与穆斯林之间争夺权力的斗争开始尖锐化，尤其是在印巴分治的过程中，双边围绕立国理论展开了激烈的斗争。著名思想家伊克巴尔认为，印度教徒与穆斯林由于宗教信仰不同，其生活方式、风俗习惯和历史也不同，实际上属于不同的文化实体。伊克巴尔依据这一思想，最先提出了“两个民族理论”，即在南亚次大陆应按不同宗教信仰划分为两个民族：印度教民族和穆斯林。20 世纪 30 年代，穆斯林联盟领导人阿里·真纳进一步发展了这个理论，主张穆斯林应与印度教徒分治，建立自己的国家。1940 年 3 月，真纳在穆斯林联盟的拉合尔会议上指出，“从严格的意义上来讲，它们并不是宗教，而事实上是完全不同的社会秩序，认为印度教徒和穆斯林能永远在一个共同的国家中发展那是梦想……印度教徒和穆斯林属于两种不同的宗教哲学、社会风俗、文学……把两个这样的民族束缚在一个单一的国家中，一个占少数，另一个占大多数，一定会导致日益增长的不满和为治理这样一个国家所可能建成的任何机构的最后毁灭。”①

然而印度是以世俗民族主义立国的，认为南亚次大陆只存在一个民族。以贾瓦哈拉尔·尼赫鲁为代表的国大党在争取民族独立的斗争中，希望以大印度联邦的形式全盘继承英帝国留下的遗产，认为穆斯林联盟所主张的“伊斯兰国家根本就不是国家”，而是“一种宗教上的联系”，认为建立一个伊斯兰国家在政治上是荒谬的，在经济上是不可思议的。② 因此，国大党领袖同意巴基斯坦独立，只是迫于当时的形势，因为他们根本不相信巴基斯坦能成功建国。“不相信新成立的巴基斯坦会存活和持久”，“接受巴基斯坦的成立会给穆斯林一个沉痛的教训，巴基斯坦在短期内会垮台”，③ 几乎成为国大党的基本判断。尼赫鲁于 1947 年 6 月 3 日在广播讲话中也指出，“我们也许会通过这种途径或迟或早地实现统一的印度”。第三次印巴战争不久，“在巴基斯坦独立 16 年后，即使是经历了对中国边界战争的不光彩的失败，尼赫鲁总理依然宣布，印巴‘联邦’仍然是我们（印度）的最终目标。”④

尽管印度和巴基斯坦的领导人都认识到，“如果印度和巴基

---

① 陈延琪：《克什米尔：民族宗教冲突溯源》，载潘志平主编：《中南亚的民族宗教冲突》，新疆人民出版社 2002 年版，第 164—165 页。

② 贾瓦哈拉尔·尼赫鲁著，齐文译：《印度的发现》，世界知识出版社 1952 年版，第 57 页。

③ M. A. K. Azad, *India Wins Freedom* (Green: Longmans, 1960), p. 242.

④ Khalid Bin Sayeed, “Pakistan’s Foreign Policy: An Analysis of Pakistani Fears and Interests”, *Asian Survey*, Vol. 4, No. 3., Mar., 1964, p. 746.

斯坦实行相反的政策并相互敌对……它们便无法在亚洲发挥重要作用……这种冲突和无谓的消耗将会把我们从地球上消灭掉”，[①]但由于印巴间的矛盾与积怨积重难返，终于导致两国在20多年的时间内爆发了三场战争。印巴分治是各种矛盾激化的必然结果，而分治后的对立和战争又导致两国安全上的困境。

巴基斯坦认为，印度始终对巴的存在持否定态度，并且希望通过军事手段彻底解决巴基斯坦问题，因此，巴基斯坦从一开始就受到一个很大的敌对邻国的困扰。巴基斯坦学者指出，“事实上，没有哪个国家像巴基斯坦那样诞生在一个充满强烈敌意与相互憎恨的环境中。”[②]

印度也将巴基斯坦作为国家的最大的威胁。在印度政治精英看来，巴基斯坦是一个麻烦的邻居，其存在本身就对印度构成长期的威胁。对于为什么实力远远强于巴基斯坦的印度会感受到实力较弱国家的包围和威胁，美国南亚问题专家科亨的解释可谓一针见血。“印度比巴基斯坦人口多七倍、国土大五倍，似乎会觉得更安全，尤其是1971年打败巴基斯坦以来。然而事实并非如此。印度人的这种想法给巴基斯坦人打上了深深的烙印。在印度对巴基斯坦的困扰以及巴基斯坦对印度的关注中，历史、战略、意识形态以及国内问题等方面的因素都在起着一定的作用。”[③]

印度和巴基斯坦互不信任与安全困境形成的恶性循环直接影

① Jawaharlal Nehru, *Speeches*, II (New Delhi: Govt. of India, 1963), p. 446.

② Khalid Bin Sayeed, “Pakistan's Foreign Policy: An Analysis of Pakistani Fears and Interests”, p. 746.

③ Stephen Philip Cohen, *India*: *Emerging Power*, (Washington D. C.: Brookings Institution Press, 2001) p. 200.

响了双边关系发展。印巴自1971年第三次战争断绝外交关系，直到1976年7月才得到恢复。20世纪70年代第三次战争后，巴基斯坦迫于印巴间实力差距进一步扩大的事实，调整对印政策以缓和与印度的关系。1977年两国外长实现互访，解决了萨拉尔水坝纷争问题；巴方于1981年向印度提出双方签订“非战条约”（No War Pact）；1983年3月，双方签订《关于建立两国关系正常化联合委员会加强合作的协议》；1984年11月，巴基斯坦总统哈克利用赴印参加英·甘地葬礼的机会与印度新领导人拉·甘地举行会谈，两国关系再度缓和。1985年12月，拉·甘地与齐亚·哈克会晤时一致同意着手双边关系正常化进程，同意建立信任措施，扩大双边经贸往来，同意按照《西姆拉协定》精神以和平对话的方式解决锡亚琴冰川问题，并且重开起草互不侵犯与和平条约的谈判。1988年12月，拉·甘地访问巴基斯坦，与贝·布托总理进行了会谈，两国政府签订了《互不攻击对方核设施》、《避免空中货运双重征税》和《加强双边文化交流》三个协议。此后，双边关系有所改善。据统计，从1988年12月到1993年4月，印巴两国总理进行了9次会谈，两国外交秘书、国防部秘书和内政部秘书也进行了多次对话。[①] 然而不可否认的是，尽管两国关系在美苏缓和的背景下有所改善，但困扰双方的克什米尔问题并没有得到解决，并且这种问题延续到冷战结束，直至今天。

在冷战期间，巴基斯坦成为影响印度与美国关系的主要因素。从英国殖民统治下获得独立的巴基斯坦，不仅经济体系落后，而且政治和社会问题严重。巴基斯坦的领导阶层认识到，为

---

① J. N. Dixit, *India's Foreign Policy and Its Neighbours*, (New Delhi: Gyan Publishing House, 2001), pp. 61 – 62.

了巩固自己的政治地位和国家独立，巴基斯坦从独立伊始就需要大量的援助。因此，巴基斯坦外交政策的主要目标就是寻找“对巴基斯坦安全、自由与进步感兴趣的有实力的朋友”。[①] 由于与英国千丝万缕的联系，加之南亚并没有成为美国冷战的战略重点，巴基斯坦在寻找朋友的初期主要定位于英国。但是英国在第二次世界大战后实力受到削弱，并不能向巴基斯坦提供所需要的援助，而且英国的南亚外交政策的重点是印度，这在一定程度上限制了巴方的努力。因此，从20世纪50年代开始，巴基斯坦开始将目光转向美国。而此时，由于中华人民共和国的成立，美国也开始从战略上考量南亚地区。当印度坚定地执行不结盟政策并且在新中国的问题上与美国出现严重分歧后，巴基斯坦对美国的战略重要性开始显现。对美国来说，发展与巴基斯坦的关系，不仅可以向印度施加压力以影响其不结盟政策，而且还可以通过巴影响其他穆斯林国家，甚至影响苏联和中国的穆斯林，[②] 因为巴基斯坦在地理位置上与中东、东南亚和苏联邻近，与中国接壤。

尽管美国与巴基斯坦都在寻找朋友，但两者的战略目标是完全不同的。巴基斯坦是为了增强自身经济与军事实力以对抗来自印度的威胁，而美国则是为了从战略上遏制苏联和中国。1954年5月，美国和巴基斯坦签订了《美国与巴基斯坦共同防御协定》。同年9月，巴基斯坦加入了东南亚条约组织（SEATO）；1955年2月，巴基斯坦又加入了另一个西方冷战军事同盟机制巴格达条约

① Mohammad Ayub Khan, *Speeches and Statements*, Vol. IV, July 1961 – June 1962,（Karachi: Din Muhammadi Press, 1963）, p. 86.

② George J. Lerski, “The Pakistan-American Alliance: A Reevaluation of the Past Decade”, *Asian Survey*, Vol. 8, No. 5, May 1968, p. 406.

组织（CENTO）。对于巴基斯坦与美国结盟，巴基斯坦《黎明报》发表的评论指出，“如果基督教西方的主要关切在于遏制中国的共产主义，那么穆斯林巴基斯坦的主要关切则是遏制好战的印度教。”① 因此，有的学者指出，“几乎巴基斯坦的所有行为，都可以解释为源于对印度的恐惧。”② “这就是巴基斯坦与美国结盟的真正原因”。③ 尽管后两个条约明确规定，其宗旨只是为了对抗共产主义的侵略而不是巴基斯坦所希望的任何侵略，但美国援助巴基斯坦的行为还是构成了冷战期间印美关系紧张的主要根源。

巴基斯坦与美国结盟后，遭到一些亚非国家的反对。但它从结盟中得到了大量的经济和军事援助，在一定程度上扭转了与印度对抗的劣势。正如尼赫鲁总理所说，“美巴之间的军事条约改变了整个南亚的力量平衡，对印度影响尤其重大。美国必须认识到，不管美国是否愿意，对巴的武装很大程度上是用以对付印度或可能用来对付印度的。”④ “无论如何，巴基斯坦加入巴格达条约和东南亚条约组织，本质上是基于它对印度的敌意。”⑤

自美巴结盟后，印度改变了在克什米尔问题上的立场，并且将责任归咎于美国的冷战政策。20 世纪 50 年代末期，在中印关系紧张、苏联与巴基斯坦关系有所发展的背景下，印美关系有所

---

① *Dawn*, April 26, 1963.

② Khalid Bin Sayeed, “Pakistan's Foreign Policy: An Analysis of Pakistani Fears and Interests”, *Asian Survey*, Vol. 4, No. 3., Mar., 1964, p. 746.

③ Mohammad Ayub Khan, *Speeches and Statements*, Vol. IV, July 1961 - June 1962, p. 87.

④ 切斯特·鲍尔斯著，上海国际问题资料编辑组译：《鲍尔斯回忆录》，上海人民出版社 1974 年版，第 251 页。

⑤ 海南：《印度对维护世界和平的贡献》，《世界知识》，1958 年第 2 期，第 24 页。

提升。1962 年中印边界冲突爆发后，尽管美国将主要精力放在古巴导弹危机上，但同时也看到了与印度发展关系的“黄金机会”，国家安全委员会成员敦促美国政府对印度要求美国提供军事援助做出积极响应。由于双边在共同对抗中国方面找到了利益汇合点，印美关系迅速升温。由于巴基斯坦反对美国向印度提供军事援助和其他任何援助，美国害怕对印军援引起巴基斯坦强烈反应，在发展与印度的关系上有所顾忌。然而到 1963 年底，“美巴联盟开始出现了松动的迹象。肯尼迪总统倾向于向印提供长期的军事援助，并且似乎也愿意接受由此造成的对美巴关系影响的后果；巴基斯坦虽然不愿失去美国的援助，但与中国发展更友好的关系被华盛顿解读为违背美国利益和联盟义务”。[①]

1965 年第二次印巴战争期间，美国和苏联都采取了比较中立的立场，但苏联更加积极地介入南亚事务。在苏联的斡旋下，印巴双方于 1966 年 1 月 4 日至 10 日在塔什干进行了会谈，发表了《塔什干宣言》。然而到第三次印巴战争爆发时，由于印苏签订了《印苏和平友好条约》，印苏结盟与美巴结盟相对抗的格局基本形成。在印巴战争期间，为了减轻被印度军队围困的巴基斯坦军队的压力，美国派出第七舰队的一支特遣舰队到印度洋游弋。苏联政府不仅默许了第三次印巴战争中的印度行为，而且也不打算像 1965 年那样在印巴之间进行调解，并且否决了联合国安理会提出的印巴停火议案。

在整个冷战期间，印美关系的发展受制于美巴结盟。巴基斯坦通过与美国的结盟获得了大量的援助，改变了对抗印度的弱势

---

① Dennis Kux, *The United States and Pakistan, 1947 – 2000: Disenchanted Allies*, p. 146.

地位，并且在克什米尔问题上得到美国的支持和承认。而美国通过与巴基斯坦结盟，不仅可以遏制苏联和中国的共产主义，而且还可以制衡印度，迫使其放弃不结盟政策而加入西方阵营。因此，冷战期间美国的南亚政策可以概括为：第一，拉拢印巴共同遏制共产主义的扩张，但冷战的中心在欧洲，南亚只是侧翼；第二，以援助为工具对印巴施加影响，通过军事援助强化巴基斯坦在对抗苏联中的作用，通过经济援助力挺印度以发挥其“民主橱窗”的示范效应；第三，争取南亚地区的稳定，重视巴基斯坦的作用，但并没有停止争取印度加入西方阵营的努力；第四，在克什米尔问题上基本采取支持巴基斯坦的立场，建议在公民投票的基础上解决克什米尔地位问题。

第二节　冷战后美国南亚政策的调整

冷战初期，南亚战略重要性下降，美国开始平衡与印巴的关系。

冷战结束导致美国真正意义上的超级大国的形成，美国内乐观情绪上升。印苏之间的特殊关系不复存在，援助巴基斯坦对抗共产主义扩张也失去了原动力。与冷战期间相比，在美国战略天平上，南亚的地位与作用下降了，此时吸引美国注意力的主要是南亚地区的核问题以及印巴对抗造成的不稳定因素。

由于冷战时期形成的美巴结盟以遏制共产主义扩张的安全框架失去意义，美国昔日的敌人苏联解体，新生的俄罗斯奉行亲西方的对外政策，这为印美关系的改善提供了契机。但冷战结束也带来南亚及其周边战略环境的显著变化：一个正在崛起的中国、一个正在走向一体化的东南亚、一个动荡的中东和难以预测的阿拉伯世界、一个没有安全体系的印度洋以及非传统安全威胁的不断上升，这些都为美国南亚政策在冷战后的调整奠定了基础。

与冷战期间不同，美国认为印巴之间的军备竞赛有导致核冲突的可能。在南亚，美国认为这一地区的安全威胁并不是来自外部，而是内部印巴之间的对抗。出于这种判断，美国南亚政策的目标是使印巴关系处于可控状态，维持地区的稳定并力争掌控南亚事务。

从冷战后美国南亚政策的发展不难看出，美印关系已经摆脱了冷战期间结构性矛盾的限制，甚至双方在防扩散领域的分歧也不再成为彼此发展双边关系的鸿沟和障碍，不再成为阻止双方定义与认识这种新的伙伴关系。早在里根政府时期，美国的南亚政策就有了初步的调整，开始重视发展美印关系。与冷战前美国重视与印度的经济领域合作不同，冷战后印美的经济关系不断发展的同时，军事领域的合作也在逐渐升级。1994 年拉奥访美，确定两国要建立“一种新的伙伴关系”；1996 年，美国内要求政府抛弃忽视印度的立场，指出承认印度的力量和重要性能帮助促进整个亚洲的稳定，建议探索同印度建立真正的战略伙伴关系，同时把两国关系建立在以经济利益和民主为基础的共同点上。

综上所述，冷战结束后，美国的南亚政策作出相应调整，具体表现为：第一，防止核扩散成为美国的主要关切，维持南亚地区稳定，向印、巴施加压力争取其签署《全面禁止核试验条约》及《不扩散核武器条约》；第二，平衡印巴外交，在与巴基斯坦拉开距离的同时，接近印度，提升与印度的关系。

印巴核试后，美国采取制裁与对话双重措施。防止南亚地区的核扩散、施加压力，促成印巴签署《不扩散核武器条约》和《全面禁止核试验条约》，一直是美国南亚政策的重要目标。然而，1998年5月，印度和巴基斯坦相继进行核试验，使南亚的局势更加复杂化，也使美国的南亚无核化努力前功尽弃。尽管印度把中国的“威胁”作为进行核试验的借口，但更主要是对西方主宰的世界秩序的回应。印度反对单极世界，赞成没有世界警察的、联合国按照《联合国宪章》有效发挥职能的世界新秩序，[①]因此，印度核试是20世纪60年代就已初具形态的“实力对实力”对外政策的延续和深化。[②]

面对南亚核现实，以及印巴之间的核冲突的可能性，美国一方面采用传统措施对印巴施加制裁，同时也在反思制裁的作用与效果，并在此基础上对南亚政策进行了适当的调整。制裁并没有迫使印巴在核问题上改变立场，并且加大制裁的力度也不能保证美国防扩散目标的实现。“让经济制裁左右美国与印、巴的双边关系使美国利益面临巨大的风险”，[③] 政府反对核扩散的努力是对的，但这反而损害了美国政策的灵活性。由于制裁工具的局限性和负面影响，美国认为不应该在制裁上倾注太多的努力，因为还

---

① Raju G. C. Thomas, “In the Middle Ground: India”, in Mary Buckley, Rick Fawn eds., *Global Responses to Terrorism – 9/11, Afghanistan and Beyond*, (Routledge, 2003), p. 203.

② 孙士海：《印度的对外战略思想及核政策》，《当代亚太》，1999年第10期，第16页。

③ Richard N. Haass, “South Asia: Challenges in U. S. Policy”, House Committee on International Relations, Subcommittee on Asia and the Pacific, March 3, 1999, http://www.brookings.edu/views/testimony/haass/19990303.htm.

有其他措施可以用来达到阻止核扩散的目的。[1] 因此，美国南亚政策的目标应该是鼓励印巴双方将其核能力限定在当前水平，动员全球力量阻止核扩散，同时还要在防止地区冲突、促进民主、增加贸易与投资等方面加强与印巴的合作。

此外，1998 年底，俄政府总理普里马科夫在访问印度时公开提出，俄中印三国应建立三角战略伙伴关系；2000 年 10 月，普京总统在出访印度前夕发表讲话也指出，俄中印应当联合起来保障亚洲的共同利益，没有俄中印三国的参加，建立国际关系新架构是不可能的。因此，美国提升与印度的关系，也是出于对俄中印形成战略三角可能性的考量。美国国家情报委员会在 2000 年 12 月公布的一份战略报告中曾警告说，俄中印三国极可能结成战略联盟，对美国的利益构成挑战。所以，发展与印度的关系来平衡中、俄的影响，也是美国南亚政策的一个方面。

印巴核试后，美国防扩散目标追求与南亚成为事实核地区的矛盾，迫使美国对南亚政策作出相应调整。具体表现为：第一，防止并推进核不扩散进程，维持南亚稳定，全面参与南亚事务，争取地区事务的主导权；第二，突出印度的地位，在政治、经济和军事上展开多方位合作，通过合作取代制裁的途径，将南亚地区的发展纳入美国的战略轨道；第三，维持与巴基斯坦的关系，力争使巴基斯坦政治发展步入民主的轨道；第四，在克什米尔问题上，美国的立场发生转变，强调通过印巴之间的和平对话解决争端。

---

① Richard N. Haass, “South Asia: Challenges in U. S. Policy”, House Committee on International Relations, Subcommittee on Asia and the Pacific, March 3, 1999, http: //www. brookings. edu/views/testimony/haass/19990303. htm.

"9·11"恐怖袭击事件后，美国"重巴"但并不"轻印"。"9·11"恐怖袭击发生后，美国南亚政策进行了调整，不仅顾及到巴基斯坦在当前反恐战争中的作用，同时也对印度在美国的南亚战略和全球战略中的地位予以充分重视。但美国南亚政策的调整也并非完全是出于反恐的需要，而是美国全球战略需求的必然结果。美国在印巴都有重要利益，为了实现促进民主与人权、扩展经济合作、共同应对地区和全球挑战等目标，疏远印度和巴基斯坦的政策将毫无意义。[①]

美国在反恐、防止核扩散、反毒品及战后的阿富汗重建等方面需要巴的合作与协助。"9·11"事件出乎意料地将巴基斯坦带入全球政治舞台的中心，成为巴基斯坦历史的分水岭。[②] 结果，在反恐战争开始后，美巴双方的互需导致了美恢复向巴提供经济、军事援助。援助额在2002财年达到6.26亿美元，在2003财年达到5亿美元，在2004财年达到4亿美元。2003年6月巴总统穆沙拉夫访美时，美答应在2005—2009年提供30亿美元援助，其中经济援助与军事援助各占一半。2004年6月，美国给予巴"非北约主要盟国"地位，美巴关系迅速恢复。

对于美国的反恐战争，印度迅速站在美国一边，声明提供军事基地和后勤支持。印度支持美国的反恐战争，但美国从地缘优势出发，将巴基斯坦作为反恐战争的最佳选择。然而美国并没有采取"厚此薄彼"的传统做法，而是努力抚慰印度对美巴回归冷

---

① Richard N. Haass, "U. S. Needs to Soothe India, Pakistan", http: //www.brookings. edu/scholars/rhaass. htm.

② Samina Yasmeen, "Unexpectedly at Center Stage: Pakistan", in Mary Buckley, Rick Fawn eds., *Global Responses to Terrorism – 9/11, Afghanistan and Beyond*, (Routledge, 2003), pp. 188 – 197.

战时期军事同盟的担心，加强了同印度的关系。自2000年克林顿总统访问印度以来，双边关系迅速升温。在短短的五年里，双边关系上升到全球伙伴关系，尤其是美国宣布民用核活动、民用空间项目和高技术贸易和防务等领域扩大与印度的战略合作，成为印美关系最突出的进展。

因此，9·11事件后，美国的南亚政策主要表现为：第一，在反恐战争中倚重巴基斯坦，通过援助影响巴的经济、政治和社会，目的在于使之成为一个成功的、温和的穆斯林国家；第二，在政治、经济和安全领域与印度加强合作；第三，密切关注地区的核扩散问题。

总之，冷战后美国南亚政策的特点在于平行发展与印、巴的关系，但更看重崛起中的印度的未来影响。由于印巴之间根深蒂固的敌意所导致的互信缺失，增加了美国平衡发展与印、巴关系的难度。尽管如此，美国南亚政策的未来走势应该是一种侧重于印度的“双轨制”。

第三节　巴基斯坦因素的微妙转变

印美关系在冷战期间的发展过程中，巴基斯坦基本上是一个制约因素。然而冷战结束后，尤其是“9·11”恐怖袭击事件发生后，随着美国南亚政策的调整，在印巴并重的情况下，巴基斯坦因素的性质发生了微妙的变化。也就是说，在印巴关系对抗性质未变的情况下，巴基斯坦对于印美关系的作用已经在某种程度上从制约的阻力演变为促进的动力了。

首先，美国南亚政策调整为印美关系发展提供了契机。

冷战结束初期，美国平衡发展与印、巴之间的关系，是以冷却与巴基斯坦的关系为起点的。里根政府后期，巴基斯坦的核计划引起了美国的高度关注。1990 年，美国援引普雷斯勒修正案对巴施压，冻结了对巴的军事和经济援助。90 年代后期，美国对巴基斯坦国内政治、经济、社会的不稳定状态表示担忧并施加压力，并且对巴的印象不断负面化。这不可避免地导致巴对美失去信心，向穆斯林世界进一步靠拢，美巴关系趋于冷淡。然而美国与印度的关系也并非顺利。在克林顿总统强调人权、不扩散预防性外交以及在高度关注克什米尔问题的背景下，印度对美国的目的和动机表示忧虑，由此导致的分歧影响了双边关系的发展。

然而不可否认的是，两极格局瓦解后，制约印美关系的结构性矛盾消失了，为双边关系的发展提供了历史机遇。冷战后，美国承认印度是南亚的地区大国，将两国关系定位于“一种新的伙伴关系”，在政治、军事和经济方面与印度进行多方位合作，双方高层互访频繁。应该说，美国将印度看成了一个可以促进整个亚洲稳定的力量，并且在经济方面对美国意义重大。

可以说，在冷战结束后初期，由于美国南亚政策的调整，使印巴两国在发展与美国关系上几乎处于同一起跑线上。美国对巴基斯坦的核问题施加压力，对印度的人权状况表示忧虑，对印巴对抗所造成的地区局势表示担心。巴基斯坦战略地位的相对下降以及印度地位的相对提升，使冷战期间美、巴、印三方形成的美巴、印美和印巴三条边长依次增加的“锐角”三角形，演变成目前印巴“底边”很大的“等边”三角形，而美国与双边保持等距离。

其次，印度利用美国南亚政策调整，积极发展与美国关系。

美国南亚政策的调整有多方面因素，诸如印度经济发展的速度与市场潜力、与印度在价值观上的相近，而更重要的是，美国认为印度是21世纪全球事务的参与者，而且是亚洲地区和平与稳定的关键促成因素。与冷战期间形成第三种力量挑战两极格局的对外政策不同，印度此时认可美国的优势地位以及对国际事务的控制力和影响力。而且美国自卡吉尔冲突后在克什米尔问题上立场的转变，在一定程度上打消了印度对美国积极关注克什米尔问题动机的疑虑。印度虽然致力于世界政治格局多极化，但对美国处理国际问题的方式，印度批评的声音明显弱化，有时甚至与美国站在一起，例如在美国总统布什宣布将批准部署“国家导弹防御计划”（NMD）的问题上，印度表示理解。

“彼此的认同”增加了印美之间的好感，拉近了两国距离，尽管双方在一些问题上还存在分歧。事实证明，正是由于美国利益的多元性，才促使克林顿政府于1999年10月部分取消了制裁措施，并且促成了2000年的克林顿南亚之行。

再次，对于美国针对阿富汗的反恐战争，印巴态度积极。

“9·11”恐怖袭击后，面对美国将反恐合作作为新的对外政策标准来衡量与其他国家的关系，印、巴都做出了积极响应。

巴基斯坦出于多方面因素的考量，例如美国对巴基斯坦核试后实施的制裁、国内政治经济形势、克什米尔问题以及对不与美国合作后果的忧虑等，决定“全力支持”美国的反恐战争。与此同时，印度也迅速站在美国一边，声明提供军事基地和后勤支持。印度支持美国的反恐战争，主要是基于以下考虑。第一，冷战期间美巴结盟对印度的安全构成了威胁，冷战结束后，虽说美对巴的兴趣大减，但印巴关系并没有实质的突破，美巴再次结盟将对自己的安全形成挑战；第二，印度长期抱怨巴基斯坦支持恐怖主义活动，支持美国的反恐战争有助于在克什米尔问题上争取国际社会的同情，从而借反恐向巴施压；第三，为发展与美关系提供了一个新的契机，有助于进一步减轻美国在核试后施加的压力。

最后，克什米尔问题的复杂性促使印巴关注美国的姿态。

冷战期间，关于印巴间的克什米尔争端，美国基本上站在巴基斯坦一边，尤其是 1971 年第三次印巴战争期间。冷战结束后，由于巴基斯坦战略地位下降，关于印巴间克什米尔问题，美国也从 90 年代起逐渐改变了态度。为了避免自身在此问题上承担某种义务，美国已经倾向于通过印巴间的双边谈判解决争端，并且呼吁两国要考虑克什米尔人的利益和愿望。1993 年 5 月，美国副助理国务卿约翰·马洛特访问印度时提出了美国关于克什米尔问题的三个原则，即控制线两侧的整个克什米尔地区是有争议的领土，印巴双方应尊重克什米尔地区人民的意愿和平解决争端，在印巴双方愿意的基础上美国准备提供帮助促进争端解决的进程。[①] 然而美国对克什米尔问题的兴趣有限，相关的学者也认为美国不应该在此问题上发挥重要影响。“9·11”事件后，美对克什米尔问题有了较以往更多的关注和重视，其立场也更加鲜明。甚至有消息称，美国已为解决克什米尔问题规定了最后时间表，并确定了阶段性目标和终极目标。[②]

---

① R. C. Mishra, *Security in South Asia*, *Cross Border Analysis*, (Delhi: Authorspress, 2000), p. 217.

② Shaheen Sebbai, “Leaked US Roadmap for Pakistan Promises Cut in Musharraf's Powers”, *South Asia Tribune*, No. 43, May 2003, p. 31.

美国在克什米尔问题上的立场已逐步由不介入转为积极调停，努力促使这一问题得到早日解决。美国为顺利实施反恐战争，利用印巴均将发展对美关系作为外交重点的有利时机，争取掌握解决克什米尔问题的主动权。但鉴于克什米尔问题的复杂性，美国清楚地认识到此问题彻底解决的难度，因而尽量采取不偏不倚的中间立场，力争兼顾印巴双方和克什米尔地区人民的利益和愿望。

美国的“公平立场”为印巴两国各自争取美国向本国倾斜提供了空间。巴基斯坦想通过反恐战争中美国战略重点的倾斜（将巴作为非北约主要盟国），争取更多的美国援助，并为克什米尔问题的解决赢得外交空间，而印度也想通过发展更紧密的印美关系抵消美巴关系对自己的影响。因此，与冷战时期不同，美巴关系的接近基本上不会导致印美关系的疏远。恰恰相反，美巴关系的接近，通常情况下都会造成印度接近美国意愿的上升。这与美国是当今国际体系内唯一的超级大国并深刻影响着崛起中印度的发展进程不无关系。因此，只要印巴处于对抗状态而不管这种对抗程度，只要美国是发挥重要影响的政治、经济和军事强国，那么美巴关系和印美关系之间就会处于一种非对抗的竞争态势。

第四节　印巴：从对抗到缓和

一、曲折的缓和之路

在冷战即将结束之际，随着美国和苏联对抗形势的缓和，印巴关系也曾一度有所改善。冷战结束后，“印度对巴基斯坦的政策并未出现大的变化，而历届巴基斯坦政府基本上仍然继续执行着哈克时期的对印政策。印巴在一系列问题上的分歧依然如旧”,[①] 印巴之间的对抗仍在继续。

1992 年 5 月，印巴两国发生了互相驱逐外交官的事件。同年 12 月，印度发生阿约迪亚清真寺被毁事件，引发了巴基斯坦穆斯林的强烈反应，导致印巴对抗进一步升级。1993 年初孟买发生的一系列爆炸事件引发了印度教徒和穆斯林之间的流血冲突，导致印巴关系又一次恶化。1996 年以后，印巴关系有所缓和，双方都表示了就克什米尔问题进行对话的意愿。1997 年 3 月，印巴恢复外秘级对话，并于同年 6 月和 9 月分别举行了第二轮和第三轮对话。1997 年 5 月和 10 月，印巴两国总理分别在南亚区域合作联盟（SAARC）峰会和英联邦峰会期间进行了会晤。

1998 年印巴相继进行核试验，使两国关系陷入了新的危机中，整个次大陆笼罩在核威胁的阴云下。1998 年 7 月和 9 月，两国总理借参加 SAARC 和联合国大会的机会又进行了两次会晤，并且一致同意展开全面对话（composite dialogue）。1998 年 10 月 16—18 日，双边第一轮关于和平与安全的全面对话在伊斯兰堡举行。1999 年 2 月，应巴基斯坦总理谢里夫邀请，印度总理瓦杰帕伊乘车抵达巴基斯坦城市拉合尔，对巴进行为期两天的正式访问。双方签署了《拉合尔宣言》、《联合声明》和《建立相互信任备忘录》，使印巴关系一度趋向缓和。但三个月后，双方就在克什米尔的卡吉尔地区爆发了自 1971 年第三次战争以来规模最大的武装冲突。两国对话宣告中断，两国关系再度紧张，两国关系在

---

① 孙士海、江亦丽主编：《二战后南亚国家对外关系》，第 180 页。

初步缓解之后又回到原点。

2001年5月，印度总理瓦杰帕伊向巴基斯坦总统穆沙拉夫发出邀请，不久就得到巴方的积极回应。2001年7月，印巴领导人在阿格拉举行会谈。由于双方在克什米尔和越境恐怖活动等问题上分歧太大，会谈以失败告终。“9·11”恐怖袭击事件发生后，国际形势发生了重大变化。2001年10月30日和12月13日，印控克什米尔斯利那加和印度议会大厦分别遭到恐怖袭击，印度认为此事与巴基斯坦有关，于是中断了与巴基斯坦的航空、陆路交通联系，将外交关系降为代办级。2002年1月12日，巴基斯坦总统发表讲话，宣布决定要遏制宗教极端主义和恐怖主义，但同时也指出，巴不会在克什米尔问题上妥协。印度立即作出回应，宣布除非巴方停止越境恐怖主义活动并且交出“名单中的恐怖分子”，否则不会恢复与巴的对话。2002年5月，双方在边界地区陈兵百万，战争一触即发。

2003年4月，印度首先表达了重新对话的意愿，并且准备同巴方讨论包括克什米尔争端在内的所有问题。对印度方面的友好姿态和对话建议，巴基斯坦很快予以积极响应。5月，双方同意恢复两国大使级外交关系和交通往来。10月，印度提出推动印巴民间交往的12点和平倡议，多数被巴基斯坦接受，两国关系开始缓和。2003年12月，印巴就恢复两国民航联系达成协议，随后又恢复了中断两年的边境事务会谈。2004年1月4日，南亚区域合作联盟首脑峰会在巴基斯坦首都伊斯兰堡举行。与会的印度总理和巴基斯坦总统都表现出改善双边关系的意愿，态度积极。印度总理在开幕式上对伊斯兰堡机场广告语“合作使我们在世界拥有更好机会”有感而发，称“它恰当地表达了一个深刻的真理，南亚要完全实践它。我们必须改变南亚在世界上的形象和地位。我们必须做出勇敢的转变，从猜疑变为信任，从纷争变为和谐，从紧张变为和平。”[①] 6 日，两国外长发表联合新闻声明，表示要为推进双边关系正常化进程，双方将于2004 年2 月开始启动全面对话进程。[②]

从2004 年1 月6 日两国在伊斯兰堡发表联合新闻声明确定开启全面对话，到2008 年5 月21 日两国发表联合声明，在四年多时间内印巴共举行了四轮全面对话。印巴计划于2008 年7 月启动第五轮全面对话进程，但由于7 月发生的一系列恐怖袭击事件，如7 月7 日印度驻阿富汗喀布尔使馆遭遇自杀式炸弹袭击，加之7 月初两国武装人员在克什米尔实控线附近的自2003 年停火协议以来的第一次短促交火，全面对话进程受阻。

2008 年9 月24 日，印总理辛格与巴总统扎尔达里在纽约第63 届联合国大会期间举行双边会晤，随后发表的联合声明称，“必须挫败试图使和平进程脱离正轨的力量”，并决定在未来3 个月内启动第五轮全面对话。[③] 就在印巴两国内政部秘书率团于11 月25—26 日就“恐怖主义和毒品走私”议题举行第五次对话刚刚结束，孟买发生恐怖袭击。“11·26”成为印巴全面对话的分水岭，第五轮全面对话进程夭折。孟买恐怖袭击发生后，辛格总

---

① “Prime Minister’s statement at the 12th SAARC Summit”, January 4, 2004, http: //www. mea. gov. in.

② “India-Pakistan Joint Press Statement”, January 6, 2004, http: //www. mea. gov. in.

③ “India Pakistan Joint Press Statement issued after meeting of the Prime Minister with the President of Pakistan in New York”, September 24, 2008, http: //www. mea. gov. in.

理发表全国讲话，指出印度决不容忍利用邻国领土发动针对印度的袭击，如果邻国不采取适当措施，将付出代价。[①] 尽管在讲话中只是模糊地使用“邻国”一词，但这里的邻国就是指巴基斯坦。随后，印度通过一系列外交活动，如召见巴基斯坦驻印度高级专员、联合国安理会会议等，将矛头直指巴基斯坦。印巴关系急遽恶化。

2009年，在印巴全面对话进程陷入僵局的情况下，印度不断释放积极信号。2009年2月19日，印度外长慕克吉第一次明确表态，“（印度）排除了对巴基斯坦的军事选择，并强调新德里将只使用外交手段来促使伊斯兰堡打击恐怖网络。”6月3日，即使对巴基斯坦释放孟买恐怖袭击嫌疑犯、“虔诚军”领导人赛义德（Hafeez Sayeed）表示不满，印度新任外长克里希纳仍然在新德里告诉记者：“印度将通过外交途径寻求与巴基斯坦实现关系正常化的目标。”6月9日，印度总理辛格在对议会的演讲中称，“我真诚地相信，再次努力与巴基斯坦讲和，符合印度的重要利益……我愿向他们保证，我们将主动与他们（巴方）会面。”[②]

二、印度释放对巴基斯坦缓和信号

从2008年11月中断与巴全面对话进程，到2009年表示要主动与巴基斯坦接近，印度对巴基斯坦政策在一定程度上发生了积

① “PM's address to the Nation”, November 27, 2008, http://www.mea.gov.in.

② “PM's reply to the debate in the Lok Sabha on the President's address”, June 9, 2009, http://www.mea.gov.in.

极变化，尽管印度仍然坚持与巴基斯坦恢复全面对话的前提条件。印度有限度的积极转变决非偶然，是有深层次原因的。

首先，通过战争解决争端并非最佳手段，且局部战争风险巨大。

印度在常规军事力量上有比较优势，但与20世纪中后期相比，印巴在应对危机的决策中必须考虑的一个事实是，两国都拥有核武器。印度鹰派尤其是部分军方人士赞成通过“有限战争”（limited war）手段解决克什米尔问题，但即使他们也不能保证巴基斯坦不会在战争中使用核武器。因此，有限战争的风险太大几乎成为印度决策层的共识，这也是两国1999年卡吉尔冲突后很快缓和的主要原因。即使是在孟买恐怖袭击后，双边不同级别的电话联系，尤其是军方之间的电话互动，为两国冷静应对突发事件提供了互动渠道。辛格总理曾说，“除非我们想与巴基斯坦开战，否则对话是唯一的出路。”① 所以，尽管“11·26”后国际社会担心印巴走向武力对抗的老路，但两国决策层对战争已经不是解决双边问题的最佳手段有非常清晰的认识与判断。战争手段带来的巨大风险，印巴两国都不愿面对。

其次，印度大国诉求需要摆脱印巴对抗的羁绊。

成为“有声有色”的大国是印度独立以来几代人的梦想，然而却长期受制于印巴关系的束缚。印度人民党政府时期，瓦杰帕依总理积极回应巴基斯坦的对话意愿，启动全面对话进程，也是印度出于努力改善印巴关系、塑造大国形象的考虑。近几年经济快速发展进一步刺激了印度的大国诉求，但金融危机后印度的经

---

① “PM's reply to the debate in the Lok Sabha on the President's address”, June 9, 2009, http://www.mea.gov.in.

济形势并不乐观，加之2009年以来印度国内消费品价格居高不下，第二届团结进步联盟政府实现经济增长目标困难不小。印度过去将有限的政治、经济、军事与外交资源应对印巴对抗，这种消耗限制了印度在地区和国际事务中的作用，并对其努力追求的大国形象产生了消极影响。辛格总理在人民院讲话中曾明确指出，“除非整个南亚地区拥有和平与繁荣，否则印度就不能实现自己的抱负。如果邻国遭受动荡与骚乱，将对我们成长为致力于持续增长与发展的民主国家产生直接影响。”① “做出真诚的努力与巴基斯坦和平相处符合我们（印度）的切身利益。”② 可以说，恐怖袭击的受害者已经让印度赢得了国际社会的同情，放弃以牙还牙的“复仇行动”而选择“外交途径”更是博得国际社会的尊重，而释放“主动与他们会面”等一系列积极信号并最终促成两国外长的直接接触，为印度树立负责任的地区甚至全球大国形象加分不少。

再次，第二届团结进步联盟政府在处理对外关系上更加自信。

在印度第15届人民院大选中，国大党独自获得207席。与第一届团结进步联盟政府相比，新政府摆脱了近二十年来印度政府“脆弱而难以驾驭”的局面。一方面是国大党内部凝聚力上升，另一方面是国大党组成了一个相对稳定的联合政府。历史证明，印巴间危机的发生与彼此政府的强弱并无必然联系，但启动和平

① “PM's reply to the debate in the Lok Sabha on the President's address”, June 9, 2009, http://www.mea.gov.in.

② “Prime Minister's statement in Lok Sabha on the debate on the PM's recent visits abroad on July 29, 2009,” July 29, 2009, http://www.mea.gov.in.

进程却只有在出现强势政府或领导人的情况下才发生。在国大党执政根基变稳的背景下，辛格总理在处理对外关系上更加自信，而对巴政策出现积极转变也在情理之中了。2009 年下半年，从 6 月 9 日的“主动会面”，到 7 月 29 日的“目标是与巴基斯坦建立永久的和平”、“沟通与接触是最佳的前进方式”等一系列积极主动的信号释放，表明印度对巴政策更加清晰与积极。辛格总理“不惜任何代价与巴基斯坦讲和”的立场遭到国内某些势力的指责，甚至被冠以“战略灾难”和“巴基斯坦绥靖”（Pakistan Appeasement）等恶名，但印度对巴政策中“保持沟通与接触”的立场却愈加清晰。

最后，美国的压力是一个不容忽视的因素。

历史上，印巴爆发危机后总是可以发现美国的身影，尽管美国卷入危机的程度不同。“9·11”事件后，美国加强了与巴基斯坦的联盟关系，但美巴联盟的针对目标是恐怖主义，打击恐怖主义也是印度的重要关切。而且更为重要的是，进入 21 世纪的十年中，印美关系经历了“三级跳式”发展，从 2000 年致力于建立一种“持久的、政治上有建设性、经济上有效益的”新型伙伴关系，到 2004 年 1 月的战略伙伴关系并开始实施“战略伙伴关系后续步骤”（NSSP），再到 2005 年《印美防务关系新框架》签订并给予印度准盟友待遇，以及致力于建立“全球伙伴关系”，印美关系可谓是不断提升，双边在经贸、政治、安全以及高技术等领域合作的深度和广度不断拓展。而 2008 年印美核协议的签订，标志着印美关系达到了新高。可以说，美国与南亚两个最大的国家的关系越来越密切。一方是美国阿富汗反恐战争必须倚重的盟友，一方是美国未来全球战略不愿忽视也不能忽视的伙伴，美国希望印巴和平，至少不希望印巴之间的危机上升到影响美国反恐战争的程度。因此，从这个意义上说，印巴以和平方式解决两国间的问题或危机符合美国利益，无论是短期还是中长期，都是如此。孟买恐怖袭击后，面对印巴间一触即发的新一轮危机，美国多名高官造访南亚，其最重要的角色就是敦促印度和巴基斯坦悬崖勒马。此后，美国通过双边或多边渠道，多次向印巴施加压力。而且，印度也希望借助美国对巴基斯坦的影响实现自己的安全诉求。2010 年 2 月印巴外秘会谈后，美国国务卿立即发表声明，表示（美国）始终鼓励两国直接对话，对此突破表示满意。

三、印巴全面对话进程：机遇与挑战

2010 年 2 月 25 日，印度与巴基斯坦外秘在新德里举行了自“11·26”以来的首次双边会晤。然而由于彼此并不能接受对方提出的“议题或关切”，双方只是同意“保持接触”，“探索进一步对话的方法与手段”，并没有谈及重启对话的路线图。对于巴方恢复全面对话的提议，印度也以时机尚未成熟为由予以回绝。2010 年 7 月 14 日，自印巴计划启动第五轮全面对话进程两年后，两国外长间举行了第一次正式双边会晤。会晤无果而终，彼此指责成为媒体报道的主题。然而毋庸置疑，双方再一次开启相互接触的大门。

目前，印巴恢复全面对话还有一定的难度，但也没有必要对两国恢复对话的前景持悲观态度。尽管和平与战争两种状态之间还有许多选择，但两国都不愿面对战争也不想承受战争的后果，这时，和平将是最终的选择。而且，国际、地区与印巴国内形势的发展，也为两国全面对话注入了积极因素。

首先，国际社会希望看到印巴两国通过和平方式解决彼此问题，尤其是国际环境的发展为印巴对话创造了条件。进入21世纪以来，肇始于冷战结束后的大国关系结构的调整不断深化，制约印巴关系发展的外部结构性矛盾已不复存在。尽管诸如美国、俄罗斯、中国与欧盟等区外大国在南亚的利益各不相同，但争取通过和平途径化解印巴间危机是各大国的共识，各国应对印巴危机的外交斡旋就是证明。与此同时，南亚区域合作、地区间合作与交往，以及国际组织内互动等一系列多边舞台也为印巴接触营造了一种“想不见面都难”的环境。在双边正式对话渠道中断的背景下，多边舞台成为印巴缓和紧张关系的重要平台。例如，利用2009年6月上海合作组织与金砖四国叶卡捷琳堡峰会和意大利的里雅斯特八国集团（G8）阿富汗和地区事务外长级扩大会议、7月埃及沙姆沙伊赫第15次不结盟运动峰会、2010年4月不丹廷布第16届南亚区域合作联盟峰会、6月伊斯兰堡南亚区域合作联盟内政部长会议等多边舞台，印巴两国高层多次接触。

其次，两国决策层对双边问题的认知发生了有利于营造对话氛围的微妙变化。两国之间的问题错综复杂，但在和平与发展这一时代主题的背景下，战争手段解决争端不合时宜且代价巨大，印巴两国领导人对此都有清楚的认识与判断。而且，印度与巴基斯坦对克什米尔问题的立场都有所调整。一方面，巴基斯坦不再强调克什米尔问题的解决必须体现领土的变化要求，穆沙拉夫时期提出的四点建议就表明，巴基斯坦在此问题上的立场有调整的空间；另一方面，印度的传统立场——克什米尔不是问题，唯一的问题是巴基斯坦归还其占领的印度领土——也有所松动，在某种程度上已经承认克什米尔是两国必须要解决的一个问题，这种微妙的变化自瓦杰帕依政府已见端倪。

再次，两国民意的积极变化也是双边接触不可忽视的促进因素之一。2002 年印巴爆发危机时，印度一家电视台进行的民意调查表明，96% 的受调查者主张对巴基斯坦采取军事行动。[①] 然而自全面对话进程以来，两国在信任措施建立上取得效果，为推动两国民意的积极转化发挥了重要作用。世界公众舆论组织 2008 年的民意调查表明，两国大多数民众并不赞成自己的国家增加防务开支，在接受调查的人群中，只有 21% 的巴基斯坦人和 19% 的印度人完全赞同各自政府处理两国关系的方式。[②] 从民意调查的情况来看，绝大多数巴基斯坦人和印度人期望两国间实现和平与稳定。随着两国民间交流的增多，普通民众尤其是两国年轻人更倾向于政府通过和平方式解决彼此争端。

最后，两国部分媒体也开始发挥建设性作用。传统上，两国媒体相互攻击，推波助澜彼此的仇恨，尤其是在印巴爆发危机时期。但自 2010 年开始，两国部分媒体试图转变这种传统，开始发挥自己的建设性作用。例如，2010 年 1 月，巴基斯坦《战斗报》集团和《印度时报》集团发起了“给和平一个希望”的联合行动，协议定期报道民间交流的新闻，促进两国的和平事业。印度另一主流媒体《印度快报》（*Indian Express*）也开始报道来自巴基斯坦的文章。正如一位分析家所说，“无知产生不信任，……

① http：//www. people. com. cn/GB/junshi/61/20020527/737562. html.

② Steven Kull，Clay Ramsay and Stephen Weber，“Pakistani and Indian Public Opinion on Kashmir and Indo-Pakistani Relations，” July 16，2008，http：//www. worldpublicopinion. org.

这次两大媒体联手行动会为自己国家人民了解对方打开一扇窗。”①

然而不可否认，尽管有利于印巴对话的积极因素在积累，但两国的和平之路注定是一波三折。过去曾经阻碍印巴关系改善的因素，有的不复存在，有的非但没有消失，在新的环境下反而被不时放大，严重地影响着两国全面对话进程。这主要表现在：

第一，长期对抗导致的互不信任根深蒂固，短期内建立起来的信任非常脆弱，经不起波折。世界公众舆论组织在印度和巴基斯坦的民调显示，两国都有53%的民众认为未来十年内紧张的印巴关系是严重的威胁，只有12%的巴基斯坦人和8%的印度人认为紧张的双边关系不构成威胁。而且，巴基斯坦对印度行为的信任度很低，只有19%的受访者承认他们或多或少信任印度，而30%的人认为并不能太相信印度，更有38%的人根本不信任印度。② 所以，尽管民间交往有所起步，但两国之间的互信仍是“赤字”。印巴所表达的对话意愿很难在短期内改变长期以来的战略不信任状态，并且更为重要的是，艰难建立起来的信任经不起重大事件的考验，两国对话进程常常受突发事件的影响而严重倒退。

第二，印巴都有某些既得利益集团，为一己私利，利用国民情绪实现自身的政治诉求。无论是在印度还是在巴基斯坦，总是

① Jaideep Bose, “Peace with Pakistan: Give Tomorrow a Chance,” *The Times of India*, January 1, 2010, http://timesofindia.indiatimes.com/amankiasharticleshow/5400937.cms.

② Steven Kull, Clay Ramsay and Stephen Weber, “Pakistani and Indian Public Opinion on Kashmir and Indo-Pakistani Relations,” July 16, 2008, http://www.worldpublicopinion.org.

存在着两国改善关系的阻力，并且某些利益集团通常利用政府在双边问题上的“让步”大做文章。尽管印度国大党领导的第二届全国进步联盟政府在处理对外关系上更加自信，但在印巴关系上，尤其是涉及国家安全与领土主权的问题上，也不敢放开手脚。在巴基斯坦也是如此，积极推动印巴和解的巴基斯坦前总统穆沙拉夫的离职就是很好的证明。因此，只要存在不赞成对话的力量，印度和巴基斯坦的领导人就都会面临为推动和平进程而付出政治代价的风险。受国内政治因素影响，两国领导人在处理涉及双边关系的敏感问题上大多比较谨慎。

第三，恐怖袭击对印巴对话进程的负面影响加深。南亚是当代恐怖主义最为活跃的地区之一，印度和巴基斯坦深受其害，印巴全面对话进程也不可避免地受其影响。2001 年的印度议会大厦遭袭事件使本来就龉龃不断的印巴关系变得更为紧张，2006 年孟买列车连环爆炸案扰乱了第三轮全面对话，而 2008 年的孟买恐怖袭击则完全中断了印巴全面对话进程。可以说，恐怖活动已经成为影响两国对话进程的最为敏感的问题。自孟买恐怖袭击后，印度始终以巴基斯坦停止支持越界恐怖活动作为恢复全面对话的先决条件，拒绝与巴对话。

总之，印巴通过和平方式解决两国争端符合两国人民的利益，有利于南亚地区的和平、稳定与发展。2010 年 2 月，印巴间外秘级会谈打破了长达 14 个月的僵局，此后，双边高层接触不断。但是，消除两国“信任赤字”是一个长期的过程，不是一朝一夕能完成的，改变彼此僵硬的和不变通的立场而采取灵活的政策也需要强势政府和强势的领导人，因此就目前形势而言，印巴保持接触与对话容易，恢复全面对话还有一定难度，而两国实现真正的和解还需要走出目前困局，这需要更多的时间、更大的信心与更高的政治智慧。然而，只要两国保持接触的趋势能够延续，那么就没有必要对印巴恢复全面对话持悲观态度。

第八章

印美关系的核因素

1998 年 5 月 11 日，印度在 48 小时内连续进行了 5 次地下核试验，宣布自己成为“有核国家”。印度的核试验引起国际社会的广泛关注，因为这是自 1970 年《不扩散核武器条约》（NPT）生效以来一个国家的公然核武化行为。印度的核试验极大地影响了冷战后国际社会在不扩散领域的努力，遭到了以美国为首的国际社会的普遍谴责。核问题也再次成为美国南亚政策的重点。美国援引 1994 年的《不扩散法》对印度进行了严厉制裁，包括中止所有援助、否决世界银行和亚洲发展银行的贷款等。印度核试验以及美国的反应使印美关系受到极大影响，但也促使美国以全新的思维评估印度作为事实上核武国家对地区及国际形势的影响。印美两国随后展开的频繁的外交努力、2000 年 3 月克林顿总统的南亚之行，以及随后双边关系的迅速发展，尤其是 2005 年 7 月双边全球伙伴关系的形成，都在一定程度上说明：核问题，在印度核试以前始终制约着印美关系的发展；而在核试后印度成为事实上的核武国家，却成为印美关系的催化剂。

第一节　印度核政策的演变

印度之所以挑战国际社会多年来形成的核不扩散机制进行核试验，与其国家的战略目标紧密关联。“决心把饱受异族统治屈辱的印度建成一个强大的、统一的、在国际社会受到尊重并发挥重要作用的世界大国”,[①] 始终是印度政治精英的理想。随着印度综合国力的不断提高，“实现大国地位已经不仅仅是少数政治家们的理想，它已经上升为一种国家意志。”[②] 可以说，大国理想与对大国地位的诉求，深刻地影响着印度政治家制定国家发展战略的过程。印度核政策的嬗变，清晰地印证印度国内战略思想从理想主义向现实主义的转变。

一、印度的和平核政策

独立伊始，印度就选择了不结盟的对外政策，希望通过道义和政治的力量重塑印度地位。印度的核政策与其外交政策相适应，态度鲜明地反对发展核武器，主张和平利用原子能。

总体来说，印度在和平核政策时期主要表现有两个方面：从道义的角度反对核武器；从发展的层面提倡和平利用核能。实际上，印度是最早开发原子能的发展中国家，“甚至早在获得独立

① 孙士海主编：《印度的发展及其对外战略》，第1页。

② 同上书，第2页。

以前就开始了原子能研究项目”。[1] 1948 年，印度成立原子能委员会。1954 年，成立原子能部，尼赫鲁亲自担任部长。1957 年，在阿普萨拉建成了第一座核反应堆。尼赫鲁关于原子弹和原子能方面的言论，大多体现出当时印度核政策的和平倾向。当美国向广岛投掷原子弹后，尼赫鲁在表示强烈谴责和担忧的同时，也认识到“我们显然正站在一个有着巨大能源的新时代的门前”。[2] 在1946 年 6 月孟买的一次公开谈话中，尼赫鲁就指出，“我坚信印度将发展它的科研工作，我希望印度的科学家将为建设性的目的而使用原子力量。但如果印度受到威胁，它将不可避免地使用各种手段来保卫自己。我希望印度同其他国家一起阻止原子弹的使用。”[3] 印度独立后不久，尼赫鲁在印度制宪会议的辩论中明确表示，印度发展原子能是为了和平使用的目的，而不是用于战争。[4] 1954 年，尼赫鲁在一次讲话中又呼吁举行国际谈判以禁止和消除核武器，并建议在此之前通过一项协议，在全球范围内停止核试验。1957 年初，他在主持阿普萨拉核反应堆建成仪式的讲话中说：“无论发生了什么，也无论在什么情况下，我们将永远不会把原子能用于罪恶的目的。”[5] 同年 7 月，尼赫鲁又在印度人民院重申：“我们没有兴趣而且将来也不会制造原子弹，即使我们有

---

① Stephen Philip Cohen, *India: Emerging Power*, p. 157.

② Bharat Karnad, *Nuclear Weapons and Indian Security: the Realist Foundations of Strategy*, (New Delhi: MacMillan India Ltd., 2002), p. 182.

③ Dorothy Newman, *Nehru: The First Sixty Years*, Vol. 2, (New York: John Day, 1965), p. 264.

④ B. M. Jain, *Nuclear Politics in South Asia: in Search of an Alternative Paradigm*, (New Delhi: Rawat Publications, 1994), p. 53.

⑤ Sekhar Ghosh, “Dynamics of Nuclear Arms Control: Case of the CTBT”, *India Quarterly*, 1996, No. 4.

能力这样做。”[1]

印度独立初期实行和平的核政策，主要是出于以下原因：第一，在对外政策中尼赫鲁总理强调道义与政治的力量，而对军事力量尤其是核力量具有自己独特的判断；第二，印度独立初期的经济基础薄弱，对于研发核武器的代价有清醒的认识；第三，和平的核政策有助于印度更好地发挥不结盟政策的影响，尤其是得到广大第三世界国家的支持；第四，和平的核政策有利于印度避免卷入两大阵营的对抗，从而可以避免冷战进入南亚地区；第五，印度在核能研究的基础设施建设方面需要外部援助，而和平的核政策就像不结盟政策一样，对于争取外部援助功不可没。

二、“和平目的”的核试验

1962 年，由于在中印边界冲突中印度遭受军事上的失败，导致印度国内战略界对尼赫鲁对外政策的反思，“成为尼赫鲁主义者痛苦而难忘的经历”。[2] 自此以后，“他们采取了更强硬的态度，主张使用武力，宣扬印度面临着威胁”。[3] 1964 年 10 月 16 日，中国成功爆炸了第一颗原子弹，成为印度核政策逆转的开端。1964—1965 年，印度国内对印度核政策的走向进行了广泛辩论。前总理瓦杰帕伊在议会的激烈辩论中明确指出：“对原子弹的回

① Quated in Brochure，“National Nuclear Energy Program”，Lok Sabha Secretariat，1985，p. 57，in B. M. Jain，*Nuclear Politics in South Asia*：*in Search of an Alternative Paradigm*，（New Delhi：Rawat Publications，1994），p. 57.

② Stephen Philip Cohen，*India*：*Emerging Power*，p. 41.

③ Ibid.，p. 41.

答就是原子弹，别无其他。”① 1965 年，巴哈杜尔·夏斯特里就批准了进行地下核爆炸的计划。

实际上，印度国内关于核政策的辩论是在已经掌握了一定核技术的条件下进行的，当时印度核技术甚至已经达到了出口核反应原料的程度。当时负责原子能研发的巴巴甚至说，“制造原子弹对印度来说并非难事，投入的代价也不大。”② 因此，从一开始，印度辩论的关键“不是技术问题而是政治问题”，可以说，“辩论中的政治、经济和道德因素远远超过技术因素”。③ 但毋庸置疑的是，印度的核政策一直深受甘地的非暴力思想和尼赫鲁的国际主义思想的影响，这也是印度感知中国核威胁后进行辩论的主要原因。1968 年，由于面临着签署《核不扩散条约》（NPT）的压力，印度国内关于核政策的走向进行了第二次争论。虽然引发两次大规模辩论的因素不同，一次针对中国，另一次针对 NPT，并且其辩论也没有完全突破尼赫鲁时期的道德底线，但“好战的尼赫鲁主义者”已经对未来的核政策产生了举足轻重的影响。

反对核试验一直是尼赫鲁坚持的原则，认为“核试验由于鼓励邪恶，其本身就是坏事”，④ 并且积极呼吁和平利用原子能。然而随着尼赫鲁总理去世，国内关于印度核政策的辩论展开，以及印度外交政策中道义原则和现实主义的此消彼长，最终导致了印度 1974 年代号为“佛陀微笑”的第一次核试验。

对于印度之所以声称那是一颗“用于和平目的”的核装置的

---

① Manoj Joshi, “Nuclear Shock Waves,” *India Taday*, May 25, 1998.

② Stephen Philip Cohen, *India*: *Emerging Power*, pp. 159 – 160.

③ Ibid., p. 159.

④ Jawahrlal Nehru, *Jawahrlal Nehru's Speeches*, *Vol. 4*, (*1957 – 1963*), (New Delhi: Publications Division, 1964), p. 373.

原因，中国社会科学院亚太所南亚问题专家孙士海研究员给出了具体的解释。他认为印度冠以“和平核试”的目的在于：一是可以避免招致西方国家的制裁；二是避免改变自己的和平核形象而影响在第三世界国家的声望；三是避免给巴基斯坦发展核武器制造借口；四是在国内对发展核武器尚有争议的情况下，减少所冒的风险；另外还可以不违背对加拿大援建反应堆时所作的和平利用核能的承诺。[①] 总体上来说，以下因素促使印度引爆了“和平核装置”：第一，印度对外战略思想发生了潜移默化的变化，道义原则因素下降而现实主义因素上升；第二，印度战略家对20世纪70年代美中关系的改善以及美中巴轴心的形成深感忧虑，尤其是1971年第三次印巴战争期间美国航母的“核威胁”使印度认识到核武器对维护国家安全的重要性；第三，印度国内政治经济形势恶化，在国际上也面临NPT的压力，而和平核试可以转移国内矛盾，缓解NPT对印度的影响。

三、从开放核选择政策到核武化的转变

自1974年第一次核爆炸之后，印度仍然保持核政策的选择的开放性，英·甘地在核试后重申了这一原则。正如南亚问题专家科恩所指出的，“印度可以继续进行‘和平用途的核爆炸’项目，继续收集数据并建立运载能力；它也可以再上一级台阶，跨入核武器发展阶段……可是，德里什么都没有做。”[②] 即便如此，印度

---

① 孙士海：《印度的对外战略思想及核政策》，《当代亚太》，1999年第10期，第18页。

② Stephen Philip Cohen, *India: Emerging Power*, p. 164.

和平核试行为还是受到国际社会的制裁。英国和日本相继停止了对印度的援助，美国也中止了向印度的特拉普尔反应堆提供核燃料。

20 世纪 80 年代以来，国际核军控和裁军进程有所发展，但印度国内关于是否发展核武器的争论仍在继续。“30 年来，核选择战略模糊了两种截然不同立场之间的区别。鹰派可以得到核武器的研究将会继续进行的保证；而鸽派也可以满怀希望地认为，外交上的进展会使核武器成为不必要的东西。”[①] 但是不可否认的是，在 80 年代，“主张发展核武器的呼声显然已经占了上风”，[②] 认为“印度需要认真地重新审查其不发展核武器的政策”，[③] 指出“是印度该好好考虑的时候了”。[④]

进入 90 年代后，国际形势发生了重大变化，而印度国内形势也不容乐观。尽管印度各届政府都在公开场合表示不发展核武器，但主张发展核武器的声音却越来越强烈。一些鹰派人物甚至公开批评政府的核选择政策，认为印度的核政策“已经成了缺陷和失败的混合物”，[⑤] 敦促政府不能再骑墙观望，指出核武器也是印度获得大国地位的一种选择。[⑥] 因此，自 90 年代以来，几乎每届政府都做了核试验的准备，但最终都因国际压力而被迫取消。

---

① Stephen Philip Cohen, *India*: *Emerging Power*, p. 169.

② 孙士海：《印度的对外战略思想及核政策》，《当代亚太》，1999 年第 10 期，第 18 页。

③ U. S. Bajpai ed. , *India's Security*, (New Dehli: Lancers Publications, 1983), p. 65.

④ Ibid.

⑤ B. M. Jain, *Nuclear Politics in South Asia*: *In Search of an Alternative Paradigm*, p. 53.

⑥ Raju G. C. Thomas, *Democracy*, *Security*, *and Development in India*, (New York: St. Martin's Press, 1996), p. 158.

1998年5月，新上台仅仅2个月的印度人民党在48小时内连续进行了5次地下核试验。第二次核试验标志着印度公开跨越了核门槛，结束了自我克制的核政策。不久，印度总理瓦杰帕伊就宣布，“印度现在是一个核国家，这是一个不能否认的事实。”①

印度突破30多年来保持的核选择战略迈入核国家的门槛，是受以下因素驱动的结果。第一，20世纪90年代以来，印度的战略环境使做出发展核武器的决定变得更为容易，人们反对核武器本身的观念有了普遍的变化，并且军事上核武器万能论的影响在上升；第二，印度面临国际社会要求签署《不扩散核武器条约》和《全面禁止核试验条约》的压力倍增，在一定程度上制约着印度的国际形象和影响。在权衡“永远放弃”与“前进一步”两种选择的利弊之后，印度政治精英认为“迈入核门槛”的长期利益远远超过其代价；第三，印度战略界，尤其是一些现实主义者，将核能力与大国地位相提并论；第四，在后冷战时代的单极世界中，美国的霸权主义和单边主义倾向明显。这让印度认识到，关系国家安全的重大问题并不能完全依靠其他国家，印度必须拥有自己的核威胁力量；第五，巴基斯坦核计划的主要目标是印度，而常规军事力量处于劣势的巴基斯坦很难放弃可以改变双边力量对比的机会与途径。因此，抵消巴基斯坦核计划的影响，也成为印度公开迈入核门槛的驱动因素之一；第六，中国是拥有核武器的印度近邻，印度对中国的担心与顾虑始终存在，寻求与中国在核力量上的基本平衡也是印度进行核试验的主要目的。

① “Suo Motu Statement by the Prime Minister Shri Atal Bihari Vajpayee in Parliament on 27th May, 1998”, May 27, 1998, http://www.fas.org/news/india/1998/05/980527-india-pm.htm.

第二节　印度核政策对印美关系的影响

印度在核问题上的立场，成为影响印美关系的重要因素之一。正如在本节开始部分所说，核问题，在印度核试以前始终制约着印美关系的发展；而在核试后导致的印度成为事实上的核武国家，却成为印美关系的催化剂。

一、1998 年之前：从合作逐步走向分歧与矛盾

在 20 世纪 50 年代，美国帮助印度发展核能。美国为印度建造了一座反应堆，为其提供核燃料，并且允许印度核科学家在美国的核实验室学习。1968 年，印度拒绝签署 NPT 后，印美在核问题上的分歧开始显现。1974 年，印度进行了所谓的和平核试验，显示了自己具有发展核武器的能力。然而在随后的 25 年时间里，"和平核试"导致美国对印度的核孤立。

印度独立前，美国就已经获得了核垄断地位。当 1945 年 8 月美国向日本投掷两枚原子弹后，印度开始认识到核物质对于国家利益的重要性。1946 年，尼赫鲁总理曾极力阻止包括独居石在内的核原料出口。同年 6 月，尼赫鲁在孟买的一次讲话中指出，"任何使用原子弹的国家都负有沉重的责任。美国就负有极大的责任。它以阻止战争为由证明使用原子弹的正当性，但也由此形成了一种危险的态势。"①

① Dorothy Norman ed., *Nehru: The First 60 Years*, Vol. 2 (New York: John Day, 1965), p. 264.

印度独立后，在对外政策上奉行不结盟，与此相适应，其核立场旗帜鲜明地反对使用原子弹，提倡和平利用原子能。

尽管印度极力反对使用原子弹，但在印度独立初期，印美关系并没有受到印度核立场的影响，而且双方在核领域的合作有了一定的发展。

早在20世纪40年代末期，印度的核能专家就频繁与美国相关人员进行接触。1955年2月，美国原子能委员会同意向印度出售十吨重水以用于建设中的特朗贝（Trombay）反应堆的研究工作。同年，美国开始培训外国核专家，并且解密了大量的相关文件。印度获得了这两个方面的帮助。1956年3月，印美两国缔结了关于出售重水的协议。按照协议，美国向印度分四批提供仅用于和平目的原子能研究需要的重水。艾森豪威尔政府为了改善与印度的关系，曾于1957年2月决定“积极鼓励印度考虑美国在核反应堆方面提供的援助”。[①] 1960年9月，尼赫鲁总理在联合国大会期间重申，印度将继续推进禁止核试验的进程，但艾森豪威尔总统对此反应冷淡。

但是到1961年9月，当美国情报部门认为中国有可能在1962年爆炸核装置以后，国防部官员曾建议美国政府考虑技术援助印度以说服其在中国之前爆炸核装置，并且认为印度是击退共产主义中国的最佳选手。[②] 1963年8月，双方签订了美印合作协

---

① US National Security Council, Operations Coordinating Board, memorandum, “Outline Plan of Operations with Respect to India and Nepal,” February 27, 1957, p. 1, in Virginia I. Foraned. *US Nuclear Non-Proliferation Policy*, *1945 – 1991*, (Alexandria, Va.: National Security Archive/Chadqyck-Healy, 1991), no. 00290.

② McGhee to Rusk, “Anticipatory Action Pending Chinese Communist Demonstration of a Nuclear Capability,” FIOA files, India, National Security Archive, Washington, DC, Sep. 13, 1961, pp. 1 – 5.

议，美国同意向印提供两座220兆瓦反应堆；作为回报，印度同意只使用美国提供的核燃料，并且同意国际原子能机构（IAEA）对其核设施进行监督。1964年10月18日，中国核试验后，美国总统林登·约翰逊（Lyndon Johnson）向印度保证，美国将向面临核讹诈的非核武国家提供“强大支持”。①

1966年2月15日，“在日内瓦举行的不扩散核武器条约的谈判中，印度代表坚持核武国家和非核武国家之间的义务平衡，表示印度已经开始从寻求核保证向希望发展核武器方向的转变。”②1968年，双方在核不扩散条约（NPT）上的分歧已经显明化。但是直到1974年印度进行的所谓“和平核爆炸”后，印美两国核政策上的严重分歧才成为印美矛盾的显著特征。

在20世纪70年代后半期，由于印度进行了所谓的和平核试验，美国始终对印度施加压力。美国曾试图使用孤立、制裁、经济诱惑等多种手段迫使印度放弃核选择政策，但都遭到了印度的抵制。印度的核政策成为美印关系不可回避的话题，双边关系也因此受到消极影响。1978年3月，美国颁布的《核不扩散法案》（Nuclear Non-proliferation Act）规定：核出口许可证只有符合严格的安全标准条件才予发放；与美国进行核合作的非核国家必须同意接受IAEA对其所有核设施的监督条款；不得生产或获取任何核爆炸装置；如现有双边协定和供应合同不符合这些要求，必须据此进行谈判或中止协定和合同。1978年4月，美国核管理委员

① George Perkovich, *India's Nuclear Bomb*: *The Impact on Global Proliferation*, (Berkeley, CA: University of California Press, 1999), p. 87.

② George Perkovich, *India's Nuclear Bomb*: *The Impact on Global Proliferation*, p. 115.

会（NRC）拒绝向印度塔拉普尔核电站提供燃料发放许可，但吉米·卡特总统考虑到要说服印度遵守于两年后到期的NNPA，于是运用总统特权否决了NRC的决定。尽管如此，由于《核不扩散法案》的颁布，两国在核问题上的矛盾开始激化。1982年7月，印美双方就核供应问题达成妥协，法国取代美国向塔拉普尔核电站提供燃料，印度同意继续接受IAEA对核电站实施监督。

1984年10月，美国媒体曾报道，印度将对巴基斯坦的核设施实施打击。美国驻巴大使公开警告印度说，“如果印度打击巴基斯坦，美国将会做出反应。”① 同年11月，新上台的拉·甘地总理对美国向巴提供3.25亿美元军事援助提出批评，并且对关于里根总统许诺只要巴搁置核武器项目便将巴置于美国核保护伞之下的报道表示严重关切。1985年5月，拉·甘地访苏期间指责美国对巴的核计划没有施加必要的压力，并且认为里根的“星球大战计划”只能加剧军备竞赛。同年6月，拉·甘地总理应邀访问美国。虽然拉·甘地总理希望双边形成“实质性的伙伴关系”，但两国在防核扩散问题上的分歧并没有实质改变。拉·甘地总理表示NPT是一个歧视性的不平等条约，印度不会签署。1988年，印度提出有时间表地消除所有核武器的行动计划，但并未得到美国的积极响应。

总体来说，在整个冷战期间，尽管印度在1974年爆炸第一个核装置后就一直保持公开的核选择政策，但美国对印度在核问题上的反应还是相对温和的。虽然自1971年后印度与苏联形成了“特殊的关系”，但在某种意义上说，美国从来没有将印度视为敌

---

① George Perkovich, *India's Nuclear Bomb: The Impact on Global Proliferation*, p. 258.

人和战略对手，因此始终没有放弃对印度的拉拢。

冷战结束后，防止核扩散成为美国南亚政策的主要目标。由于巴基斯坦地位在美国的西亚战略中下降，核问题也随之成为双边关系中的主要焦点。1990 年 10 月，美国援引 1985 年通过的《普雷斯勒修正案》对巴施压，停止了对巴的军经援助，同时也对印美间的双用途技术转让实施了严格的审查。1991 年 6 月 13 日，美国众议院以 242 对 141 票通过了《对外援助法案》修正案，要求将《普雷斯勒修正案》适用于印度。这就要求总统在每年对印援助时都要确认印度并没有发展核武器。自 1991 年 11 月开始，印美开始就核问题展开对话。但由于印度担心对自身核能力的影响，因此对这样的对话抱有深深的顾虑。尤其是美国驻印大使托马斯·皮克林称“提高核门槛是美国南亚政策的首要目标”，[①] 这更加剧了印度的担心。1992 年 11 月，印度总理拉奥（Narasimha Rao）在议会宣称，“核政策是印度公民舆论的关键领域，任何外部压力都不能改变印度在这个问题上的立场。”[②]

克林顿政府时期，美国南亚政策中防核扩散目标更加明确，要求印巴停止发展核计划、不部署和试验导弹。可以说，美国在将印度纳入全球防核扩散体系方面的努力与印度推进核武化的“最后一根导线”战略形成的矛盾，对印美关系产生了严重的影响。1994 年 3 月，当美国提出“九国磋商”建议力促印巴弃核并签署 NPT 时，印度拒绝了这一建议。1995 年 5 月，《核不扩散条约》获得永久性延长。印度认为这是一种使有核国家拥有核武器

① 孙士海、江亦丽主编：《二战后南亚国家对外关系研究》，第 74 页。

② Brahma Chellaney, “India Rejects US Proposal to Halt Producing Bomb”, Compuserve-Executive News Service, November 16, 1992.

永久合法化的“核歧视”政策，公开反对条约延期。1995年底，美国通过卫星照片获悉印度准备进行核试验的证据后，向印施加了强大的外交压力，指出如果印度铤而走险进行新的核试验，美印关系将出现严重倒退。迫于美国的压力，印度被迫取消了核试计划。但民意表明，“62%的人赞成印度进行核试验，发展核武器；68%的人主张只有五个核大国放弃核武器时，印度才能放弃。”[①] 1996年5月，瓦杰帕伊曾秘密授权进行核试，但又迅速收回了授权。1996年9月，在《全面核禁试条约》（CTBT）开放签署问题上，印度以该条约没有规定有核国家进行核裁军时间表为由拒绝签署。

二、1998年之后：从矛盾回归合作

1998年5月11—13日，印度结束了自我克制的核政策，先后进行了五次核试验。尽管印度将核试的借口指向所谓的“中国核威胁”，但美国对此还是作出了强烈反应。美国总统克林顿严厉地指出，印度的核试是一个“可怕的错误”。5月13日，克林顿总统提出对印制裁清单，日本、加拿大和德国也先后加入制裁的行列。印美关系出现严重的倒退。

1998年5月23日，瓦杰帕伊总理表示，“印度进行核试验的唯一原因就是确保国家安全，以及让世界知道印度拥有可信的核威慑。”[②] 四天后，瓦杰帕伊总理再次宣布，“印度现在是一个核

---

① 孙士海主编：《印度的发展及其对外战略》，第221页。

② “No More Tests are Planned,” *Outlook*, 25 May 1998, available at: http://www.outlookindia.com.

国家，这是一个不能否认的事实。”[①] 随后在六个大城市展开的民调显示，91%的受访者支持核试验，82%的人赞成制造核武器，但是只有39%的人希望印度签署CTBT。[②]

1998年6月4日，联合国安理会五个常任理事国外长齐聚日内瓦万国宫，讨论南亚局势。会后发表的联合公报谴责印巴进行核试验，要求两国不再进行核试验并放弃核武器化计划，立即无条件签署《全面禁止核试验条约》和《核不扩散条约》，并且拒绝承认印巴为核武国家。[③] 尽管美国等国际社会对印度实施制裁，但美国前南亚事务助理国务卿卡尔·因德弗斯（Karl Inderfurth）于同年8月30日就指出，“对印度的制裁将尽快取消”，美国将与印度一道“找到处理分歧的方法……因为很显然，美国与印度之间的相似比分歧更重要”。[④]

实际上，“核试改变了印度的地位，将印度与其他国家的关系置于新的平台。”[⑤] 尽管印度核试导致印美关系紧张，并且双边关系出现了暂时倒退，但美国的战略性接触很快就取代了政治孤立与经济制裁的政策。在印度核试后的两年内，美副国务卿塔尔

---

① Statement Made by Priminister Atal Bihari Vajapayee in Parliament on May 27, 1998.

② Rahul Bedi, “India Becomes Sixth Nuclear Weapons State,” *Jane's Defense Weekly*, (Coulsdon, Surrey), 20 May 1998, p. 4.

③ Full text of the Joint Communiqué, P－5 Foreign Ministers Meeting in Geneva, 4 June 1998, The Acronym Institute for Disarmament Diplomacy, London, available at: http://www.acronym.org.uk.

④ Chidanand Rajghatta, “American Sanctions Will Go Soon, Says Inderfurth,” 31 August 1998, *Indian Express* (Mumbai), available at http://www.expressindia.com.

⑤ Giraud in “France N-Sub Here”, inferred from Baldev Raj Nayar and T. V. Paul, *India in the World Order: Searching for Major-Power Status*, (Cambridge: Cambridge University Press, 2003), p. 243.

博特（Strobe Talbott）和印外长贾斯万特·辛格（Jaswant Singh）共举行了12轮会谈。虽然会谈并没有实质解决双方在核问题上的分歧，却为两国相互理解提供了机会。印度核试与印美间高级别的“战略对话”（strategic dialogue）在一定程度上改变了美国对印态度。

1998年11月7日，美国白宫宣布将部分解除对印巴核试后实施的制裁措施，印度政府认为这是印美在裁军与防扩散领域对话不断深化的象征。[①] 同年12月1日，美国总统克林顿在部分解除制裁措施上又前进一步。随着印美对话的深入，双边问题主要集中于CTBT、《禁止生产核武器用裂变材料公约》（FMCT）、出口控制和防卫姿态等四个方面。在1999年印巴卡吉尔冲突（Kargil crisis）中，美国的立场已经出现了有利于印度的变化。2000年3月，克林顿总统访印，成为双边关系的里程碑，但两国在核问题上的分歧依然存在。“美国认为印度应该放弃核武器；印度认为自己需要保留与自己评估的安全需要相一致的可信赖的最低限度核威慑能力。”[②] 2001年，乔治·W·布什（George W. Bush）入主白宫后继续并深化克林顿时期“对印开放”（open to India）政策，双边关系进入了快速发展时期。布什政府对待印度核问题的态度有了明显转变，认为美印关系不应受到核问题的影响。美国不再压印签署CTBT就是最明显的表现。而印度也在美国的导弹防御计划（NMD）上来了个180度大转

---

① K. K. Katyal, “Delhi Takes Note of Washington Move,” *Hindu* (Chennai), 8 November 1998, available at http: //www. hinduonline. com.

② Joint India - U. S. Statement, “India - U. S. Relations: A Vision for the 21st Century”, available at http: //www. indianembassy. org/indusrel/clinton_ india/joint_ india_ us_ statement_ mar_ 21_ 2000. htm.

弯，给予积极的支持，并表示将与美国一道为全球设计一个全新的、创造性的安全体制。然而美国中央情报局在2001年8月提交给国会的关于全球防扩散趋势的报告中指出，印度1998年的核试“是一个重要的里程碑”，指出印度仍在继续其核武计划，“印度在关键的导弹和双用途技术上仍然继续依赖外部援助”。①

2005年7月，美印双边一致同意在民用核能方面展开合作。2006年3月，布什总统访印，双边就实施民用核合作计划达成协议。根据印美两国达成的协议，美国同意向印度转让民用核技术和核燃料；印度则同意将民用核设施和军事核设施分离，同时将民用核设施置于国际核查监督之下。实际上，美国已经默许了印度的核武国家地位。而这始终是印度长期追求的目标。

美印核项目合作是美印两国战略伙伴关系的基石，意味着美国对印政策的重大调整。尽管协议与美国的《原子能发展和控制法》的规定相悖，并且也因此遭到国内多方面质疑，但2006年7月27日和12月17日，美国会众议院和参议院分别投票批准了《亨利·海德2006年美印和平原子能合作法案》。在12月18日举行的法案签署仪式上，布什总统指出，将要签署的法案“将会加强世界上最大的两个民主国家的合作，美利坚合众国和印度的关系比历史上任何时刻都更加重要了。这部法案还可以帮助我们应对21世纪来自能源和安全领域的挑战。”②

① “India Continues N-weapons Development Program: CIA”, Press Trust of India, 10 August 2001, in Lexis-Nexis Academic Universe, 10 August 2001, available at http: //web. lexis-nexis. com.

② “Bush Signs India Nuclear Law,” *Washington Post*, 19 December 2006.

2007年7月，印度与美国完成了关于执行民用核合作协议的谈判，并于2008年10月正式签署了民用核合作协议。2007年7月27日，通过多轮谈判，美国和印度就双边核合作问题达成执行协议，即所谓的《123协议》。《123协议》是根据美国《原子能法》第123条而签订的协议，其中规定与美国进行核合作的国家如果要获得美国的核材料、核技术，就必须签订相应的条款。该条款在向对象国提供什么、在什么情况下提供以及相关的各种事项做了明确规定。可以说，《123协议》的达成意味着两国在核合作的进程上又迈进了一步。2007年8月13日，印度总理辛格在议会下院发表讲话指出，“全面的民用核能合作始终是这个协议最大的亮点。协议规定我们（印美）之间的合作包括核反应堆以及核燃料循环，包括工业或商业范围的技术转让，也包括核燃料的战略储备发展以防止反应堆燃料供应的中断等。……而按照我们自己的意图使用本国独立开发的核设备的权利始终得到充分的保留，协议也不妨碍、不干涉印度生产、获得或开发包括使用核物质、非核物质、装备、部件、信息或技术以及军用核设施等行为。……协议决不会影响印度未来核试的权利。我再一次重申，决定是否进行核试将是我们的主权，完全取决于我们的政府。”①由于印度执政联盟对《123协议》的分歧导致印度在与美国进行民用核能合作方面出现暂时的停滞，但正如印度国大党发言人沙基尔·艾哈迈德（Shakeel Ahmed）所说，“协议并没有处

---

① PM's statement in the Lok Sabha on Civil Nuclear Energy Cooperation with the United States, New Delhi, August 13, 2007, available at http://www.indianembassy.org/newsite/press_ release/2007/Aug/4.asp.

于冷藏之中，而是即将得到执行。”①

2010 年 11 月，印美两国宣布已经完成了执行民用核合作协议的所有步骤。美国公司（包括 Westinghouse 和 GE Hitachi）也与印度核电公司（NPCIL）进行了磋商，以实现在核领域的合作。2012 年 6 月，美国 Westinghouse 与印度 NPCIL 签署备忘录，同意尽早谈判达成“早期项目协议”（Early Works Agreement）。实际上，印美为实现在民用核能领域的合作，建立了定期的“印美民用核工作组”（CNWG）会谈机制。自 2006 年 1 月举行首轮 CNWG 磋商以来，两国已经举行了多次会议。2013 年 7 月，CNWG 举行了新一轮磋商。

从总体上看，自 1998 年 5 月印度第二次博克兰核试以来，虽然印美关系出现了短暂的倒退，但随着双边对话的深入，两国关系又迅速恢复，并且得到了快速发展。可以说，获得国外先进的核技术，突破西方对印度的核孤立，一直是印度的重要战略目标之一。在印度拒绝签署 NPT 和 CTBT 的情况下，美国全面提升与印度的关系，在民用核合作方面给予印度只有 NPT 成员国才拥有的优惠条件，其目的又是什么？为什么制约双边关系深入发展的核问题，在印度突破核门槛后不再成为双边关系的制约因素，甚至成为双边关系的“催化剂”呢？实际上，美国与印度核合作的意图主要体现在以下几个方面：

第一，南亚不是美国全球战略中最重要的地区，但印度却

① “Facing Trouble at Home, Indian Leaders Continue to Build International Support for Nuclear Deal,” Global Security Newswire, 18 October 2007, available at http: //www. nti. org/d_ newswire/issues/2007/10/18/afaff293 – 3256 – 4c53 – 99da – 38d15d80d928. html.

是南亚最重要的国家。无论是经济实力还是军事实力，印度都是南亚地区最重要的力量，印度崛起的未来前景已经被国际社会普遍看好。自1968年印度拒绝签署NPT至1998年的30年时间内，印美之间的核分歧严重制约了双边关系的发展。尽管美国从来没有将印度定位于战略对手或敌人，但两个民主国家的关系却显现出长达半个世纪的“相互疏远”状态。面对1998年后印度成为事实上核武器国家的现实、印度作为正在崛起中的新兴国家的潜力以及对美国全球战略的意义，美国不愿也不想再次孤立印度。因此，调整南亚政策，全面接触印度，成为自进入21世纪以来美国对印政策的主调。作为双边关系中最敏感的、曾经严重制约并影响两国关系的核问题，自然成为美国调整其对印政策的“风向标”，成为美国决心重塑印美关系的“积极信号”。

第二，美国等国极力倡导的现行核不扩散机制既没有使印度放弃核武器计划，也没有使印度接受对其核设施进行国际核查和约束。从印度公开走向发展核武器的结果看，美国在核问题上孤立印度的政策基本上是失败的。美国决策者认为，通过与印度展开民用核能合作，使印度与国际社会一道致力于防扩散而不是与国际社会的努力“对着干”，这是对国际社会防扩散努力的最大“利好”。南亚地区始终是美国防扩散的重点。通过与印度的民用核能合作，是努力将印度纳入防扩散的全球战略框架最“现实的途径”。印度同意将其民用核设施（共22个，其中14个民用核设施，另外8个是非民用核设施）接受IAEA的监督，就是美国这一目标的结果。对此，布什总统毫不掩饰地表示，“在该体系建立的30年后，今天印度同意在可接受的指导意见下向国际监督开放——作为结果，世界变得更加安全了。”[1]

第三，尽管印度在核不扩散方面的记录良好，“已经安全而又负责地实施了为期数十年的民用原子能源计划”[2]，但并不能保证印度未来的行为仍然如此，特别是在国际社会要求其签署 NPT 的压力不断增大的情况下。通过合作，既是对印度过去“负责任行为”的肯定，又可以满足印度对相关技术的渴望，而更为重要的是，通过给予没有签署 NPT 的印度只有 NPT 成员资格才能获得的核技术与核燃料，可以为印度继续保持“负责任”的形象注入新的动力，以利于国际社会在防扩散领域的努力。

第四，与印度的民用核能合作具有显著的经济利益。印美之间的民用核能合作，为美国商人进军印度民用原子工业铺平了道路。新的贸易可以帮助美国公司争取到新的海外客户，并且在美国本土也创造了更多的就业机会。可以说，印美民用核能合作既具有重要的战略利益，同时也有巨大的经济（或商业上的）利益。

第五，帮助印度满足对能源的需求符合美国的利益。印度现在是世界第五大能源消耗国，而且随着经济发展，印度对能源的需求会成倍增长。美国通过帮助印度扩大对安全原子能的利用，帮助印度减少对旧型能源的需求，可以减少对全球能源市场形成的压力。同时，还可以对环境产生积极的影响。

正是基于以上目标，美国政府才于 2005 年 7 月达成两国在民

① The White House，“President Signs U. S. -India Peaceful Atomic Energy Cooperation Act”，Dec. 18，2006，available at：http：//www. whitehouse. gov/news/releases/2006/12/20061218 – 1. html.

② The White House，“President Signs U. S. -India Peaceful Atomic Energy Cooperation Act”.

用核能上展开合作的意向。自 2006 年 3 月美国总统布什访问印度并签署民用核能合作协议以来，布什总统说服国会通过并顺利签署了《亨利 · 海德2006 年美印和平原子能合作法案》，并且最终与印度达成执行协议，即《123 协议》。因此，印美双边民用核能领域的合作，已经成为双边关系深入发展的标志性结果，体现美国深化与印度全球伙伴关系的决心与诚意。

第九章

印裔美国人与印美关系

印度人移居海外的历史比较悠久，尤其是近代以来，由于英国的殖民统治当局大量输出印度契约劳工，导致19世纪中叶印度人大规模移居海外。据资料显示，目前移居海外的印度人口大约有2500万。[①] 2005年1月9日，在第三届“海外印度人节”（Pravasi Bharatiya Divas）的开幕式上，印度总理辛格就指出，海外印度人总数为2500万人。在全部的海外印裔中，侨居美国的超过230万人，几乎占海外印度人的十分之一左右。而据美国人口普查局2010年的数据显示，过去十年，亚裔美国人社团已成为美国增长最快的团体，其中印度裔美国人已成为继华裔和菲律宾裔之后在美第三大亚裔族群，人数达到320万。[②] 经过几代人的努

① Z. H. Anjum，“An Ode to the Indian Diaspora”，*Little India*，available at http：//www. littleindia. com/news/134/article/1388/2006 – 11 – 12. html.

② See http：//web. archive. org/web/20101211102008/http：//2010. census. gov/2010census/data/.

力，印裔已经成为美国社会的经济精英，并且也正在将其经济上的力量转变为政治上的影响，尤其是在对印美关系的推动上，其作用尤为显著。

第一节 印裔美国人概况

自1790年第一个印度人作为航运工人（maritime worker）移民美国开始，印度人移民美国经历了几个移民潮。1899年至1914年的15年间，英印旁遮普地区的大量锡克教农夫和壮工乘船经香港来到美国的加利福尼亚，并且工作于加利福尼亚、俄勒冈和华盛顿等地的农庄和木材工厂，形成了第一次移民潮；1917年，美国国会通过的移民法案（Barred Zone Act）禁止亚洲人移民美国，这极大地限制了印度移民。然而到1943年，美国共和党人和民主党人共同提议要求解除对印度人的移民限制，罗斯福总统也赞成这项议案，呼吁结束对印度人的歧视。1946年，杜鲁门总统签署法案（Luce-Celler Act of 1946）后，对印度人的移民歧视被取消。这直接导致20世纪50年代以学生和学者为代表的第二次移民潮的形成。1965年，美国国会颁布的《移民与国籍法》（INS Act of 1965）废止了早些时候对移民来源国的配额，为欧洲以外地区的移民打开了大门。这也导致了20世纪七八十年代的印度人又一次移民美国高潮。但是随着20世纪90年代信息技术的发展，在1995年至2000年之间，出现了更大的移民高潮。

印裔美国人在高科技、医疗、教育和金融等领域取得的成就，改变了美国人对印裔的传统看法。与第一代移民美国的印度人主要从事体力劳动相比，现在的印裔美国人几乎改写了传统，他们之中不乏学者、企业家、医生、律师、工程师和金融家。在美印裔人口中，85%以上受过高中教育，至少有62%的人接受了大学教育，并且在25岁以上的人口中，有61%以上拥有学士甚至更高的学位。较高的受教育水平使印裔家庭的平均收入高于美国家庭。据美国人口普查局统计，中等印裔美国人家庭收入达到6万美元以上，而美国家庭的平均收入则在4万美元左右。据统计，每26位印裔美国人就有一个百万富翁，占全美百万富翁总数的10%左右。

得益于较高教育程度的不只是收入，还体现在就业方面。印裔美国人目前已经成为美国劳动力的重要组成部分，其中有72.3%的印裔实现就业，而就业群体中接近57.7%从事着管理等专业工作，其余的人则从事着技术、销售、政府工作和其他诸如操作工等体力工作。[①] 据统计，在美国高等教育机构工作的印裔学者超过5000人，而工作于加利福尼亚硅谷高科技企业的印裔则多达30万人，占这一地区高科技行业就业人数的15%以上。可以说，印裔已经成为美国信息产业的生力军，其创造的产值达2500亿美元。美国的《财富》杂志就认为，如果没有印裔企业家，美国的硅谷不会有今天。[②] 在医药行业，美国医生协会中印裔会员达35000人。而在美国的药物实验室工作人员中，每100人中就有14人是印裔。在美国久负盛名的贝尔实验室中，有相当

① http://www.indianembassy.org/indusrel/clinton_india/india_americans.html.

② Arvind Panagariya, "The Indian Diaspora in the United States", *Economic Times*, May 23, 2001, Available at http://www.columbia.edu/~ap2231/ET/et26-may01.htm.

比例的科学家来自印度或印裔，其中就包括实验室的主席和几位副主席。[①]

印裔移民之所以能够在美国获得成功，是与其与美国文化具有认同感密切相关的。由于历史上的原因，印裔在语言上较其他亚裔族群有优势，所以更能适应美国的生活。与大多数的亚裔移民选择居住太平洋沿岸地区和城市相比，印度裔移民在美国的地理分布上有自己的特点。据美国移民局统计，印度裔移民主要居住在美国的加利福尼亚州、纽约州、新泽西州、得克萨斯州和伊利诺伊州，在宾夕法尼亚州、佛罗里达州、密歇根州、马里兰州、弗吉尼亚州、佐治亚州和俄亥俄州也有大量的印裔。由于许多印度裔移民具有较高的教育程度，这也决定了他们倾向于居住在高科技公司、医院、大学比较集中的大城市或者大城市周围。在美国的大城市中，印裔人口较多的城市包括纽约、旧金山、奥克兰、圣地亚哥、芝加哥、洛杉矶、华盛顿、费城、波士顿、底特律、休斯敦、达拉斯、北卡罗来纳以及亚特兰大等。[②]因此，从地理分布上看，印裔美国人更加均衡地居住于全美各地。

据估计，印裔群体形成的购买力达到200亿美元。而且更为重要的是，随着印裔在科技、经济和文化上的影响的日益增加，其在政治上的影响也开始显现。[③]

---

① Arvind Panagariya, "The Indian Diaspora in the United States", *Economic Times*, May 23, 2001, Available at http://www.columbia.edu/~ap2231/ET/et26-may01.htm.

② Asian Indian Communities, Epodunk, Accessed June 28, 2006.

③ See http://www.indianembassy.org/indusrel/clinton_india/india_americans.html.

与早期移民美国的印度人不同，今天的印裔已经成为美国少数族群成功的典范。印裔在高科技、医疗、金融等领域的成就改变了美国人对印裔的传统印象，其在政治上的影响，也随着其经济地位的上升而逐渐显现出来。实际上，与任何移民美国的少数族群一样，印裔美国人在移民美国初期并不能获得其应有的地位。在很长的时期内，印裔几乎很少参与美国的政治生活，而只是作为被排斥于定居国政治生活外的外来的少数族裔。种族、宗教以及文化的无形障碍阻止了早期印裔美国人的政治热情，然而印裔的自强不息以及在某些领域的突出成绩也逐渐表明，印裔美国人并不是对政治生活完全漠不关心。恰恰相反，他们已经凭借自身的经济实力，开始影响美国的政治了。

早在1946年，印裔中的成功商人就对美国国会取消针对印裔移民的歧视性政策发挥了重要的影响，并且直接导致了印度人移民美国的第二次高潮。经济上的成功带来参政意识和需要的上升。印裔美国人为了维护自身利益，反对种族和社会歧视，更积极地参与民主党和共和党的竞选活动。他们为了提高印裔移民的经济和政治地位，保护印裔在美国的权利，成立了各种泛印度组织，例如美国印度人联合会（AIA）、印度人协会国家联盟（NFIA）、印裔美国人政治教育论坛、印度发展与救济基金（IDRF），以及亚洲印度血统美国人国家联合会（NAAAID）。这些泛印度组织以强大的经济实力为依托，通过多种途径参与美国的政治生活，并发挥着日益重要的作用。这不仅保护了印裔社团的利益，也提高了自身的影响。

第二节　印度政府对海外印裔政策

由于历史的原因，移民海外的印裔美国人主要包括三类：第一是殖民时代的印度契约劳工；第二是印度独立前以自由人身份移居海外的印度人；第三是印度独立后受过良好教育的印度人。其中，殖民时代印度契约劳工是最艰苦的一代，他们通过最悲惨的方式移居海外，得到的待遇也是最低的。然而这些印度契约劳工的后代已经扎根海外并完全融入当地社会，经济状况有了明显改善，其身份与地位同第一代移民相比已完全不同了。而第三类移民，由于其受教育程度高，往往成为经济上的成功人士。尽管有些移民与印度本土的联系几乎中断，但文化的纽带作用却是难以割断的。因此有的学者认为，联结海外印度人与故土的纽带主要是文化，包括宗教、语言、艺术等，海外印度人前往印度的很大一部分原因是到自己所信奉的宗教的圣地朝拜，当然也有一些海外印度人与自己的祖籍地建立了比较密切的联系甚至是经济合作关系。①

与印裔美国人"心系祖国"相比，印度政府对旅居国外的印度人的政策却并非从一开始就是"亲善与友好"的。从某种程度上说，尽管很多印裔通过各种方式与印度保持联系，但自印度独立到现在，印度政府对待海外印度人的态度却差别很大。正如印度学者所指出的，印度政府对海外印度人非常冷漠，在印度独立

① 贾海涛：《印度政府海外印度人政策的演变》，《世界民族》，2007年第2期，第42页。

后近50年的时间里，印度政府对在印度独立前移居海外的契约劳工的后裔不予承认，也没有建立任何官方或正式的渠道与那些海外的印裔进行联系和交往。[①] 实际上，印度政府对海外印裔的作用并不重视。在尼赫鲁执政时期，印度政府采取的是“忘掉”海外印度人的政策。

印度独立后针对印裔的“忘掉政策”，是与印裔的经济实力有限和政治影响微乎其微相关的。因此，对第一类和第二类移民，印度政府是比较忽视他们的。当然，这是特定的历史阶段形成的政策。历史的发展见证了印度政府对海外印度人政策的转变。

20世纪70年代以后，印度政府才逐渐认识到印裔对印度发展的贡献，并且开始调整对海外印度人的政策，以便他们能够更多地参与印度的建设。[②] 以1977年人民党在竞选中获胜为契机，具有强烈民族主义和印度教色彩的人民党开始调整印度的内政与外交，政府对待海外印度人的政策也发生相应的变化。在1977年11月，印度政府主持召开了关于海外印度人的研讨会。时任外交部长的瓦杰帕伊在开幕词中表示，“我们的儿女尽管离开印度在国外工作或定居，但印度永远也不会舍弃他们，更不能漠视他们对祖国文化和传统的坚持不懈的忠诚和热爱，而是要永远欣赏和尊重他们这份感情。”[③] 正是印度政府对海外印裔政府的转变，为

---

① K. Laxmi Narayan，“Indian Diaspora：A Demographic Perspective”，Occasional Paper－3，Centre for Study of Indian Diaspora，University of Hyderabad，available at http：//www. uohyd. ernet. in/sss/ cinddiaspora/occ3.

② Fahmida Ashraf，“INDIAN DIASPORA：PROJECTING INDIA’S IMAGE”，available at http：//www. issi. org. pk/journal/2005_ files/no_ 1/article/2a. htm.

③ Report of the High Level Committee on the Indian Diaspora，available at http：//indiandiaspora. nic. in/contents. htm.

印裔为印度做出贡献提供了更大空间。也就是说，随着20世纪70年代后期印裔经济地位的提高，以及他们汇入印度的外汇增多，才催生了印度政府对印裔政策的转变。

印裔对印度国内经济的贡献已经使印度政府意识到，印裔是印度的重要资源，被称为“人才流失”的印裔移民已经变成了印度的“信用储备”。据资料显示，从1990年至2000年的十年内，生活于国外的印裔向国内汇款总额增长了6倍，从21亿美元增加到123亿美元，甚至超过了同期印度出口的增长。[①] 尤其是1998年印度人民党上台执政以来，印度政府更加注重发挥印裔的作用。印度政府一方面借重海外印裔人的成功提升印度自身形象，另一方面也通过印裔的经济实力与不断上升的影响为印度国内的发展项目筹集必需的资金。2000年9月，为进一步促进海外印度人发挥作用，印度人民党政府设立了“海外印度人高级别委员会”（HLC）以利于相关政策的制定与执行。如果说委员会的设立只是象征性地表明印度政府对海外印度人政策的转变，那么2003年1月印度总理瓦杰帕伊宣布计划实施双重国籍政策则让人看到了这种政策转变的实质之处。

印度政府通过双重国籍政策和“印度血统的外国人卡”的途径，可以消除由于国籍因素造成的投资障碍，不仅可以调动海外印度人投资祖国的热情，强化他们对印度的认同感，也在一定程度上满足了印度快速发展过程中对资金的需求。2003年5月和12月，关于实行双重国籍的宪法修正案草案分别在印度人民院和议会获得通过，并且于2004年1月得到总统的批准。

① Arvind Panagariya, “The Indian Diaspora in the United States”, *Economic Times*, May 23, 2001.

虽说印度政府关于海外印度人的政策调整照顾到了双方（印度政府与印裔）的需求，但有的学者还是认为，相关政策的调整明显是为了政府的某种目标服务的，而不是真正照顾到广大印裔的利益。

然而客观地看，印度政府对第一类移民和第二类移民是比较忽视的，而对第三类海外移民则非常重视。印度政府改变海外印度人政策，例如实行承认双重国籍，从某种程度上说，也是第三类海外移民不断要求的结果。因此，印度政府正是为了这些经济与政治影响逐渐上升的群体，才对其海外印度人政策做出实质性转变。

第三节　印裔美国人对印美关系的影响

毫无疑问，印度政府针对印裔的政策转变，最初是出于经济上的动机，即充分利用海外印裔经济上的成功发展印度国内经济，增强外汇储备。然而随着印裔政治影响的提高，印度政府也看到了印裔在改善与推动国与国之间关系的作用。印裔美国人对印美关系的贡献就是最好的例证。正如有的学者所说，美国的印裔居民，“在美国颇有活动能量，在促进两国的贸易、文化交流、游说美国政府和智库人士方面发挥了不可低估的作用。”①

在过去的几年中，印裔美国人携成功与富足之势，已经将自

① 孙士海、江亦丽主编:《二战后南亚国家对外关系研究》，第81页。

身的财富与智慧转变为政治力量。[①] 随着印裔经济地位的上升与政治影响的提高，其对印美关系的积极影响也逐渐地显现出来。这种影响主要体现在两个方面。一是印裔美国人与印度千丝万缕的联系强化了印美双边民间交流的基础；二是印裔对美国政治与外交决策的影响。

印裔移民与其他任何民族的迁移一样，虽然他们已经全部或基本上融入侨居国的社会与文化中，但不可避免地总会带有其特定的文化属性。这种包括预先确定的社会认同、宗教信仰、行为标准、价值观念、生活习俗与习惯和语言的特定文化属性，成为印裔美国人与祖国印度割舍不断的情愫。印裔美国人通常能够坚持并宣扬民族文化来强化民族认同感，因此有的学者感慨道，美国的印度裔移民保留了印度大陆不再存在的文化感，比留在印度的人更像“印度人”。[②] 确实，美国的印裔通常能够自觉地培养后代的种族认同，通过多种形式例如影像、音乐、饮食、语言等强化民族意识。而且，作为美国社会中外裔少数族群成功的典范，也使印裔较其他外来群体具有某种优越感，而这又上升到民族自豪的高度。

随着美国印度裔移民经济与社会地位的不断提高，与第一代移民相比，新二代印度裔移民更愿意强化并传播印度的特色文化。印裔影响的上升与美国人开始感受印度文化并得到更大的认

---

① Bhabani Mishra，“India-US Relations：A Paradigm Shift”，*Strategic Analysis*，Vol. 29，No. 1，Jan-Mar 2005，p. 12，available at http：//www. idsa. in/publications/strategic－analysis/2005/jan/Mishra. pdf.

② Jo Ann M. Farver，Bakhtawar R. Bhadha and Sonia K. Narang，“Acculturation and Psychological Functioning in Asian Indian Adolescents”，*Social Development*，2002，Vol. 11，No. 1，p. 15.

同，可谓是相得益彰，相互产生了积极的促进作用。印裔美国人的成功，让美国人看到了印裔积极的形象，而这又进一步影响着美国人对印度的看法。而且从总体上说，美国人对印度的看法也逐渐“正面化”和“积极化”。2005 年 4 月 26 日，美国国会众议院通过 227 号议案，肯定了印裔美国人对美国的贡献。议案认为，印裔美国人使美国富足，印裔群体及在美印度理工学院（IIT）毕业生对美国社会做出了卓越的贡献，以及印度理工学院（IIT）毕业生致力于科研与创新并且促进了印美两国之间的贸易与合作。因此，美国众议院决定承认印裔对美国社会做出的突出贡献，并且对在美的印度理工学院毕业生的经济创新予以表彰，呼吁所有美国人肯定印裔贡献并更积极地评价印裔对美国社会发展与富足的作用。①

有的学者认为，不断增长的印裔群体“提供了最好的民间关系渠道，其中许多家庭在美国和印度都有重要的利害关系，印裔美国人已经成为提升印美双边关系的有力支持者。”② 可以说，正是印裔美国人的作用，积极地改变着美国人的“印度印象”。这无疑为印美关系的发展架构了新的“管道”，奠定了双边关系的民间基础。

实际上，随着印裔美国人经济地位的提高，其政治影响也在上升，并且进一步影响着美国的对印政策。印裔美国人的政治影响首先体现为自身政治地位的不断提高。虽然印裔早在 18 世纪 90 年代开始移民美国，但只是到了 1946 年，他们才获得了加入美国国籍的权利。1949 年，一位来自于英印旁遮普的农民（Dalip

① “US Congress Heaps Praise on IITs”, available at http://in.rediff.com/money/2005/apr/28iit.htm.

② Inder Singh, “A Perspective on Indo-US Relations”, available at http://www.gopio.net.

Singh Saund）成为美国的归化公民（naturalized citizens），并且于1956年被选入国会。自此以后，印裔美国人为了自己的权利，积极地参与美国的政治生活。然而直到48年后的2004年，才有第二位印裔美国人（Bobby Jindal）当选为国会议员。[①] 尽管印裔当选为国会议员的数量极其有限，但这并不说明其政治影响的能量低下。传统上，印裔主要通过美国选举的政治献金来体现自身的政治影响。正如高塔姆·阿迪卡里（Gautam Adhikari）所说，“现在，印裔群体已经参与到这个国家的政治生活中，并且是许多议员参选资金的主要来源。”[②] 据《纽约太阳报》报道，参议员克林顿夫人在竞选总统期间计划到印度的印度理工学院发表演讲，主要就是为了拉印裔的选票，并且顺便筹集竞选资金，因为印裔在竞选中具有倾向民主党的传统。[③] 实际上，在1996年克林顿争取连任的竞选中，民主党就积极寻求亚裔资助。尽管美国法律禁止外国政府和个人提供竞选资金，但对于像“美国印度政治行动委员会”（USINPAC）这样的组织却是例外的。这个组织基本上是由富裕的印裔支持并捐助的，在过去的几年中，它已经为参选国会议员的政治家提供了20万美元。[④]

印裔政治影响的重要渠道是“印度连线”（India Caucus）。

---

① Inder Singh，“A Perspective on Indo-US Relations”，available at http：//www. gopio. net.

② “U. S. -India Relations：Report on AEI's Roundtable Discussions”，AEI Working Paper No. 112，June 22，2005，available at http：//www. aei. org/workingpapers.

③ Josh Gerstein，“Clinton Taps Newly Active Indian Donors”，*The Sun*，June 12，2007，available at http：//www. nysun. com/article/56332.

④ Mike McIntire，“Indian-Americans Test Their Clout on Atom Pact”，*The New York Times*，June 5，2006，available at http：//www. nytimes. com/2006/06/05/washington/05indians. html？_r = 1&oref = slogin.

可以说，“‘印度连线’（India Caucus）是印裔群体参与美国政治生活的重大成就。有150名国会议员是印度连线成员。他们对与印度有关问题的支持是印裔取得的最大成绩。”[①] 实际上，自1993年“印度连线”成立以来，国会中“印度连线”成员的数量始终在不断增长，“并且自成立伊始就始终为印美友好而游说”。[②] 据最新统计，其成员数量已经达到186名，成为连线中规模最大的一个。纽约这样的大都市居住着近四分之一的印裔，因此这个地区的议员自然成为印裔游说的重点。自20世纪80年代以来，来自纽约的议员代表已经成为支持印裔的重要力量。正是在斯蒂芬·丁·索拉兹（Stephen J. Solarz）——一个来自布鲁克林的民主党人——的努力下，美国国务院成立了南亚局。他自己本人也成为印美关系的专家，并且于1993年离职后继续为印度政府“发挥余热”。[③]

1987年，在美国军援巴基斯坦的清单中包括了一些可能对印度国家安全造成极大威胁的装备，例如武器瞄准系统（WACs）。在国会中还没有印裔议员的情况下，印裔社团领袖发起了一场反对美国援助巴基斯坦先进军事装备的运动，他们还被邀请到议会作证以陈述美国军援对印度安全的威胁。结果，他们保卫祖国安全的行为阻止了美国对巴基斯坦的军事援助计划。[④] 1998年5月，印度以“中国威胁”为借口进行了五次地下核试验。印度的行为遭

① Inder Singh，“A Perspective on Indo-US Relations”，available at http：//www.gopio.net.

② Bhabani Mishra，“India-US Relations：A Paradigm Shift”，*Strategic Analysis*，Vol. 29，No. 1，Jan-Mar 2005，p. 91.

③ Mike McIntire，“Indian-Americans Test Their Clout on Atom Pact”.

④ Inder Singh，“A Perspective on Indo-US Relations”，available at http：//www.gopio.net.

到国际社会的遣责，以美国为首的一些西方国家对印度实行经济制裁。在这样的背景下，“印度连线”积极游说，希望并支持解除对印经济制裁。实际上，“印度连线”的作用不久就体现出来。仅仅不到两年的时间，美国就宣布部分解除对印度的经济制裁，克林顿总统也于2000年3月访问了印度，两国一致同意建立新型的伙伴关系。1999年5月印巴卡吉尔冲突期间，美国明确支持印度而指责巴基斯坦的谢里夫政府，当然也有印裔游说美国国会的因素在内。[①]

当然，印美核协议的背后也离不开印裔和“印度连线”的作用。为了游说美国国会通过核协议，印度政府在具有影响力的游说者身上不惜花费巨资，其中就包括美国前驻印大使罗伯特·D·布莱克维尔。对于印裔来说，促成美国和印度展开核技术合作，可以提升两国关系，帮助印度提升大国地位。印裔甚至将游说核协议的通过作为自身群体成熟的标志，并且有人认为自身有能力将这种成熟转化为政治效用。因此，除了“美国印度政治行动委员会”以外，美国印度商会、印美联谊会等印裔团体或组织也积极游说，纷纷在核协议上“出钱出力献策”。

对于印裔对印美关系的积极影响，印度总理曼莫汉·辛格给予了高度评价。他在访美时指出：“印裔美国人已经显示了具有完全融入美国生活而又能够与印度保持密切的文化与经济联系的独特特性，美国的印裔群体作为双边利益的桥梁，是未来印美关系加强的最重要因素。”确实，自20世纪90年代以来，印裔美国人对印美关系的影响逐渐显现。其中，印裔对美国学术精英的影响也是不可忽视的重要因素之一。可以说，美国各学术机构针对印度的学术项目对于印美关系的改善发挥了至关重要的作用。自

① Mike McIntire，“Indian-Americans Test Their Clout on Atom Pact”.

1992 年印裔在美国加州大学伯克利分校（UC Berkeley）资助两位印度客座教授开始，目前美国学术机构针对印度教授和印度项目的数量已经翻了几倍。现在，哥伦比亚大学、哈佛大学、宾夕法尼亚大学、得克萨斯大学、奥斯汀大学、加州大学洛杉矶分校、印第安纳大学、芝加哥大学以及美国纽约州立石溪大学等许多大学都有印度客座教授或开展印度项目。[①] 可以说，“在美国，有一批学者公开为印度说话，批评美国的南亚政策忽视了印度的影响和作用，宣传印度是世界上最大的民主国家，是美国天然的伙伴，美国应该同印度发展战略伙伴关系。”[②]

毋庸置疑，印裔对印美关系的影响是正面的和积极的，主要表现在对双边民间交流、文化、经济和政治等方面。然而片面夸大其影响也是不正确的。学者阿米特·古普塔（Amit Gupta）就认为，印裔的作用被人为地放大了，将印裔的作用与以色列裔美国人发挥的作用相提并论是不正确的。阿米特之所以比较客观地评价印裔对印美关系的影响，主要是出于以下判断：印裔群体相对弱小，其人口总量约为美国人口的百分之一左右；印裔的政治影响刚刚显现，其对美国政治生活的影响作用相对有限；印裔美国人还是一个相对比较“年轻的”群体。[③] 然而不可否认，随着印裔经济地位提高和政治影响提升，印裔美国人对未来印美关系的走向将发挥越来越突出的作用。

---

① Inder Singh，“A Perspective on Indo-US Relations”.

② 孙士海、江亦丽主编：《二战后南亚国家对外关系研究》，第 81 页。

③ Amit Gupta，“The U. S. -India Relationship：Strategic Partner or complementary Interests?”，available at http：//www. strategicstudiesinstitute. army. mil/pdffiles/PUB596. pdf.

第十章

印美全球伙伴关系前景

自“9·11”恐怖袭击事件发生后，印美关系在短短的四年时间里经历了跨越式发展。从2001年“致力于建立战略伙伴关系”，到2004年实施“战略伙伴关系后续步骤”（NSSP），再到2005年“全球伙伴关系”的形成，发展速度之快令世界瞩目。尽管印美两国的领导人都强调彼此是“天然的盟友”，在经济、政治和安全领域存在利益汇合点，而且双边关系处于前所未见的“蜜月期”，然而由于各自的战略目标定位不同，两国间仍存在诸多潜在的分歧。其中最重要的是，印美关系的未来不仅取决于美国如何满足印度崛起过程中对大国地位的诉求，还取决于印度如何适应美国霸权下的现行国际体系的问题。

第一节　美国霸权：衰落与借重

冷战结束导致两极格局的瓦解对国际关系产生了深远的影

响。国际关系呈现出不同于冷战时期的新特点。国际格局和时代特征的转变为印美两国关系的改善与发展带来了空前的机遇，印美关系进入迅速全面发展时期。然而，影响印美关系未来发展的深层次问题并没有因为两极格局的瓦解而消失。在现行的国际体系中，作为超级大国的美国，为了维护美国的领导地位，把阻止威胁美国利益的地区性大国的崛起作为其全球战略的重要目标。在印度崛起已经成为国际社会普遍共识的前提下，美国对印度崛起的研判，也必将影响到印美关系的未来走向。

一、维护现行国际体系

冷战结束后，世界上唯一一个能与美国抗衡的地缘政治实体消失了，美国成为世界上唯一的超级大国。对于美国的这种实力地位，一位美国战略家曾评价道："冷战的结束使美国处于空前的优势地位。不仅美国的经济比仅次于它的竞争对手大40%，而且其防卫开支等于紧随其后的六个国家的总和。这六个国家中有四个是美国的亲密盟友，因此美国的优势比上述数字所显示的还要大。美国在高等教育、科学研究、先进技术特别是信息技术方面居于世界领先地位，这将使其他国家尽快赶上美国更加困难。"[①] 因此，在当代国际格局中，今天的美国已经稳稳地处于权力的中心。放眼国际社会，已经没有哪个国家或国家集团具有能够对抗美国的实力，即使它有这个愿望。

建立以美国为核心的国际新秩序，发挥美国的主导作用，一

① Stephen M. Walt, "Two Cheers for Clinton's Foreign Policy", *Foreign Affairs*, March/April 2000, p. 64.

直是美国的战略目标。布什总统在1990年1月31日的《国情咨文》中提出，苏东变革标志着在世界事务中一个新纪元的开始，“在这个新世界形成的过程中，美国处于不断扩大的自由圈的中心，今天如此，明天如此，进入下一个世纪也是如此”。[①] 在同年9月，美国总统布什在国会联席会议上发表了题为“通向世界新秩序”的讲话。实际上，布什总统的所谓的“世界新秩序”，就是按照美国的价值观、意识形态乃至政治制度、经济模式建立以美国为领导的新世界，完成从两极格局到单极世界的转变，延续美国的霸权地位，阻遏某些国家可能谋求区域性支配地位的企图。

克林顿上台后，为了谋求冷战后的超级霸权地位，克林顿政府在继续把欧洲作为地缘战略重点的同时，开始更多地把目光投向了太平洋地区。1992年，保罗·沃尔福威茨（Paul Wolfowitz）在《防务计划指南》中提出了维护美国全球领导地位和塑造新的世界秩序的战略。沃尔福威茨指出，美国冷战后的目标一是防止一个敌对性超级大国的出现，二是捍卫美国的国家利益并促进美国价值观念的推广。为了实现上述目标，沃尔福威茨建议美国应该采取以下战略。一是防止任何敌对力量发展成为全球性力量。二是充分显示美国建立和维护世界新秩序的决心和领导能力。这将使潜在的挑战者相信，挑战美国的霸权地位将得不偿失，并使他们在美国的威慑下不敢寻求发挥更大的地区和全球作用。三是对企图发展和获得大规模杀伤性武器的国家给予先发制人式打击。四是美国应该根据任务的需要建立新的临时联盟，并随时准

① 梅孜：《美国总统国情咨文选编》，时事出版社1994年版，第765—767页。

备采取单独行动。五是通过鼓励民主政府、经济开放和攻占伊拉克等来促进世界民主。①

面对冷战结束带来的有利时机，克林顿面临的任务是如何应付可能出现的挑战，维护和加强美国作为唯一超级大国在世界事务中的绝对领导地位。克林顿曾多次宣扬，“世界必须有一个领导，而且只能有一个领导”，“如果美国决定在冷战后不发挥领导作用，世界就变得不那么安全”。美国的《国家安全战略报告》也一再声称，“美国在世界上发挥领导和参与作用对我们的安全来说至关重要，我们的国家乃至整个世界因此变得更加安全、更加繁荣”。为了实现美国的领导，克林顿政府在外交上实行扩展战略。克林顿上台伊始，就将经济安全、军事实力和促进民主作为美国对外政策的三大支柱，着重强调民主和经济活力对转变中的世界秩序产生的影响。因此，“扩展战略意味着在海外广泛的领域内实施参与，是一种广义的多边主义态度。”② 也正是在克林顿政府时期，美国通过内外政策整合完成了从单极时刻到单极时代的转变，成为国际舞台上独一无二的霸权国家。

乔治·W·布什上台后，随着国内新保守主义的影响上升，美国的对外政策中单边主义倾向开始上升。“布什一度被描述成一个‘重量级政府保守派’，意思是他相信可以使用自由派的手段达到保守派的目的。”③ 布什第一任期可以说是新保守主义影响最明显的时期，其主要标志就是美国政府采纳了新保守主义策划

① Paul D. Wolfowitz, “Defense Planning Guidance”, available at http: //www.leonine.us/DP.htm.

② （英）理查德·克罗卡特著，陈平译：《反美主义与全球秩序》，新华出版社2004年版，第154页。

③ 同上书，第153页。

的外交战略，并以伊拉克战争为起点，将新保守主义思想付诸实践。

新保守主义信奉武力至上原则，主张在外交上推行强硬政策，建立真正意义上的美国霸权。小布什政府在新保守主义的影响下，放弃了克林顿政府时期奉行的“全面接触与扩展战略”，于2002年9月出台的《国家安全战略报告》中明确提出了“先发制人”战略。《报告》指出，“我们正在打造新的建设性国际关系，并按照适应于21世纪挑战的方式重新确定现存的国际关系。”《报告》认为，“重新肯定美国军事力量的实质作用恰逢其时。我们必须建设并维持超越挑战的防卫能力，我们军事力量的重点就是保卫美国。为此，美国军力必须确保美国盟友和朋友的安全，劝阻未来的军事竞争，遏制对美国利益、盟友和朋友的威胁，并且在威慑失败的情况下击败任何敌对者。”① 尽管美国对大国关系进行了重新定位，但不可否认的是，美国的大国关系新架构是以美国利益为中心的，服务于美国的战略目标。

可以说，美国是现行国际秩序的受益者，自然成为这个秩序的维护者。现实主义者认为，“国家最基本的目标就是为了防止别国在他们的能力对比中取得相对优势”，② 因此，“没有一个国家愿意参与塑造制约自己和其他国家的结构。”③ 这也是美国维护现行国际体系最主要的原因。然而根据克力斯多夫·雷恩的观

---

① The White House, *The National Security Strategy of the United States of America*, September 17, 2002, pp. 7 – 29.

② Kenneth N. Waltz, *Man, the State and War: A Theoretical Analysis*, (New York: Columbia University Press, 1959), p. 132.

③ 肯尼思·沃尔兹：《国际政治理论》，中国人民公安大学出版社1992年版，第108页。

点，“潜在的挑战者的经济增长超过霸主，不可避免地与霸主发生冲突，从而有机会成为新的霸主。”[①] 所以，对于那些有可能挑战美国利益的国家，美国通常怀有疑虑也就顺理成章了。维持美国的霸权地位，继续发挥美国在国际舞台上的主导与领导作用，阻止曾经把世界分裂开来的敌对性大国的再次崛起（reemergence）是美国国家安全的重要目标。

随着以中国和印度的崛起为代表的多极化力量的浮现，世界多极化趋势进一步发展。同时，美国实力的相对衰落，为美国维护冷战结束后的国际体系提出了挑战。

二、印度实力与美国利益

冷战后美国对外战略目标之一是维护自己在世界上的霸权地位，防止其他大国对其领导地位构成挑战。如果说美国对中国的崛起存有戒心，那么一个强大的印度在美国看来也未必始终符合美国的利益。

2006 年出台的《美国国家安全战略报告》虽然认为大国竞争的古老模式可能被更新，但对正处于转变之中的潜在大国，美国仍然给予不同程度的关切。肯尼思·沃尔兹（Kenneth Waltz）曾经指出，“如果一个国家不想成为强国，那是一种结构性的反常现象……迟早，国家的国际地位会与他们的物质财富同步提高。不管愿不愿意，拥有强大经济实力的国家必将成为强国。”

冷战期间，印度从独立后的国内和国际形势出发，在对外政

① （美）康威·汉德森著，金帆译：《国际关系：世纪之交的冲突与合作》，海南出版社 2004 年版，第 115 页。

策上奉行不结盟政策，希望通过在两大阵营的对峙中保持积极的中立来获取印度国家建设需要的资源，希望通过不结盟运动提升自己在第三世界中的地位和威望，以道义原则和实用主义的双重手段努力实现印度的大国理想。但印度的努力受到两极格局的制约，而且印度在国际舞台上的道义原则通常给美国以印度与苏联立场相近或相同的印象。美国一方面批评指责印度的对外政策，另一方面通过经济援助拉拢印度。美国谴责印度的不结盟政策，而印度也对美国与巴基斯坦结盟造成的印度安全环境的恶化表示不满，甚至一些印度人认为这是美国遏制印度的手段。可以说，不结盟政策与美巴结盟成为彼此互不信任的主要因素，严重制约了印美关系的发展。在整个冷战期间，由于印度的国力以及由此决定的国际地位现实，美国的印度政策（或者准确地说是美国的南亚政策）始终没有超越冷战框架。也就是说，印度还没有这样的力量和影响，足以让美国超越冷战框架考虑对印政策。

然而在冷战结束后的近十年里，尤其是 1998 年 5 月印度进行五次核试验公然宣布自己为有核国家后，形势完全改变了。冷战结束不仅导致掣肘印美关系的两极体系瓦解，而且作为新兴的经济体所展现的活力，使美国不得不对印度“刮目相看”。自 2000 年 3 月克林顿总统访印开始，双边关系在五年时间内就形成了“全球伙伴关系”，两国关系处于“蜜月期”也得到了印美两国和国际社会的普遍认同。2005 年 3 月，国务卿赖斯访印期间宣布，“要帮助印度成为 21 世纪的世界主要力量”。那么，作为世界唯一超级大国的美国，将阻止地区性霸权的崛起作为其全球战略的重要目标，为什么会对印度网开一面呢？美国帮助印度崛起为世界主要力量的动机是什么？

有的学者认为，“美国对印度采取的温柔姿态以及有可能承认印度是民用核能国家，与其说是美国热爱民主，还不如说是担心‘中国威胁’”。[①] 美国“帮助印度成为21世纪的世界主要力量”有中国因素的作用，但也并非完全出于对中国崛起的疑虑。在前面的章节中，已经对印美关系的基础进行了论述，其中既有经济上的驱动，也有政治上的考虑，还有安全上的因素。

美国是当代国际体系内唯一的超级大国，但世界秩序多极化趋势不可阻挡。两极格局的瓦解结束了冷战期间两大阵营对抗所维持的“恐怖的稳定”，但也带来了一些新问题，那就是几乎所有的国家都要面对非传统安全的威胁。非传统安全问题——诸如经济安全、金融安全、生态环境安全、信息安全、资源安全、恐怖主义、跨国犯罪、走私贩毒、非法移民、洗钱等——具有跨国性、不确定性、转化性、动态性和协作性，并不是单一国家可以解决的，通常要求国际合作。因此，美国不可能单凭一己之力去塑造国际新秩序。美国在打击敌人的同时，也在寻找盟友。

对于美国来说，印度是一个充满经济活力的民主国家。经济潜力、民主体制与安全借重成为印美关系的坚实基础，尤其是在防范任何地区性霸权威胁美国利益的战略目标前提下，印度作为民主国家对印美关系具有特定的积极作用。有的学者认为，“要想应对亚洲政治变化的挑战，美国必须开始制定一种策略以实现

---

① Claude Arpi, “Indo-US Ties: The China Factor”, *Rediff India Abroad*, February 28, 2006, available at http://ia.rediff.com/news/2006/feb/28bush10.htm.

一个重要的长远目标，即阻止亚洲安全的恶化。而这个长远目标的核心就是需要预防地区或大陆霸权的崛起”。[①]“对于亚洲几个还不属于美国现在的同盟结构的崛起的大国，如中国、印度和实力不足的俄罗斯，美国应实行一种权力制衡战略。这种战略有双重目标，一方面要阻止其中任何一个国家对其他国家的安全产生威胁，同时还要阻止他们联合起来削弱美国在亚洲的重要利益。”[②]

然而，冷战期间印美关系相互疏远的事实以及冷战后初期美国在核问题上与人权问题上不断向印度施加压力，使印度始终对美国改善与其关系存有疑虑。印度在冷战后始终致力于国际关系的民主化和国际体系的多极化，这一点美国非常清楚。冷战结束后初期印美关系冷淡以及美国并不支持印度成为联合国安理会常任理事国，就很好地证明了这一点。自2000年以后，虽然美国帮助印度成为世界上主要国家符合印度大国地位诉求，但印度也非常了解，美国的“帮助”并非没有任何前提条件。美国要求印度扩大国内市场的开放，在民用核能合作方面要求将部分设施置于国际原子能机构（IAEA）的监管之下，也从一个侧面反映出印度的看法。

因此，“美国的出发点实际上还是国际政治学的传统思想，即以基于相同理念而达成的协议为后盾，构建能够发挥效用的均势体系，因为均势可压制破坏国际秩序的实力，基于共同理念的

---

① Zalmay Khalilzad et al., *The United States and Asia*: *Toward a New U. S. Strategy and Force Posture*, Rand Corporation, 2001, p. 43, available at http://www.rand.org/pubs/monograph_ reports/MR1315/.

② Ibid.

协议可扼杀破坏国际秩序的欲望。”[①] 在这种原则下，美国会运用权力制衡战略针对亚洲任何可能的潜在的霸权国家。“在美国看来，印度既没有兴趣也没有实力与华盛顿展开全面的争夺，同时也没有兴趣或实力增进美国在诸多领域的利益。然而，由于印度太‘大’、对整个社会太‘重要’，（美国）绝不能按照是否与特定时期美国特别利益相一致来衡量印度。”[②]

所以，美国一方面会扶植印度使其成为制衡中俄的重要战略力量；另一方面，美国也绝不会对印度成为一个地区霸权国家毫无顾虑。也就是说，美国可以帮助印度成为世界上的主要力量，但绝不会容忍印度力量对美国的利益形成实质性挑战。这是美国“助印战略”的底线。因为只有这样，美国才能达到这样的目标：即防止美国被孤立于政治、经济、军事上极其重要的地区之外，又可以遏制全球范围内挑战美国利益的资源的集中或制美联盟的形成。

然而不可否认的是，只要美国将中国作为潜在的对手加以防范，只要中国的综合国力强于印度，只要印度将中国看成某种威胁，那么从防范中国的角度，美国和印度就有战略利益的汇合点，印度的崛起和强大就符合美国的战略考量。

第二节　印度的世界多极化诉求

冷战结束后，随着两极格局的瓦解，世界格局进入调整与转

---

① 赵干城：《印度对美政策的嬗变》，《国际问题论坛》，2002 年第 4 期。第 30 页。

② George Perkovich, “Is India a Major Power?”, *The Washington Quarterly*, Winter 2003 –04, pp. 142 –143.

化的新时期。冷战后时代最显著的特点是美国成了世界上唯一的超级大国。然而不可否认的是，多极化趋势也在加速发展。印度，作为一个现行国际体系中成长的新兴国家，从某种意义上说与美国一样，也是现行国际体系的受益者，尽管受益的程度并不相同。虽然印度以目前的实力不会挑战现行的国际体系，但对于霸权国家美国的单边主义倾向并不认同。

一、印度的多极化倾向

冷战结束后，由于苏联的解体，美国成为世界唯一的超级大国并演变成现行国际体系的主导者和决定力量。美国的绝对优势地位虽然结束了冷战时期国际体系的“恐怖稳定”，但现行国际体系也基本上保持了稳定的状态，有的学者称之为“异常的均衡”。①

自进入21世纪以来，在“一超多强”并存的异常均衡状态下，国际体系多极化趋势有所发展。但正如有的学者所说，“多极世界可能在未来的某一时刻到来，但在最近的数十年内，世界格局将是一个超级大国与几个世界二流强国并存的局面。”② 对于经济、政治、军事以及文明等领域的多极化进程，美国学者亨廷顿的概括最具代表性。他指出，当代世界已经形成了由欧洲、北美和亚太地区构成的三极经济格局，由联合国、美国、俄罗斯、中国、日本、欧洲构成的六极政治格局，由五个核大国加上印度

① 赵干城：《国际体系均衡与中印共同崛起》，《现代国际关系》，2006年第7期，第3页。

② 倪世雄：《当代西方国际关系理论》，复旦大学出版社2005年版，第471页。

和巴基斯坦构成的以核能力为标志的七极军事格局以及由中华文明、日本文明、印度文明、伊斯兰文明、西方文明、东正教文明、拉丁美洲文明和非洲文明（可能存在的）等八大文明构成的八极文化格局。[①] 然而，仔细审视当今国际格局不难看出，尽管多极化趋势有所增强，但“一超多强”并存的格局将在未来很长的时间内存在。

冷战结束后，印度积极推进世界秩序多极化进程，多极化已经成为印度外交追求的重点之一。印度是一个综合国家处于快速上升通道中的发展中国家，其人口规模、资源条件、经济与军事实力以及政治体制，都为印度在世界舞台上地位的上升提供了有力支撑。

实际上，印度政治精英对印度占有一席之地的国际格局的诉求，可以追溯到印度独立后所奉行的不结盟政策。从尼赫鲁开始，印度一直将追求大国地位作为目标，并且具体地体现在对外政策中。尼赫鲁曾明确指出，“印度以它现在的地位，是不能在世界上扮演二等角色的。要么做一个有声有色的大国，要么销声匿迹，中间地位不能引动我，我也不相信中间地位是可能的。”[②] 1946 年 9 月，尼赫鲁在一份内部备忘录中写道：“无论印度现在所处的地位如何，她都是一个潜在的大国。毫无疑问，她将来必将在亚洲和印度洋，特别是中东和东南亚的安全问题中发挥重要的作用。”[③] 印度独立后，尼赫鲁在一次演讲中又指出：“现在环

---

① 塞缪尔·亨廷顿著，周琪等译：《文明的冲突与世界秩序的重建》，新华出版社 2002 年版，第 29—33 页。

② 贾瓦哈拉尔·尼赫鲁：《印度的发现》，第 57 页。

③ *Selected Works of Jawaharlal Nehru*, Second Series, Vol. I, pp. 439 – 440.

顾世界，除了美、苏、中这三个大国，还有许多先进的、高度文明的国家。展望未来，如果不发生什么差错比如战争等等，显然世界上第四个大国将是印度。”① 在两极的格局下，印度实行不结盟的对外政策，在和平、道义、反帝反殖的旗帜下发展以印度为中心的第三种力量，以平衡美苏两大阵营的影响。因此，从一定的意义上说，不结盟政策就是印度挑战两极格局的一种“温和的”方式。然而不可否认的是，经济基础的缺失、只是依靠外交上的成功而赢得的地位并不能对其大国地位提供实质支撑，这也成为冷战期间印度国际地位持续下降的主要原因。

冷战结束后，世界多极化趋势为印度追求大国地位提供了历史性机遇。虽然美国是具有绝对力量优势的超级大国，在经济、政治、军事等各个领域具有其他国家望尘莫及的影响，但印度政治家还是认识到，全球正在出现一些新的权力中心，欧盟、俄罗斯、中国、日本和印度将在21世纪的经济、政治和军事领域对新的国际秩序产生深远的影响。② 随着经济实力的提高，印度对大国地位的追求更加自信，也更加强烈，“并且已经成为冷战后时期印度各届政府制定政策的基本动力”。③ 印度的政治精英普遍认为，一个多极或多中心的世界新秩序符合印度国家利益。然而冷战后初期，在印度政界、战略界和学术界，“许多人认为美国是最强大的帝国主义国家，认为美国的霸权倾向只会损害印度的利益。而且对他们来说，印度没有其他出路而只能接受美国的建议

---

① Jawaharlal Nehru, *Jawaharlal Nehru's Speeches*: *Vol. III*: *March 1953 – August 1957*, (New Delhi: Publications Division, 1958), p. 264.

② K. Subramanyam, “The Global Strategic Environment: Bipolarity or Polycentrism?” *Strategic Analysis*, Volume XX, Issue 2, May 1997.

③ 孙士海、江亦丽主编:《二战后南亚国家对外关系研究》，第28—29页。

没有任何吸引力。"[①] 可以说，面对美国塑造以美国为中心的霸权体系的图谋，印度是持不同意见的。

印度的学者认为，"阻止单一超级大国统治世界，成为冷战后印度对外政策的主旨。强烈支持多极世界主张也成为印度外交的新标签。"[②] 然而不可否认，这只是冷战结束初期印度对现行国际体系的必然反应，是印度处于孤独与失落状态下的直接表现，或者说，是冷战期间某种"反西方情结"的惯性延伸。自 1991 年拉奥政府实行经济改革以来，印度经济得到迅速发展，综合国力有了较大的提升。印度始终希望与美国、欧盟、俄罗斯、中国和日本一道，成为多极体系中重要的一极。正是在这种情况下，"呼吁世界格局多极化以及国际关系民主化，取代了不结盟这个曾经的印度对外政策的核心。"[③]

2000 年 5 月 30 日，印度总统纳拉亚南在北京大学演讲时明确指出，"全球化世界中国家的行为准则应该是由中国和印度一起向国际社会提出的和平共处五项原则，而不是由某一个国家或一些国家提出的霸权主义。"[④] 2001 年 3 月 16 日，印度驻华大使梅农发表讲话指出："我们都寻求一个多极世界，一个我们能够按照自己的想法发展的世界，我们希望了解彼此的全部潜力并使我们的人民得到他们应得的生活质量。"[⑤] 2003 年 6 月 20 日，印

---

① C. Raja Mohan, *Crossing the Rubicon: The Shaping of India's New Foreign Policy*, (New Delhi: Viking, 2003), p. 51.

② Ibid. p. 52.

③ Ibid.

④ 《今日印度》，第 34 期，转引自张敏秋：《中印关系研究（1947—2003）》，第 62 页。

⑤ 张敏秋：《中印关系研究（1947—2003）》，第 62 页。

度总理瓦杰帕伊在接受《人民日报》记者的采访中表示，“在过去的十年中世界形势发生了巨大的变化。……所有这些发展都在强调发展合作性的多极世界体系的迫切性，这个体系将会以多边主义的价值观为基础，并且会进一步强化体系组成的合理利益和期望。”① 美国前驻印大使特雷西塔·谢弗也指出，“印度不喜欢一个两极的世界，也不喜欢一个单极的世界，它喜欢一个多极的世界”。②

诚然，印度希望国际格局多极化。印度政治精英始终认为，在这样的体系中，印度应该而且必须成为其中的一极。或者说，缺失印度的未来国际体系并不是印度希望的。因此，印度与其他处于次要地位的国家一道，致力于建设一个多极世界。在这方面，印度与俄罗斯、中国、日本、欧盟等国家具有共同的利益，这也成为印度与这些国家外交上的标志性“利益汇合点”。

由于美国仍然处于权力中心导致的权力结构不对称，多极化趋势虽然在增强，但一超多强的格局将是未来几十年国际格局的主要特征。尽管以肯尼思·沃尔兹为代表的现实主义学者认为，在无政府的国际社会中自助是必然的行动准则，③ 但在现行国际体系内，在经济全球化的推动下，完全意义上的独立和自助都是不可能的，各种政治实体之间的相互依存性已大大增加，国家间

---

① Interview of Prime Minister Shri Atal Bihari Vajpayee by People's Daily, Beijing, New Delhi, 20/06/2003, available at http://meaindia.nic.in/interview/2003/06/20i01.htm.

② 赵伯乐：《当代南亚国际关系》，中国社会科学出版社，2003 年版，第 225 页。

③ （美）肯尼思·沃尔兹著，胡少华等译：《国际政治理论》，中国人民公安大学出版社 1992 年版，第 132 页。

的相互合作已成为未来的发展趋势。

基于这样的认识，印度一方面致力于多极化体系努力，另一方面展开全方位的大国外交，并且将对美外交置于重中之重的位置。2003 年 9 月 22 日，瓦杰帕伊总理在美国亚洲协会发表演讲时指出，“印度将与美国不断增进的伙伴关系看成是印度致力于动态与合作的多极世界秩序的重要组成部分”。①

二、“不结盟 2.0”

2012 年 2 月 28 日，新德里国防大学与政策研究中心（NDC-CPR）发布了一份名为《不结盟 2.0：印度 21 世纪对外和战略政策》的报告。② 可以说，报告是印度自冷战结束以来最为全面与深入的外交和战略政策报告，它虽不是政府官方政策文件，也不是所有印度战略思想家都同意报告的结论，但由于它是印度外交与安全领域权威人士经过长时间讨论后形成的，加之报告框架的全面性、对重大问题的思辨性以及直面困难的坦诚性，在一定程度上代表了印度未来对外战略取向的可能性。

基于机遇窗口相对较小，报告首先提出形成战略共识的紧迫性。报告开篇指出，具体政策是政府的特权，但政府的决策必须

① Shri Atal Bihari Vajpayee's Speech at the Asia Society，“India-US Relations in the Emerging Global Environment”，New York，September 22，2003，available at http：//www. asiasociety. org/speeches/vajpayee03. html.

② Sunil Khilnani et al.，“Nonalignment 2.0：A Foreign and Strategic Policy for India in the Twenty First Century”，National Defence College and Centre for Policy Research，New Delhi，February 28，2012，http：//www. cprindia. org/sites/default/files/NonAlignment%202. 0_ 1. pdf.

建立在公开辩论与商讨的基础上，印度迫切需要战略共识，迫切需要国际参与的统一路径。印度正处于历史的关键时期，过去二十年印度经济社会发展为印度提供了社会繁荣与公正的机会，尽管面临巨大的挑战，但印度同时也处于有利的发展环境。印度成为繁荣国家的机会窗口还相对较小，如果印度错失有利的发展环境，将再也没有改正的机会。而且，印度的未来具有高度的路径依赖性，印度现在做出的选择将决定未来的几十年。

基于经济社会发展的现状与未来愿景，提出新版不结盟政策的核心目标。报告指出，战略路径的核心目标是给予印度发展与外部关系时的最多选项，扩展印度的战略空间与战略能力。而不结盟的核心目标就是确保印度不以意识形态定义国家利益，确保印度拥有最大的战略自主权以追求自身的发展目标，确保印度致力于建设国家实力以建立一个更加公正和公平的全球秩序。简言之，维持战略上的自主地位是印度外交政策上的决定性价值和目标。

亚洲是印度对外战略政策的重要舞台。报告指出，印度对外战略政策的核心关切在于与亚洲国家的交往，其原因主要在于：一是亚洲经济前景与市场规模对印度的重要性；二是亚洲有可能成为新的制度创新的地区；三是领土领海争端有可能使亚洲成为战略对抗的舞台；四是亚洲有可能成为大国竞争的中心；五是亚洲有可能爆发高强度的海洋竞争；六是多样性的文化与发展模式有可能使亚洲成为意识形态竞争的场所。

中国是主要关切，美国是重要朋友，在中美之间奉行骑墙政策是新版不结盟政策报告的实质。报告指出，中国和美国毫无疑问是两个超级大国，但从地区的维度，将存在几个其他的力量中心。这也是报告结论形成的出发点。“中国篇”的关键词是“平衡”。报告指出，“印度的对华战略必须维持谨慎的平衡，即合作与竞争的平衡，经济利益与政治利益的平衡，双边与地区的平衡。鉴于印中两国目前和将来实力及影响力的不对称性，印度必须把握好这一平衡。这或许是未来印度战略最为重要的挑战。”报告认为美国是朋友而非盟友，尽管印度对美国具有特别吸引力，而且对美国来说印度所拥有的衍生价值往往超出其自身价值，但印度要利用这种衍生价值是有风险的，印度和美国作为朋友而不是盟国将更符合两国的各自利益。

国际环境的新变化赋予新版不结盟新思维、新困难。冷战时期印度不结盟政策的核心是游走于美苏之间并希冀形成第三支力量，而印度新版不结盟政策的核心，实际上是不再限于避免让印度成为中国与美国冲突的前线国家，而是要求印度在不稳定且多变的环境中拥有娴熟的纵横捭阖技巧。由于印度国家特征及其利益多样性，决定了世界上没有什么“天然的”国家集团——无论是政治的、经济的或地缘政治的——完全适合于印度。这同时也意味着，印度可以成为不同世界之间的独特桥梁，而印度也必须利用“桥接潜力”，并将其转化为积极的利益。

新版不结盟报告面临现实的挑战。印度智库先是推出新版不结盟政策报告，辛格总理随后高调出席不结盟运动德黑兰峰会，让外界对印度能否复兴不结盟运动产生极大兴趣。正如某些战略分析家所指出，不结盟政策面临着空前的挑战。卡耐基国际和平基金会的高级研究员阿什利·特利斯（Ashley J. Tellis）就认为，将不结盟主义复兴为支配一切的政策不现实，甚至还可能带来危险。原因在于：在印度寻求发展并试图建立榜样力量时，它不能依赖一个理想的世界或其他国家会尊重它所做的努力；在今天这个经济相互依存、政治竞争和战略联盟不断发展且快速变化的世界中，追求战略上的自主已经不合时宜；印度缺乏物质和政治资源来制定完全独立的外交政策。特利斯甚至认为，印度的战略挑战很严重且正在恶化，而困境的战略解决之道不能简单依靠以新的面目重新祭起不结盟运动这面大旗。[①]

在不结盟运动面临巨大挑战的国际背景下，印度战略精英提出“不结盟 2.0”，这在一定程度上反映了战略界对“回归不结盟”的期待。但正如报告所指出的，不结盟 2.0 的目的并非仅仅使印度避免成为中国与美国冲突的前线国家，而是要求印度拥有娴熟的纵横捭阖技巧，以抓住短暂的发展“机遇窗口”。

三、印度视野下的现行国际体系

国际体系均衡的主要决定因素是体系内各种力量的对比。在这种异常的均衡状态下，美国是决定性的力量，而其他国家，由于其实力与美国相比有相当差距，对国际体系的影响程度也就不如美国。但任何次级力量的崛起，都会在一定程度上对国际体系产生影响，产生还原异常均衡的要求。

冷战期间，美国的霸权受到苏联的影响，并最终形成了两极稳定状态。印度作为一个实力相对弱小的第三世界国家，虽然有大国的理想，但还没有能力和实力对国际格局产生明显的影响。

---

① Ashley J. Tellis, “Can India Revive Nonalignment?”, Yale Global Online, August 28, 2012, http://carnegieendowment.org/2012/08/28/can-india-revive-nonalignment/dpkc.

尽管印度将实行不结盟外交政策作为应对两极格局的最佳途径，但从总体上看，印度的挑战姿态（发展独立于两大阵营的第三种力量）形成的影响是有限的。归根结底，印度的实力是有限的，决定了其发挥影响的程度。

苏联解体后，美国的霸权地位得到扩展与巩固。与此同时，源于市场导向的经济改革，令印度的实力也在增强。但是，印度的实力增长并没有改变“缺乏与美国构成基本对比的力量是当今国际体系最重大的特点”这一事实，[①] 国际体系在未来的数十年内仍将是一超独霸的异常均衡状态。

美国著名国际政治学家和国际法学“权力政治学派”的缔造者汉斯·摩根索就认为，“无论国际政治的终极目标是什么，权力总是它的直接目标。”[②] 尽管现实主义重视以权力界定利益的不确定性，但新兴国家的崛起无疑会对国际体系均衡产生一定的影响。中国和印度——一个是与美国存在意识形态分歧的社会主义国家，一个是与美国有共同价值基础的民主国家——的发展和崛起也不例外。美国宣布要帮助印度成为21世纪世界主要力量，一方面是由于看到了这种影响，另一方面则是出于在意识形态上的根深蒂固的敌意。

然而从客观上看，就印度综合国力（包括硬实力和软实力）而言，“无论以何种标准衡量，都还远不具备打破现有均衡的力量。但像美国这样主导现行国际体系的大国并不是基于当前力量

① 赵干城：《国际体系均衡与中印共同崛起》，《现代国际关系》，2006年第7期，第4—5页。

② （美）汉斯·摩根索：《国家间政治——寻求权力与和平的斗争》，中国人民公安大学出版社1990年版，第35页。

对比来做判断的，而是根据长远发展前景提出防患于未然的国家战略，所以就有把新兴发展中大国纳入国际体系一说，希望将有可能成为世界大国且对现行体系之均衡并不满意的国家塑造成‘利益攸关方’”。[①]

那么在现行的国际体系中，在实力不对称的状况下，印度面临几种可能的选择包括：

第一，认同现行国际体系，甘愿做一个顺从的“小伙计”；

第二，挑战现行国际体系，与美国争夺世界霸权；

第三，适应现行国际体系，通过全方位的外交和实力增长提升印度的影响。

第一和第二种选择是两种极端。由于印度是一个拥有强烈民族自尊心和自豪感的国家，具有不结盟的传统，在大国思想已经成为国家意志的前提下，完全认同现行国际体系并甘愿在美国的阴影下做一个顺从的“小伙计”的可能性几乎为零。印度独立后奉行不结盟政策，从一定的意义上说是对两极格局的挑战。但是从印度最后基本放弃不结盟政策而与苏联签订条约来看，印度的挑战是不成功的，尽管这种不成功并非可以完全归结为印度综合国力因素。虽然21世纪后印度的综合国力有了显著的提高，但印度还不具备挑战现行国际体系的能力。对于这一点，恐怕任何明智的印度人都会认识到。因此，印度的选择并不多，只有第三种。“尽管中印从来不同意美国在国际事务中的单边主义行为，但对美国主导下的基本稳定的国际体系并不持反对立场。”[②] 美国

---

① 赵干城：《国际体系均衡与中印共同崛起》，《现代国际关系》，2006年第7期，第4页。

② 同上书，第5页。

霸权导致的稳定为印度发展提供了机遇，从这个意义上说，印度也是现行国际体系的受益者。因此，印度也在强调融入与适应现行国际体系的必要性。对此，上海国际问题研究所学者赵干城指出，处于非主导地位的国家虽然可以不同意乃至不接受这种均衡，甚至企图打破这种均衡，但由于力量对比的悬殊，这通常并不能改变均衡的格局，甚至由于均衡可以带来稳定，使体系内的不满者客观上可以从中享受好处，从而成为所谓的“搭便车者”。[①]

毫无疑问，“美国对外部世界有一定的依赖性，而绝大多数其他国家对外依赖性却远大于美国。”[②] 这也是国际权力结构不对称性的必然结果之一。肯尼思·沃尔兹将国家权力定义为影响其他国家多于它们影响自己的能力，按照这一标准，“由于印度既不能使其他重要的国家遵从印度的需要，也不能从国际上获取所有希望得到的东西，因此印度是一个权力缺失者。”[③] 鉴于印美权力结构的不对称特点，印度在未来印美关系中的主动权将更多地取决于印度自身的发展。只有经济迅速发展和综合国力显著提升，印度才能在国际政治舞台上成为具有影响力的一极，才会在印美关系中获得更多的主动。

尤其是自20世纪90年代以来，印度外交政策中理想主义成分得到进一步下降，而实用主义原则不断放大，这也为印度适应

① 赵干城：《国际体系均衡与中印共同崛起》，《现代国际关系》，2006年第7期，第3—4页。

② （美）肯尼思·沃尔兹著，信强译：《国际政治理论》，上海人民出版社2003年版，第209页。

③ George Perkovich, “Is India a Major Power?”, *The Washington Quarterly*, Winter 2003 - 04, p. 129.

并融入现行国际体系奠定了基础。随着综合国力的逐步提升，印度在对外交往中的自信也在增强。尽管印度目前影响其他大国的能力有限，至少从实力的角度是如此，但印度却有抵制其他大国施加影响的能力和传统，印度顶住国际社会的压力不签署NPT就是最好的证明。而且更为重要的是，现行国际体系下印美关系的提升在一定程度上满足了印度国家安全需求，为印度充分利用这一时机发展自己提供了基础性平台。

第三节 印美全球伙伴关系展望

全球伙伴关系并不意味着双边可以形成全天候的联盟关系，也不代表着印度会完全走进美国的全球战略框架而做一个顺从的“小伙计”。实际上，印美全球伙伴关系的实质应该是“和而不同”。

一、印美关系中的“和”

冷战结束导致两极格局瓦解，国际体系进入动荡的调整期。冷战期间以意识形态为标签形成一个阵营与另一个阵营相对抗的局面不复存在，“每个国家都在寻求政治、经济和战略利益的最大化，国家之间既相互合作又彼此竞争”。[①] 印度和美国一样，都

---

① B. K. Shrivastava, “India’s Relations with the US: Vision of a Global Partnership”, in V. D. Chopra, *India’sForeign Policy in the 21st Century*, (Delhi: Kalpaz Publications, 2006), p. 110.

是在这样的环境中发挥自己作用的，虽然印美两国的实力具有不对称性。

与国际环境的改变相适应，印度和美国的对外政策也在作适当的调整。印度在展开全方位的大国外交的同时，将发展与美国的关系放在极其重要的位置。而美国也开始调整其南亚政策，从冷战时期的“重巴轻印”转变为“印巴并重”，并且更看重印度在地区和全球的战略作用。实际上，印度对美政策和美国对印政策的调整与转变，是双边利益汇合在国家战略决策上的体现。

首先，印度的经济活力与未来潜力，以及美国在资本和技术上的优势地位，是印美全球伙伴关系的关键驱动因素。印度独立后的三十多年时间里，其经济增长率只有 3.5%，寻求外部经济援助基本上是印度外交的符号，与美国也形成了“援助与受助”关系。自 1991 年实行经济改革以来，印度经济跨入了快速增长期，尤其是在 2005—2006 年度，印度经济增长率高达 8.1%，是世界上经济表现最好的国家之一。据统计资料显示，2006—2007 年度，印度的 GDP 达到 1.01 万亿美元，成为全球第 12 大经济体。美国看好印度的潜力和广阔的市场前景，希望分享印度的经济增长。而印度也希望利用美国的资本与技术，解决自身发展过程中所面临的困难。因此，双边经贸关系成为印美全球伙伴关系的坚实基础。

其次，冷战结束尤其是“9·11”恐怖袭击事件发生后，印美关系得到了迅速发展，其中彼此政治上的互需也是基本动力。美国是世界上最强大的民主国家，印度则是世界上人口最多的民主国家。在美国越来越强调价值观外交的大背景下，共同的价值观基础似乎注定要成为印美双边关系的纽带。而且，印度政治家对印度大国地位的诉求是印度对外战略思想的核心，“实现大国地位已经成为印度越来越坚定的国家意志”，[①] 得到其他大国的认同是印度大国实践必须跨越的门槛。美国是冷战后国际政治舞台上的重量级角色，对于印度大国理想的实现举足轻重。印度为了摆脱 1998 年核试后的外交孤立，迫切需要打开外交新局面。而美国虽然是一个没有对手的超级大国，并且在对外政策中越来越倾向于单边主义，然而正是由于美国这种撇开联合国、不顾传统盟友的做法，导致美国与传统盟友出现了“裂隙”，例如与法国。因此，自小布什第二任期以来，布什将印美关系的新发展作为其最大的外交成就之一，以赢得国内民众对政府的支持。冷战期间美国就曾极力拉拢印度加入遏制苏联的阵营，但印度在许多国际问题上的看法与美国相悖，并且在联合国等各种场合旗帜鲜明地反对美国。冷战后美国接触印度的苏联因素消失，但新的因素在成长，其中彼此政治的相互需求与支持自然成为双方接近的动力。

再次，安全上相互借重也是印美全球伙伴关系的最大动力。“9·11”事件后国际形势出现了新的变化，导致美国南亚政策的又一次调整。随着印美之间利益汇合的增多，目前双边安全领域合作不断深化，几乎涵盖了包括确保印度洋航线的安全以及石油通道的畅通、打击国际恐怖主义以及快速应对中亚西亚等不稳定地区的危机、防止核扩散以及大规模杀伤性武器的走私以及毒品贩运、塑造亚洲均势以防范任何大国主宰亚洲事务等领域。虽然打击恐怖主义成为目前双边的共同利益，但其长期战略目标则是塑造地区平衡与稳定。所谓的“中国威胁论”在印度和美国都有

① 孙士海：《印度的发展及其对外战略》，第 2 页。

一定的市场。正如有的分析家所认为的，“中印关系虽已有了改善，但远未达到在国际体系中形成共同力量的程度，双方无论是在观念上还是在政策行为上，仍存在诸多不一致之处，并且在可预见的未来，这种不一致不但不会消失，在一定条件下还可能扩大，这是由双方的利益和地位差异所决定的。”① 因此，印美关系迅速升温有对中国崛起后的不确定性的忧虑，两国在关切中国崛起方面有共同的利益。确实，印度和美国都不希望看到某个国家在亚洲发挥支配性作用，至少在印度综合国力目前还不足以与中国实力相抗衡的情况下是如此。尽管“中国威胁论”在印度有一定的影响和市场，并且也有些人认为印度和中国在未来将是竞争大于合作，但从中国的发展战略以及对印度的政策不难看出，中国事实上并没有把印度作为对手。或者说，与印度忧虑中国相比，中国并没有“全神贯注”于印度。有的学者将这种差异归结为中国和印度综合国力的差距，这当然有一定的合理性，但从本质上说，是中国始终致力于和谐世界理念并在对外战略中付诸实践的结果。2004 年 10 月，美国会同意，政府只有在售印武器装备额度超过 1400 万美元以上时才需国会授权，这实际上将印度置于与美国传统盟友（例如日本和韩国）同等的位置。

二、印美关系中的“不同”

冷战期间，美国为了遏制苏联，曾极力拉拢印度加入所谓的西方“自由世界”阵营。出于对国内和国际环境的审慎研判，加

① 赵干城：《国际体系均衡与中印共同崛起》，《现代国际关系》，2006 年第 7 期，第 9 页。

之大国思想、独立自主思想、印度中心的思想与和平共处思想的共同作用,[①] 印度独立后奉行不结盟的对外政策。不结盟政策使印度从敌对的两大阵营中获取了大量的经济援助,不结盟运动也将印度的影响扩大,甚至成为第三世界领袖。20 世纪 50 年代美巴结盟、70 年代美中巴关系接近,以及印苏结成“特殊关系”,实质上已经导致印、美分属于两个不同的阵营之中了。尽管美国始终希望通过经济援助甚至是有限的军事援助的方式拉拢印度,但两国相互疏远的事实一方面说明美国的努力并不成功,另一方面也看到印度不结盟政策中的现实主义因素。

冷战结束后,尤其是“9·11”恐怖事件以来,印美关系迅速提升,在两国的战略界、学术界和普通大众媒体中经常用“战略联盟”和“战略伙伴”这样的词语来描述印美关系的现状。然而事实是,印度不可能是美国的战略联盟,至少在可预见的未来是如此。

首先,如果以美国传统盟友的标准来衡量印美关系,美国与印度的关系还没有达到美国与英国、日本、韩国和菲律宾这样国家的紧密程度。可以说,“美国与欧洲和东亚的联盟模式并不适用于美国与印度的关系……美国和印度对国际政治体系观点的不同导致它们并不能形成全面的合作结构”。[②] 美国在印度争取联合国安理会常任理事国上的立场就已经说明了这一点。印度是联合国的创始国之一,也是世界第二人口大国。成为安理会常任理事

---

① 对于冷战时期印度的战略文化,参见孙士海、江亦丽主编:《二战后南亚国家对外关系研究》,第 12—21 页。

② Teresita C. Schaffer, “Building a New Partnership with India”, *The Washington Quarterly*, Spring 2002, p. 40.

国是印度梦寐以求的目标。印度长久以来一直致力于争取在联合国安理会获得一个常任理事国席位，但是并没有得到美国的积极支持。2005 年 4 月，美国国务卿康多莉扎·赖斯就宣布说，美国不准备支持印度争取担任联合国安理会常任理事国的努力，但支持日本担任安理会常任理事国。2005 年 7 月，在辛格总理访问美国期间，辛格也寻求美国在印度加入安理会常任理事国问题上明确支持。但布什并没有针对印度“入常”明确表态，美国副国务卿伯恩斯随后也表示，除日本之外，美国不会对其他国家的“入常”申请表示支持。2007 年 9 月，布什在联合国大会上发表演讲时说，美国认为日本符合成为安理会常任理事国的资格，但只是认为其他国家也应该获得考虑，立场并不积极。因此，虽然美国表示要帮助印度成为世界上的主要力量，但对印度也是有所保留的。

其次，印度始终希望通过联合国等国际机制解决国际问题，而美国却越来越倾向于采取单边主义行动。尽管印度在印巴克什米尔问题上反对国际社会的介入，但对于其他国际问题，印度一直倡导发挥联合国等国际组织的多边合作机制。近年来，印度活跃于多种多边场合，成为众多多边机制的重要参与者。印度积极参与世界贸易组织、上海合作组织、南亚区域合作联盟、孟印缅斯泰经济合作共同体等全球性、地区性或次地区合作组织，并且积极参与联合国授权的维和行动。印度反对任何国家以任何借口对其他国家实施单边干涉，即使是在出现人道主义危机的情况下，印度也希望通过多边合作机制解决问题。因此，印度对美国采取的针对伊拉克的单边行动是极力反对的，在对待伊朗问题上也有所保留。

再次，印度的对外政策中具有独立自主的传统。独立自主是印度对外政策的传统，是印度独立以来对外战略思想的核心。可以说，独立自主思想在印度有极其深厚的历史渊源和社会基础。印度独立后奉行不结盟的对外政策就是这种思想的最好体现。虽然冷战后印度基本上放弃了“反西方”的倾向，但民族自豪感与自信心却得到放大，尤其是在经济实力显著增强的条件下更是如此。印度在过去不会“把所有鸡蛋都放在一个篮子里”，现在也不会把国家的利益全部押在某个国家上，即使这个国家是超级大国美国。甚至有的学者认为，“印度的不结盟传统说明，印度不愿与美国结盟……而对于‘所谓的’印美联盟，印度的目的在于获得机会，即通过美国的帮助实现8%经济增长的机会。”[①] 正因为如此，印度在南亚地区内重走“古杰拉尔主义”之路，在地区外展开全方位的大国外交，与俄罗斯、中国、欧盟和日本发展新型伙伴关系。

最后，印美两国在核问题上仍然存在分歧。印度1998年5月进行核试，成为事实上的核国家，致力于建立一支与可信最低限度核威慑战略相适应的“三位一体”核打击力量，并且在陆基、海基和空中核能力的开发和部署上不遗余力。然而美国南亚政策的重点仍然是防扩散。为了将印度纳入美国的战略轨道，美国不惜打破美国在防扩散领域的传统与规则，并且说服国会与国际社会，最终与印度展开民用核能合作。尽管两国于2006年3月正式签署了民用核能合作协议，并且也于年底得到美国国会的批准，但由于印度并没有签署NPT，双方在核问题上的分歧并没有得到

① C. Raja Mohan, *Impossible Allies: Nuclear India, United States and the Global Order*, p. 265.

彻底解决。这也成为未来印美关系的最大不确定因素。

三、“再平衡”战略：契合与顾虑

“再平衡”战略是美国应对地区尤其是亚太地区近两年新变化的战略转型。而印度也将对外战略的重点定位于“印度太平洋地区”。2011 年 7 月，美国国务卿希拉里·克林顿将亚太地区定义为“从印度次大陆至美国西海岸”的地区，美国 2012 年 1 月公布的新国防战略也特别提到了“从西太平洋和东亚延伸到印度洋地区和南亚的弧形地带”。而“印度太平洋地区”也成为印度战略界的新词。从地缘维度看，美国和印度的对外战略的重点出现汇合。

以地区的维度，印度的亚太战略目标分为三个层次：第一层次是南亚地区，目标是维持并经营在南亚地区的优势地位，通过继续实施“古杰拉尔主义”，稳固与南亚邻国的关系，力争摆脱冷战时期南亚邻国对印度实现地区性强国的羁绊与束缚，奠定实现全球性大国的地区基础。第二层次是东南亚地区，目标有三个：一是以经济合作为先导，重视并充分利用东南亚地区的经济活力，发展并深化与东南亚的经贸合作；二是以文化影响为纽带，扩展印度文化圈，强化印度文化对东南亚地区的影响；三是以安全合作为新的切入点，平衡中国对东南亚地区的影响。第三层次是更为广泛的亚太地区，印度总体目标是从战略的高度积极参与并全面拓展与亚太地区的大国关系，从政治、经贸与安全等多个维度营造有利于自身崛起的外部环境。具体来说：第一，强化与美国、俄罗斯、中国、日本等大国和东盟国家的双边联系；

第二，融入多边合作机制，增进印度对亚太地区秩序塑造进程中的存在与影响。

印度对美国战略调整表示欢迎，这为印度实现亚太战略提供了前所未有的机遇，但印度也对美国极力拉拢印度抗衡中国的后果存有顾忌。新版不结盟政策报告认为，过分依赖美国将会是危险的，过多关注强化与美国关系潜在的负面影响是，它可能会过早地与中国为敌。可以说，尽管来自中国的威胁在某种程度上已经是印度战略界的共识，但印度的外交挑战将是与几个大国形成一个多样的关系网，以迫使中国在与印度打交道时采取克制态度，同时又要避免这些关系让中国感到某种威胁。

印度对成为美国抗衡中国的“棋子”而丧失战略自主存有顾忌，这一方面表明印度对美国是否准备好应对战略并持续贯彻这一战略持观望态度；另一方面也说明，这是印度实力现状与大国理想差距导致的一种必然路径选择。实现全球性大国地位，始终是印度制定对外战略的基轴。印度历届政府对外政策以及地区战略都是围绕印度的大国战略来制定和实施的。大国战略已然成为印度的国家意志，但实力的现状与影响的辐射成为印度追求大国地位的现实障碍。在伦敦经济政治学院发布的一篇名为《印度：下一个超级大国》的报告中作者指出，印度依然面临诸多发展挑战，没有资格获得超级大国地位或被视为能与中国对抗的重要平衡力量。[1]

印度在一定程度上对美国的贯彻新战略的意图以及持续性表示不信任，认为尽管美国在亚太地区的海上强势部署将有助于拖

---

① “India: The Next Superpower?”, IDEAS Reports, March 2012, http://www.lse.ac.uk/IDEAS/publications/reports/SR010.aspx.

延中国海军向印度洋投送力量，但印美战略伙伴关系可能会成为中美关系任何战术性改进的受害者。2012 年 6 月 7 日美防长帕内塔访问印度并与印国防部长安东尼举行会谈时强调，与印度的安全合作是美国新战略的关键，但安东尼却明确表示在亚太地区需要强化多边安全框架，并以一种相关国家都感到舒服的步伐来推进，建议美国“重新校准”或“重新思考”其新战略。《印度：下一个超级大国》的报告就指出，印度不应受到风光的大国外交的诱惑，而应将注意力集中在改革各项制度和修复似乎即将分崩离析的社会结构上。报告声称，虽然印度取得了种种成功，重要性无可置疑，具有无可争议的潜力，但在评估印度是否具有超级大国地位时，仍有理由保持谨慎。报告甚至断言，那些培养印度成为对抗中国这一超级大国的民主平衡力量的西方人的愿望在短期内是不可能实现的。

实际上，不只是印度对美国的战略持续性、贯彻力度与决心表示顾虑，就连美国自己对未来国际格局的走向也难下定论。早在 2010 年 2 月，美国防部《四年防务评估报告》就指出，“世界上人口最多的国家中国和最大的民主国家印度的崛起将继续重塑国际体系，人们再也无法轻而易举地确认这个体系的性质。”美国国际合作中心的研究员也认为，“当前迈入的时代并不具有浓烈的意识形态色彩……美国不会与中国或亚洲其他任何国家开战……错综复杂的对华关系与其说是世界观的冲突，不如说是利益冲突。对美国而言，‘9·11’后的干预时代已经终结”。美国战略预测公司总裁弗里德曼也认为，美国在冷战结束后就没有战略，今天也没有战略，美国权势导致的失衡是全球体系的最主要特征，而美国并没有为它的这种地位做好体制上和心理上的准备，美国人对于他们所置身的世界没有清楚的认识。

总体上，美国再平衡战略针对的是中国，而印度亚太战略的核心也是营造自身发展的有利环境，在防范与接触中国方面与美国有共同利益。但鉴于印度置疑美国贯彻再平衡战略的决心与意志，加之自身实力有限，发展的“机遇窗口”还很小，印度更希望与美国形成一种“伙伴关系”，而不是可能刺激中国并有可能与中国为敌的“盟友关系”。

参考文献

一、中文文献

（一）中文著作

[美] 奥托·纽曼等著，凯万译：《信息时代的美国梦》，社会科学文献出版社 2002 年版。

[美] 保罗·肯尼迪著，王保存译：《大国的兴衰》，求实出版社 1988 年版。

[德] 彼德·本德尔著，夏静译：《美国——新的罗马》，中央编译出版社 2005 年版。

陈平生主编：《印度军事思想研究》，军事科学出版社 1992 年版，第 24 页。

程毅等主编：《国际关系中的经济因素》，华中师范大学出版社 2001 年版。

楚树龙、耿秦主编：《世界、美国和中国——新世纪国际关系和国际战略理论探索》，清华大学出版社 2003 年版。

[美] 杜鲁门:《杜鲁门回忆录》(第2卷),三联书店 1974 年版。

方连庆主编:《战后国际关系史(1945—1995)》(上),北京大学出版社 1999 年版。

郭树勇:《大国成长的逻辑:西方大国崛起的国际政治社会学分析》,北京大学出版社 2006 年版。

[美] 汉斯·摩根索:《国家间政治——寻求权力与和平的斗争》,中国人民公安大学出版社 1990 年版。

[美] 亨利·基辛格:《大外交》,海南出版社 1997 年版。

胡联合:《当代世界恐怖主义与对策》,东方出版社 2001 年版。

[印] 贾瓦哈拉尔·尼赫鲁著,齐文译:《印度的发现》,世界知识出版社 1958 年版。

[美] 杰里尔·A·罗赛蒂著,周启朋、傅耀祖等译:《美国对外政策的政治学》,世界知识出版社 1997 年版。

[美] 杰里尔·A·罗赛蒂:《美国对外政策的政治学》,世界知识出版社 2005 年版。

[美] 康威·汉德森著,金帆译:《国际关系:世纪之交的冲突与合作》,海南出版社 2004 年版。

[美] 肯尼思·沃尔兹著,胡少华等译:《国际政治理论》,中国人民公安大学出版社 1992 年版。

[美] 肯尼思·沃尔兹著,信强译:《国际政治理论》,上海人民出版社 2003 年版。

[英] 理查德·克罗卡特著,陈平译:《反美主义与全球秩序》,新华出版社 2004 年版。

[美] 理查德·尼克松著，杨鲁军等译：《1999 不战而胜》，三联书店 1989 年版。

刘国平：《美国民主制度输出》，社会科学文献出版社 2006 年版。

刘建飞：《美国与反共主义——论美国对社会主义国家的意识形态外交》，中国社会科学出版社 2001 年版。

刘同舜编：《“冷战”、“遏制”和大西洋联盟——1945—1950 年美国战略决策资料选编》，复旦大学出版社 1993 年版。

[美] 罗伯特·阿特：《美国大战略》（郭树勇译），北京大学出版社 2005 年版。

马加力：《关注印度：崛起中的大国》，天津人民出版社 2002 年版。

[美] 迈克尔·亨特著，诸律元译：《意识形态与美国外交政策》，世界知识出版社 1999 年版。

梅孜：《美国总统国情咨文选编》，时事出版社 1994 年版。

倪世雄：《当代西方国际关系理论》，复旦大学出版社 2005 年版。

潘锐：《冷战后的美国外交政策——从老布什到小布什》，时事出版社 2004 年版。

潘志平编：《中南亚的民族宗教冲突》，新疆人民出版社 2002 年版。

[美] 切斯特·鲍尔斯著，上海国际问题资料编辑组译：《鲍尔斯回忆录》，上海人民出版社 1974 年版。

[美] 塞缪尔·亨廷顿著，周琪等译：《文明的冲突与世界秩序的重建》，新华出版社 2002 年版。

孙士海、葛维钧主编：《列国志·印度》，社会科学文献出版社 2003 年版。

孙士海、江亦丽主编：《二战后南亚国家对外关系研究》，方志出版社 2007 年版。

孙士海：《印度的发展及其对外战略》，中国社会科学出版社 2000 年版。

谭融：《美国利益集团政治研究》，中国社会科学出版社 2002 年版。

［英］瓦西利斯·福斯卡斯、比伦特·格卡伊著，薛颖译：《新美帝国主义：布什的反恐战争和以血换石油》，世界知识出版社 2006 年版。

王泰平主编：《新中国外交 50 年》，北京出版社 1999 年版。

王逸舟：《西方国际政治学：历史与理论》，上海人民出版社 1998 年版。

［美］威廉·富布赖特：《跛足巨人》，上海人民出版社 1972 年版。

吴永年、赵干城、马孆著：《21 世纪印度外交新论》，上海译文出版社 2004 年版。

［美］约翰·米尔斯海默著，王义桅、唐小松译：《大国政治的悲剧》，上海人民出版社 2003 年版。

［美］约翰·伊肯伯里主编，韩召颖译：《美国无敌：均势的未来》，北京大学出版社 2005 年版。

［美］詹姆斯·多尔蒂、小罗伯特·普法尔茨格拉夫著，阎学通等译：《争论中的国际关系理论》，世界知识出版社 2002

年版。

张敏秋主编：《中印关系研究（1947—2003）》，北京大学出版社2004年版。

赵伯乐：《当代南亚国际关系》，中国社会科学出版社2003年版。

赵蔚文：《印美关系爱恨录——半个多世纪的回顾与展望》，时事出版社2003年版。

郑瑞祥主编：《印度的崛起与中印关系》，当代世界出版社2006年版。

中国现代国际关系研究院美欧研究中心主编：《反恐背景下美国全球战略》，时事出版社2004年版。

周琪主编：《意识形态与美国外交》，上海人民出版社2006年版。

朱炳元主编：《全球化与中国国家利益》，人民出版社2004年版。

（二）中文期刊

贾海涛：《印度政府海外印度人政策的演变》，《世界民族》，2007年第2期。

刘建飞：《论意识形态与国家利益的关系》，《现代国际关系》，2001年第7期。

马昌乐：《冷战后美国多边主义刍议》，《国际政治研究》，2007年第1期。

马加力：《冷眼向“热”洋——〈21世纪的印度洋〉介评》，

《现代国际关系》，2003 年第 10 期。

孙培钧、华碧云：《喜中有忧的当前印度经济形势》，《南亚研究》，2007 年第 1 期。

孙培钧、华碧云：《印度经济发展跨上新台阶》，《南亚研究》，2006 年第 1 期。

孙士海：《印度的对外战略思想及核政策》，《当代亚太》，1999 年第 10 期。

王晓德：《关于美国对外关系的文化思考》，《世界经济与政治》，1996 年第 12 期。

吴永年：《论 21 世纪国际关系中的中俄印“战略三角”》，《俄罗斯中亚东欧研究》，2006 年第 5 期。

伊曼纽尔·沃勒斯坦：《美国霸权的演变轨迹和未来发展趋势》，《理论前沿》，2007 年第 1 期。

张敏秋：《印度的经济改革——进程与难题》，《亚非研究》，第 3 辑。

张清敏：《美国对新中国外交研究近况》，《美国研究》，1999 年第 4 期。

张文木：《世界霸权与印度洋——关于大国世界地缘战略的历史分析》，《战略与管理》，2001 年第 4 期。

赵干城：《国际体系均衡与中印共同崛起》，《现代国际关系》，2006 年第 7 期，第 3 页。

赵干城：《印度对美政策的嬗变》，《国际问题论坛》，2002 年第 4 期。

赵青海：《美印核合作及其影响》，《国际问题研究》，2006 年第 4 期。

二、英文文献

（一）英文著作

A. Appadorai and M. S. Rajan, *Select Documents on India's Foreign Policy and Relations, 1947 - 1972*, （Delhi, Oxford and New York: OUP, 1982）.

Alfred Thayer Mahan, *The Influence of Seapower upon Hisory, 1660 - 1783*, （Boston: Little Brown, 1897）.

Avtar Singh Bhasin ed., *India's Foreign Relations-2010: Documents*, （New Delhi: Geetika Publishers, 2011）.

B. M. Jain, *Nuclear Politics in South Asia: In Search of an Alternative Paradigm*, （New Delhi: Rawat Publications, 1994）.

Baldev Raj Nayar and T. V. Paul, *India in the World Order: Searching for Major-Power Status*, （Cambridge: Cambridge University Press, 2003）.

Bharat Karnad, *Nuclear Weapons and Indian Security: The Realist Foundations of Strategy*, （New Delhi: Macmillan India Ltd., 2002）.

C. Raja Mohan, *Crossing the Rubicon: The Shaping of India's New Foreign Policy*, （New Delhi: Viking, 2003）.

C. Raja Mohan, *Impossible Allies: Nuclear India, United States and the Global Order*, （New Delhi: India Research Press, 2006）.

Dennis Kux, *The United States and Pakistan, 1947 – 2000: Disenchanted Allies*, (Washington, D. C.: Woodrow Wilson Center Press, 2001).

Dorothy Norman, ed., *Nehru: The First 60 Years, Vol. 2* (New York: John Day, 1965).

Gary K. Bertsch et al. eds., *Engaging India: US Strategic Relations with the World's Largest Democracy*, (New York: Routledge, 1999).

George Perkovich, *India's Nuclear Bomb: The Impact on Global Proliferation*, (Berkeley, CA: University of California Press, 1999).

H. Y. Sharada Prasad eds., Selected Works of Jawaharlal Nehru, Second Series, Vol. I, (Oxford: Oxford University Press, 2003).

Henry Kissinger, *White House Years*, (Boston: Little Brown, 1979).

J. N. Dixit, *Across Borders: Fifty Years of India's Foreign Policy*, (New Delhi: Thomson Press, 1998).

J. N. Dixit, *India's Foreign Policy and Its Neighbours*, (New Delhi: Gyan Publishing House, 2001)

Jack Levy, *War in the Modern Great Power System, 1495 – 1975*, (Lexington: University Press of Kentucky, 1983)

Jaswant Singh, *Defending India*, (Chennai: Macmilan Press LTD., 1999).

Jawaharlal Nehru, *An Autobiography of Jawaharlal Nehru*, (Delhi: Oxford University Press, 1980).

Jawaharlal Nehru, *Glimpses of World History*, (London: Oxford University Press, 1989)

Jawaharlal Nehru, *Jawaharlal Nehru's Speeches: Vol. III: March 1953 – August 1957*, (New Delhi: Publications Division, 1958).

Jawahrlal Nehru, *Jawaharlal Nehru's Speeches, Vol. 4: 195 7 – 1963*, (New Delhi: Publications Division, 1964)

K. M. Pannikar, *India and the Indian Ocean*, (London: Allen and Unwin, 1945).

Kenneth N. Waltz, *Man, the State and War: A Theoretical Analysis*, (New York: Columbia University Press, 1959).

M. Srinivas Chary, *The Eagle and the Peacock: U. S. Foreign Policy toward India since Independence*, (London: Greenwood Press, 1995).

M. A. K. Azad, *India Wins Freedom* (Green: Longmans, 1960)

M. N. Gulati, *What America Did for India's Independence*, (New Delhi: Manas Publications, 2004).

Mary Buckley, Rick Fawneds, *Global Responses to Terrorism – 9/11, Afghanistan and Beyond*, (London and New York: Routledge, 2003).

Naunihal Singh, *India and the United States*, (New Delhi: Anmol Publications, 2005).

R. C. Mishra, *Security in South Asia, Cross Border Analysis*, (Delhi: Authorspress, 2000).

Raghunath Ram, *Soviet Policy towards Pakistan*, (New Delhi: Ram Nagar, 1983).

Rajendra K. Jain ed. , *US-South Asian Relations: 1947 – 1982*, *Vol. 1*, (*New Delhi: Radiant Publishers*, 1983) .

Raju G. C. Thomas, *Democracy, Security, and Development in India*, (New York: St. Martin's Press, 1996)

Ranju Bezbaruah, *America and India in Global and South Asian Settings*, (Calcutta: Punthi Pustak, 1999) .

Robert E. Osgood eds. , *Retreat from Empire*, (Baltimore, M. D. : The Johns Hopkins University Press, 1973) .

Robert J. McMahon, *The Cold War on the Periphery: The United States, India, and Pakistan*, (New York: Columbia University Press, 1994) .

S. C. Tewari, *Indo-US Relations, 1947 – 1976*, (New Delhi: Radiant Publishers, 1977) .

Shanti Kumar Desai, *Perspectives on Indo-US Relations*, (New Delhi: Cyber Tech Publications, 2006) .

Stephen Philip Cohen, *India: Emerging Power*, (Washington D. C. : Brookings Institutions Press, 2001) .

Sunanda K. Datta-Ray, *Waiting for America: India and the US in the New Millennium*, (New Delhi: Harper Collins Publishers, 2002) .

U. S. Bajpai ed. , *India's Security*, (New Delhi: Lancers Publications, 1983) .

V. D. Chopra ed. , *India's Foreign Policy in the 21st Century*, (Delhi: Kalpaz Publications, 2006) .

V. P. Dutt, *India's Foreign Policy in a Changing World*, (New

Delhi: Vikas Publishing House, 1999).

Verinder Grover, *International Relations and Foreign Policy of India*, (New Delhi: Deep & Deep Publications, 1992).

Virginia I. Foran ed., *US Nuclear Non-Proliferation Policy, 1945 - 1991*, (Alexandria, Va.: National Security Archive/Chadqyck-Healy, 1991).

W. Norman Brown, *The United States and India, Pakistan, Bangledesh*, (Cambridge: Harvard University Press, 1972).

（二）英文期刊

Arthur M. Schlesinger, Jr., "The Dynamics of World Power: A Documentary History of U. S. Foreign Policy, 1945 - 1973," *New York*, Vol. 2, 1973.

Bhabani Mishra, "India-US Relations: A Paradigm Shift", *Strategic Analysis*, Vol. 29, No. 1, Jan-Mar 2005.

Bruce W. Jentleson, "Tough Love Multilateralism", *The Washington Quarterly*, Vol. 27, No. 1, Winter 2003 - 2004.

C. Raja Mohan, "India and the Balance of Power", *Foreign Affairs*, July/August 2006.

David C. Mulford, "Two Great Democracies", *The Wall Street Journal*, July 18, 2005.

E. Malcolm Hause, "India: Noncommitted and Nonaligned", *The Western Political Quarterly*, Vol. 13, No. 1., Mar., 1960, p. 75.

Fareed Zakaria, "The Empire Strikes out," *New York Times Magazine*, April 18, 1999.

Francis Fukuyama, "The End of History?" *The National Interest*, Summer 1989.

George J. Lerski, "The Pakistan-American Alliance: A Reevaluation of the Past Decade", *Asian Survey*, VoI. 8, No. 5, May 1968.

George Perkovich, "Is India a Major Power?", *The Washington Quarterly*, Winter 2003 -04.

Gurcharan Das, "The India Model", *Foreign Affairs*, Vol. 85, No. 4, July-August 2006.

Indira Gandhi, "India and the World", *Foreign Affairs*, New York, October 1972.

Jo Ann M. Farver, Bakhtawar R. Bhadha and Sonia K. Narang, "Acculturation and Psychological Functioning in Asian Indian Adolescents", *Social Development*, Vol. 11, No. 1, 2002.

Joseph S. Nye, Jr., "Conflicts after the Cold War", *The Washington Quarterly*, Winter 1996.

K. Subramanyam, "The Global Strategic Environment: Bipolarity or Polycentrism?" *Strategic Analysis*, Vol. XX, Issue 2, May 1997.

Khalid Bin Sayeed, "Pakistan's Foreign Policy: An Analysis of Pakistani Fears and Interests", *Asian Survey*, Vol. 4, No. 3., Mar. 1964.

Khalid Bin Sayeed, "Pakistan's Foreign Policy: An Analysis of Pakistani Fears and Interests", *Asian Survey*, Vol. 4, No. 3. , Mar. 1964.

Narayan Khadka, "U. S. Aid to Nepal in the Cold War Period: Lessons for the Future", *Pacific Affairs*, Vol. 73, No. 1, Spring 2000.

Paul Kennedy, "The Next American Century?" *World Policy Journal*, Vol. 16, No. 1, Spring 1999.

Rahu lBedi, "India Becomes Sixth Nuclear Weapons State," *Jane's Defense Weekly*, May 20, 1998.

Rajpai Budania, "The Emerging International Security System: Threats, Challenges and Opportunities for India", *Strategic Analysis*, Jan. -Mar. 2003.

Robert D. Blackwill, "*A New Deal for New Delhi*", The Wall Street Journal (New York), March 21, 2005.

Robert L. Rothstein, "Alignment, Nonalignment, and Small Powers: 1945 – 1965", *International Organization*, Vol. 20, No. 3, Summer 1966.

Sekhar Ghosh, "Dynamics of Nuclear Arms Control: Case of the CTBT", *India Quarterly*, No. 4, 1996.

Shaheen Sebbai, "Leaked US Roadmap for Pakistan Promises Cut in Musharraf's Powers", *South Asia Tribune*, No. 43, May 2003.

Stephen M. Walt, "Two Cheers for Clinton's Foreign Policy", *Foreign Affairs*, March/April 2000.

Taraknath Das, "The Kashmir Issue and the United Nations", *Political Science Quarterly*, Vol. 65, No. 2, Jun. 1950.

Teresita C. Schaffer, "Building a New Partnership with India", *The Washington Quarterly*, Spring 2002.

Tony Smith, "Making the World Safe for Democracy in the American Century", *Diplomatic History*, Vol. 23, No. 2, Spring 1999.

Warren I. Cohen, "Oh Calcutta! Uncle Sam Finds South Asia", *Reviews in American History*, Vol. 22, No. 4., Dec., 1994.

Zbigniew Brzezinski, John J. Mearsheimer, "Clash of the Titans", *Foreign Policy*, January/February 2005.

结　语

印美全球伙伴关系有两个视角：一是印度视角，二是美国视角。对印度来说，印美关系的重点在于寻求并利用“机会”，实现大国诉求。而对美国来说，则在于寻找市场和战略联盟。目前的印美全球伙伴关系已经完全摆脱了冷战期间和冷战结束后初期双边相互疏远的状态，但绝不是联盟关系。即使是在可以预见的未来，双边关系仍是“和而不同”。

首先，印度仍将面临美国的压力。印美关系是印度全方位大国外交的有机组成，是重中之重。印度的大国理想需要美国的帮助，而美国也表示要帮助印度成为21世纪世界上的主要力量。虽然印度与美国在经济、政治和安全领域的利益汇合构成了双边全球伙伴关系的基础，但印度也认识到，印度仍将面临美国在市场开放程度、NPT、印巴关系、克什米尔问题、伊朗核问题等方面的压力，印度的通过联合国等多边机制解决国际问题的立场还要面对美国单边主义倾向的考验，印度也需要适应并融入现行国际体系以寻求国家利益的最大化。

其次，印度要适应并融入现行国际体系，而不是作为挑战者。美国是现行国际体系内唯一的超级大国，而印度只是一个处于上升阶段的新兴国家，尽管印度已经成为世界经济的发动机之一，但印美实力的不对称性是显而易见的。从严格的意义上说，战略伙伴是实力相等国家之间关系的特征，而印美并不具有对称性。至少以目前的实力，印度还不具备这样的能力以挑战现行国际体系。因此，印度应该适应并融入这个体系，设法克服由于实力不对称而造成的影响，包括心理上的影响。从这个意义上说，印美关系的未来在很大程度上取决于印度未来的综合国力，取决于印度在美国一超独大的现行国际体系内奉行独立自主外交战略的技巧。而美国也应该对印度的大国地位诉求予以正面的、积极的回应。

再次，美国对印度的支持是有限度的。新型大国伙伴关系的最重要特征就是竞争与合作并存。虽然印美关系在短短的几年时间内得到迅速发展，双方在经济、政治、安全领域的合作不断深化，但印度已经认识到，美国的帮助或支持并没有脱离权利与义务对等的原则。美国同意与印度在民用核能、民用空间项目、高技术贸易和导弹防御对话等领域展开合作，但也要求印度承担相应的义务，例如军民核设施的分离并将民用设施置于 IAEA 监督之下等。

最后，达成战略默契决定双边关系的未来发展。由于冷战后的国际政治是由美国领导的同盟体系，美国以意识形态为标准接近印度，并希望将印度纳入美国的战略框架，这对于实现美国的全球战略具有一定的意义。但由于历史、文化和战略目标等因素的作用，印度不会做美国的战略棋子和“小伙计”。毫无疑问，随着双边合作深度与广度的拓展，印美分歧将明显减少，印度批评美国的声音将逐步减弱。但其前提是，印美之间要达成战略默契，即美国对印度大国地位诉求提供支持，而印度对美国的战略目标表示理解。然而，从近期看，美国能否在印巴关系中恰当定位是关键。而从长远来看，美国如何研判印度崛起、如何平衡两国在印度洋地区的影响将对双边关系产生深刻的影响。

总之，印美关系是一种合作与竞争的新型伙伴关系，既有“和”的基础，也有“不同”的缘由。国家利益决定并指导着双边关系的现在与未来。美国在多大程度上实现与印关系的战略利益，不仅取决于美国维护现行国际体系的意志与能力，还取决于地区大国印度认可美国发挥国际体系主导作用的意愿。而印度能否从印美关系中抓住自身崛起的机会，则取决于印度是否适应并融入以美国为主导的现行国际体系。应该说，只要印美双方达成战略默契，印度和美国都会从中获益。反之，则会形成一种相互制约的态势，印度将受到遏制，但这种可能性并不大。随着世界格局多极化趋势的进一步发展，未来两国关系将逐步回归到实质性的伙伴关系，在合作与竞争中找到动态的平衡。